汉武风云

Martial Emperor

盛世的开创

海纳百川 著

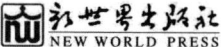

图书在版编目（CIP）数据

汉武风云：盛世的开创 / 海纳百川著 . -- 北京：新世界出版社，2023.5
（白话正史）
ISBN 978-7-5104-7672-3

Ⅰ.①汉… Ⅱ.①海… Ⅲ.①中国历史—西汉时代—通俗读物 Ⅳ.① K234.109

中国国家版本馆 CIP 数据核字（2023）第 049157 号

汉武风云：盛世的开创

作　　者：	海纳百川
策划编辑：	董晶晶
责任编辑：	曲静敏
装帧设计：	主语设计
责任校对：	宣　慧
责任印制：	王宝根
出　　版：	新世界出版社
网　　址：	http://www.nwp.com.cn
社　　址：	北京西城区百万庄大街 24 号（100037）
发 行 部：	（010）6899 5968（电话）　（010）6899 0635（电话）
总 编 室：	（010）6899 5424（电话）　（010）6832 6679（传真）
版 权 部：	+8610 6899 6306（电话）　nwpcd@sina.com（电邮）
印　　刷：	天津中印联印务有限公司
经　　销：	新华书店
开　　本：	710mm×1000mm　1/16　尺寸：170mm×240mm
字　　数：	335 千字　　　　　　　　印张：25
版　　次：	2023 年 5 月第 1 版　2023 年 5 月第 1 次印刷
书　　号：	ISBN 978-7-5104-7672-3
定　　价：	59.00 元

版权所有，侵权必究
凡购买本社图书，如有缺页、倒页、脱页等印装错误，可随时退换。
客服电话：（010）6899 8638

前言

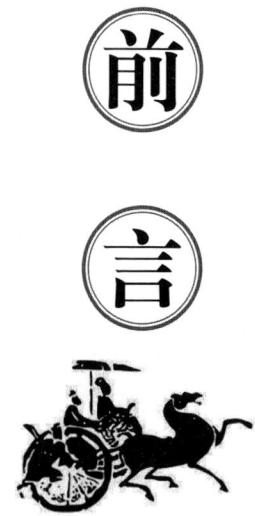

本书讲述历史的原则是：大事不虚，小事不拘。

本书的定位不是小说，也不是简单机械地把文言文翻译成白话文，而是以讲故事的方式把汉武帝执政时期精彩的人和事呈现给大家，兼有笔者对历史人物的看法以及对人生的诸多感悟。

文中涉及重要史实，笔者会在注释中予以说明。

接下来让我们一起打开时光隧道，进入汉武帝时代吧。

近代平一天下，拓定边方者，惟秦皇、汉武。

——唐太宗

目录

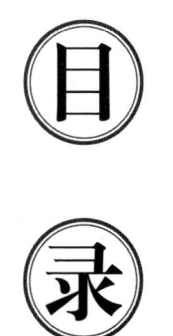

第一章 | 欲戴王冠，必承其重

- 001　王娡破茧成蝶 / 003
- 002　刘荣之死 / 016
- 003　刘武的皇帝梦 / 026
- 004　韩安国一落一起 / 032
- 005　刘武之死 / 043
- 006　刘彻开始执政 / 057
- 007　巧妙批晁错 / 079
- 008　汉武帝大秀演技 / 092

第二章 | 淮南往事

- 009　一夜情带来的悲剧 / 101
- 010　野心和能力的匹配 / 108

011　刘安的计谋 / 113

012　相逢一笑泯恩仇 / 122

013　箭在弦上 / 127

014　原本可以避免的团灭 / 132

第三章 | 剑指西南

015　唐蒙访南越 / 137

016　官民矛盾激化 / 139

017　司马相如西南谈判 / 141

018　公孙弘力劝汉武帝 / 142

019　两位大臣的"辩论赛" / 143

020　滇国和昆明国的意外出现 / 145

021　平定西南 / 147

第四章 | 丝绸之路

022　张骞出使西域 / 151

023　赵破奴声震西域 / 159

024　显我国威 / 161

025　再战大宛 / 163

026　角力楼兰 / 172

027　常惠复仇龟兹 / 179

028　刘解忧刺杀乌孙王 / 184

029　冯夫人星耀乌孙 / 191

第五章 | 角力匈奴

- 030 卫子夫家族的崛起 / 201
- 031 霍去病横空出世 / 220
- 032 李广之死 / 230
- 033 霍去病之死 / 236
- 034 卫青之死 / 243
- 035 苏武牧羊 / 248
- 036 李陵蒙冤 / 255
- 037 李广利玩火自焚 / 266
- 038 轮台诏 / 272

第六章 | 平定两越

- 039 初平闽越 / 277
- 040 计平南越 / 280
- 041 彻平闽越 / 287

第七章 | 巫蛊之乱

- 042 父爱如山 / 291
- 043 官僚斗太子 / 295
- 044 奇葩父子 / 299
- 045 江充的崛起 / 301
- 046 父子反目 / 305
- 047 太子之死 / 313
- 048 刘弗陵继位 / 319

第八章　武帝十三相

049　卫绾的故事 / 325

050　窦婴的沉浮 / 329

051　"谦谦君子"公孙弘 / 350

052　苦命丞相李蔡 / 365

053　庄张二虎斗 / 367

054　短命丞相赵周 / 378

055　空头丞相石庆 / 380

056　高开低走公孙贺 / 383

057　快起快落刘屈氂 / 386

058　神秘守墓人田千秋 / 388

尾记 / 392

第一章 欲戴王冠,必承其重

001
王娡破茧成蝶

在正式为大家介绍汉武帝刘彻之前,先给大家介绍一下他的母亲王太后。

王太后本名王娡(音zhì),她的人生是一部传奇。她是历史上少有的、在和平时期出身于平民家庭而当上皇后的女人。

当初楚霸王项羽分封过十八路诸侯,其中有一路是燕王臧荼(音tú)。臧荼的孙女叫臧儿。这个臧儿就是王娡的亲妈,也就是汉武帝的姥姥。

后来,项羽被刘邦打败,项羽所封的诸侯王怎能有好果子吃?到了臧儿成年时,家族已经没落。她所嫁之人是一位普通百姓,名叫王仲。

臧儿和王仲育有一男两女,其中一个女儿就是王娡。不幸的是,王仲身体不好,不久就去世了。臧儿带着孩子们改嫁了一个姓田的男人,生下了田蚡(fén)、田胜两个儿子。

转眼间,王娡成人了。在母亲臧儿的张罗下,王娡嫁给了当地一个名叫金王孙的农民,不久便生下一个女儿,取名金俗。

一天,王娡抱着女儿和母亲臧儿一起逛街,路上遇到一个算命老头,自称姚神算。

臧儿心血来潮,对王娡说:"闺女,要不给我小外孙女儿算算?咱娘俩儿这辈子算是废了。我嫁给你爹这样一位普通人,他身体还不好,让我年纪轻轻就守寡了,我不得不改嫁,看尽人情冷暖。你比娘也强不到哪里去,嫁的是农民。可我不想让我的外孙女重复咱娘儿俩的命了!"

王娡说:"妈,你还信这个呀!"

臧儿道:"算一算嘛,又花不了多少钱。"说完,她从王娡手里接过孩子,托举到姚神算面前,分别报上三个人的生辰,道:"大师,您受累瞧瞧,我这小外孙女的八字如何?也顺便瞧瞧我们两个,下半辈子还能有几亩好田种吗?"

姚神算抬头一瞧,眼前正有两个妇女抱着一个女婴。他伸出右手掐算起来,突然愣住了,猛地抬起头,忍不住叫道:"哎哟!"

母女俩大吃一惊,对视一眼,异口同声问道:"怎么了?"

姚神算神色严肃,小声说道:"这……将来可是生天子的命。听我的,赶紧进宫吧。"

臧儿笑道:"大师,您也太能忽悠了。就这么一个三岁小孩,怎么进宫?"

姚神算道:"什么三岁小孩?我说的不是你外孙女,我说的是你闺女。"

母女俩瞬间懵了。臧儿道:"大师,这可不是儿戏。您也瞧见了,我闺女已婚,而且都生孩子了,就算送进宫里,能被看上吗?"

姚神算道:"我这一辈子给人算命看相,没看错过一次。你闺女是母仪天下的命,听我的没错!"

王娡对母亲小声说道:"妈,你信他啊?他就是想多收点钱,故意说你爱听的漂亮话。"

姚神算听了笑道:"我今天还就不收费了!你将来能够记得老夫就好。"

王娡笑道:"好啊。别说母仪天下了,我将来能有十亩好地,也会回来给大师补送一份厚礼。敢问大师什么门派?怎么称呼?我将来真要找您,也得有个打听的渠道嘛!"

姚神算道:"有缘自会相见,无缘不必强求。"

辞别后,二人便抱着孩子回家了。王娡拿这事儿当个玩笑,臧儿却走心了。

臧儿一生坎坷，过够了穷困的日子，做梦都想着天降富贵，今天偏偏碰上算命先生说了这么一番话，她坚信女儿一定可以当上皇后。

当晚，臧儿就对王娡说："闺女，听妈的，这次就别回你婆家了，跟你老公散了吧！"王娡怒了，呵斥道："妈，你都一大把年纪了，能不能现实一点，踏踏实实过日子？"母女二人大吵了一架。第二天一早，王娡赌气抱着孩子回了婆家。

岂料，臧儿非要一条道走到黑不可。第二天，她领着几个大汉悄悄来到王娡的婆家，趁其不备，硬生生把她绑了回来。

没多久，金王孙怒气冲冲地来这里要人。女婿见到丈母娘，大声喊道："您说您这当妈的，有这么坑自己闺女的吗？您自己婚姻坎坷，我能理解，但您想让您闺女继续坎坷吗？还有您的小外孙女，还没懂事就找不着亲妈了，您忍心吗？我和王娡感情深厚，您不能这样拆散我们！"

臧儿平静地回答："姑爷，我理解你的心情。你别怪妈心狠，我也是为了我闺女的未来着想。你跟我说你俩感情深，我倒要问问你，也顺便问问老天爷：你俩的感情值几个钱啊？能买八匹马拉的豪华马车吗？能买长安城内的深宅大院吗？能让我的外孙女穿金戴银吗？"

金王孙无言以对。

最终，强势的臧儿把王娡留了下来，把金王孙轰了出去。

不久，臧儿拿出全部积蓄，变卖全部家产，除了给女儿置办了一套漂亮的衣服外，其余的全部用来托关系，把女儿送进了太子宫中。

过去不管日子有多难，臧儿从没掉过一滴眼泪，但在王娡进宫那天，她竟泣不成声，拉着女儿的手说："闺女啊，别怪妈心狠，我是真的为你好！妈不期望你将来给我什么，只希望你这一代能富贵！"

王娡抹了一把泪，一句话也不说，转身上了车……

宫外的臧儿每天都像在油锅里一样煎熬，她既希望听到女儿的消息，又不希望听到她的消息。因为她怕输，她实在输不起了！

直到有一天，有人捎来一封信，说是宫里来的。臧儿的心提到了嗓子眼，赶紧拿起信去找隔壁的私塾先生念给自己听。

私塾先生看完，腾地一下就给臧儿跪下了。臧儿吓了一跳，问道："先生，您这是怎么了？"

私塾先生道："您女儿在信里说，她已经为当朝太子刘启怀了龙胎，让您尽快收拾一下，过几天宫里来专车接您换个新的大房子住。老夫人，您现在是太子爷的丈母娘、皇上的亲家婆，我不敢不跪啊！"

臧儿自言自语道："姚神算算得可真准啊！"

作为结过婚并且生过孩子的女人，王娡到底是凭借什么本事上位的呢？

首先，王娡长得漂亮。刘启被王娡的外貌吸引，顾不得她的身份，将她封为美人。"美人"不是夸她漂亮，而是太子妃嫔的一种身份。

仅仅凭借美貌这一点，是很难当上皇后的。外表是敲门砖，剩下的靠经营。举一例便可知王娡不简单。

王娡怀孕的时候，对刘启说："我自打怀孕之后，经常做一个奇怪的梦。我没啥文化，不知道这梦有什么寓意，请殿下解读一下，行吗？"

刘启道："哦？说来听听。"

王娡道："我一睡着，就梦见火红的太阳不想在天上挂着，非要往我的肚子里钻不可。"

刘启大惊道："哎哟！这可是大好的梦啊！这寓意你怀着的孩子有十足的贵气，太阳都折服于他了。"

王娡道："还不知道是男是女呢。"

刘启道："如果是男孩，这孩子将来一定不简单。"

不久，孩子尚未出生，汉文帝就去世了，太子刘启即位，是为汉景帝。当年，王娡生下皇子刘彻，身份由美人晋升为夫人。①

各位读者，您想，王美人是否真的做过这样的梦呢？是不是事实不重要，重要的是刘启爱听，这就够了。

还有一件事也体现了王娡的城府。

她知道自己独身在宫中打拼，未免势单力薄。一天，躺在刘启怀里的她娇嗔地说道："哎呀，我好久没回家了，挺想家里的亲人。"

刘启有些疑惑，问道："你不是经常和你妈、你女儿见面吗？"

王娡说："殿下不知道，我其实还有个妹妹，她长得跟我特别像，但比我年轻，更比我漂亮。"

刘启听完眼睛一亮，试探道："哦？你妹妹嫁人了吗？"

王娡道："没呢。她看我跟了殿下，眼光就挑剔起来了，说相过亲的所有男人都不如您优秀。"

刘启的眼睛滴溜溜转："要不，让她也进宫？"

王娡给刘启下鱼钩，道："进宫干吗啊？当个丫鬟啊？殿下的小姨子当丫鬟，这说不过去。"

刘启继续试探道："也是，也是。那你说，怎么办好呢？"

王娡主动把刘启的心里话说了出来："能遇上殿下是我们王家的福分。如果殿下不嫌弃，就让我们姐妹一起服侍您吧！"

刘启道："你都提出来了，我要是反对，就是驳你面子。行吧，就这么办，明天就派人接她进宫来！"

第二天，王娡的妹妹也被纳入刘启的宫中，就是所谓的小王夫人。

这对姐妹施展出浑身解数，天天缠着刘启，王娡先后生了三个女儿、一个儿子，王娡的妹妹则一口气生了四个儿子。就这样，王娡姐妹联手牢

---

① 《史记》："太子幸爱之，生三女一男。男方在身时，王美人梦日入其怀。以告太子，太子曰：'此贵征也。'未生而孝文帝崩，孝景帝即位，王夫人生男。"

牢把控后宫，没人可以与她们抗衡。突出的表现是，自大小二位王夫人之后，就再也没有人为汉景帝生过皇子了。

在后宫受宠只是第一步，还有更重要的事情，就是讨得婆婆窦太后的欢心。在这一点上，王娡也展现出精明的一面。

有一年，大臣袁盎（音àng）竟然被暗杀，震动朝野！随着调查的深入，种种证据都把幕后真凶锁定在窦太后的另一个儿子、汉景帝的弟弟梁王刘武身上。

按照汉朝法律，尽管刘武是皇上的弟弟，但暗杀朝廷命官也是死罪。刘武害怕被汉景帝诛杀，请著名文学家邹阳做说客，去长安城公关。邹阳先去找了王娡的哥哥王信，在他家一住就是好几天。开始，邹阳不提此行的真正目的，而是进行各种试探。直到最后要走那天，他才把话说明，希望王信通过王娡在汉景帝那里为刘武说情。

王信把邹阳来访的事情向王娡做了汇报，王娡意识到，讨好婆婆窦太后的机会来了。

因为女人不能干政（明面上不能干政，但是没人管得了她给汉景帝吹"枕边风"），王娡让王信找汉景帝私下里谈话，劝汉景帝不要把事情做得太绝，毕竟刘武是他同母所生的弟弟，跟其余的刘氏兄弟相比，亲兄弟更贴心。

汉景帝最终被王信说服，保了刘武一命。

王娡故意让人把这个事情散播出去，不久就被窦太后知道了。

窦太后听说最宠爱的儿子刘武的命保住了，别提有多开心，而这一切又是自己的儿媳妇王娡幕后运作的，自此对王娡更是一百个满意。

就这样，王娡又把婆婆窦太后搞定了。

至此，王娡完成了得宠于汉景帝、讨好窦太后两件大事。但真正重要的是第三件事：让自己生的儿子当太子。

只有儿子被封为太子，自己才能当皇太后，这江山才是自家的，否则汉景帝一去世，自己只能为别人当陪衬。

但是，这一次恐怕王娡无论如何都不会成功了，因为她所生的刘彻并不是皇长子，而汉景帝遵照古训早早就已经把长子刘荣立为太子了。还有一点更致命，那就是窦太后在诸多皇孙里，最宠爱的就是刘荣。

本来这事没什么可以改变的了，但人算不如天算，老天爷还是给了王娡一个小小的机会。

《孙子兵法》说得好，要想成功，必须"先为不可胜，以待敌之可胜"。

这句话是什么意思呢？

意思是说，你要想成功，不要想着自己做到多么强大，而是先要保证自己没有疏漏，让自己无懈可击，然后静静地等待敌人犯错。只要敌人犯错，你又没有可以让敌人攻击的疏漏，便可以直接抓住时机把敌人击败。

换言之，笑到最后的人不一定是最强大的人，而是不犯错的人。

此时的太子刘荣只须静静地等待，只要汉景帝去世，自然而然接班成为新皇帝，就这么简单。

可是刘荣的母亲栗姬偏偏情商太低，把起手的一把绝佳好牌硬生生地给打烂了。

话说汉景帝有一个姐姐，名字比较特殊，叫刘嫖。是的，没错，就是嫖娼的"嫖"，史称"馆陶公主"。

馆陶公主刘嫖野心很大，她希望自己家的闺女将来可以当皇后，所以老早就跟弟弟汉景帝说："不论你将来立谁为太子，我女儿都必须当太子妃。"

现在看来，这就是典型的近亲结婚，而在古代，这是很常见的。

馆陶公主刘嫖为了能让女儿将来当上皇后，便故意讨好汉景帝，所采用的方法很简单，那就是悄悄地送美女给汉景帝临幸，不需要汉景帝赐给这些美女名分，仅仅过夜就好，事后打发美女的钱都由她自己来出。

刘荣的母亲栗姬知道这件事情后，就对自己的这位大姑姐意见很大。

一个皇上，理应把主要精力放在国家大事上，这当姐姐的不但不往正确的方向引导，还故意往沟里带。

栗姬打心眼里瞧不起刘嫖。

同样作为汉景帝老婆的王娡也很讨厌刘嫖，但是王娡和栗姬有一个最大的不同，王娡再讨厌谁都不会表现出来，栗姬则会把情绪挂在脸上。

就是这点差异，导致两个人的命运走向了截然相反的方向。

刘荣被立为太子时十七岁，刚好是婚配的年龄。功利心极强的刘嫖第一时间上门提亲，表示愿意把女儿陈阿娇嫁给刘荣当太子妃，两家亲上加亲，对双方都有好处。

让所有人都没想到的是，栗姬竟然直接把刘嫖提亲的队伍轰了出去。①

刘嫖勃然大怒！

王娡听说此事之后，眼睛亮了起来。

第二天，王娡领着四岁的儿子刘彻去姑姑家串门。一进门就看到了陈阿娇，王娡对刘彻说："快和表姐玩去吧。"

刘嫖则和王娡闲聊天儿。

转眼到了要走的时候，刘彻哭闹着不肯回家，非要和表姐再玩会儿不可。

王娡笑着对刘嫖半开玩笑半试探地说："你看，这俩孩子还挺投缘呢。"

刘嫖道："嗯，还是我们家小彻彻好，知道谁才是好女孩。我可爱的小侄子。"

王娡打趣道："我说彻儿啊，你要真喜欢阿娇表姐，等你长大了就娶

---

① 《史记》："长公主嫖有女，欲予为妃。栗姬妒，而景帝诸美人皆因长公主见景帝，得贵幸，皆过栗姬，栗姬日怨怒，谢长公主，不许。"

她当媳妇吧，那样你就能天天和她在一起了。"

刘嫖听后哈哈大笑。

岂料，年仅四岁的刘彻竟然说出了这样的话："我长大了要是能娶阿娇表姐当媳妇，就会用黄金为她盖一个大大的房子，让她在里面住着，什么都不用做，就等着我每天回家见她。"

王娡、刘嫖对视了一下，大笑起来。

这便是成语"金屋藏娇"的出处。

等王娡领着刘彻走了之后，刘嫖联想到近些日子里，在栗姬和王娡那里分别得到冰火两重天的礼遇，突然有了一个想法：一定要尽全力让汉景帝废掉刘荣，灭了栗姬的嚣张气焰，全力扶持刘彻上位。

刘嫖想到这里，脸上露出阴险的笑容，自言自语道："姓栗的，你给我等着！你惹谁都可以，唯独不能惹你姑奶奶我！"

讲到这里，需要问读者朋友一个问题：您觉得刘彻这样一个四岁小孩，如果事先没有大人教，能说那样的话吗？

前文讲到刘嫖是窦太后的闺女，又和弟弟汉景帝关系很好，所以作为长公主的她向来肆无忌惮。外加刘嫖天生工于心计，爱玩弄权术算计人，人狠但话不多，所以了解她的人都不会去招惹她。但太子刘荣的母亲栗姬偏偏正面硬杠刘嫖。

反观刘彻的母亲王娡，在栗姬得罪刘嫖之后，立即上演拉拢大戏，将刘嫖这个硕大无比的政治砝码从栗姬那一端拉到了自己这一端，原本向栗姬倾斜的天平渐渐向王娡这边倾斜。

再说下栗姬。

栗姬这个人人品不错，也没有刻意算计别人的心思。但缺点也很突出：往好听里说，性格耿直，眼睛里不容沙子；往难听里说，那就是情商低，心里藏不住事情，做事不懂进退。

所有情商低的人都有一个共同的特点：易怒。稍微有点不顺心的事脾气就要爆发。

王娡是穷苦人家出身，为了母仪天下的梦想，各种苦都能吃，各种气都能受，以便为自己、为儿子去争取一切可以争取的机会，情商远在栗姬之上。

一个人能走多远，更重要的是看情商，而不仅仅是智商。情商高的人智商一定不低，但情商低的人智商再高也没用。

刘嫖、王娡二人对汉景帝很默契地展开了洗脑攻势。

刘嫖继续自费给汉景帝叫"外卖"。当然了，给汉景帝送的"外卖"的不是食物，而是美女。

汉景帝每一次心满意足之后，刘嫖都会不经意地说上两句："弟弟啊，还是当姐姐的最疼你。你看，就说我给你送美女这件事儿吧，同样作为你的后宫，王娡就不说什么。你看那个姓栗的，又是翻白眼，又是耍脾气，哪像个未来的皇太后。你活着的时候，她不敢怎么样，你将来不在了，就这么个小心眼的女人，还指不定给咱刘家的江山捅出什么大娄子呢！"

就这样，刘嫖说的次数多了，汉景帝渐渐从心里认定栗姬就是刘嫖说的那种人。

后来，汉景帝生病了。刘嫖又来探望，临走时不忘继续抹黑栗姬："我说弟弟啊，你不觉得你这场病生得有点莫名其妙吗？我听说，你这后宫可不简单，有人在搞巫术整你。"

汉景帝大怒，道："谁敢？再说了，整死我，对她有什么好处？"

刘嫖："弟弟果然聪明，直接看到了事情的关键。你想啊，你死后，谁受益最大？你活着，她只能当个太子母亲。你死了，人家可就是名正言顺的皇太后了。"

这次对话对汉景帝触动很大。

刘嫖走后，栗姬也来探望了。

汉景帝对栗姬说："朕死之后，希望你能善待其他姐妹生的皇子，毕竟她们跟朕也是夫妻一场。"

栗姬一听，汉景帝话里有话，她那暴脾气又失控了，呵斥道："有话你就直说，别含沙射影的。是不是又有什么人来挑拨离间了？你就信你的那个姐姐吧。她不是什么好人，好姐姐哪能让弟弟整天沉湎女色？"

汉景帝几乎想大发雷霆，但强忍了下来，说道："你现在就在我眼前消失，马上！"

二人不欢而散。①

这段时间，王娡一直在暗处观察各方变动，表面上风平浪静，其实精神高度紧张，她在等待机会对栗姬一剑封喉。

两年以后，皇后薄氏因为多年来没能生下皇子而失宠，汉景帝最终下定决心将其废掉。

听说薄皇后被废，王娡知道，灭掉栗姬的机会来了。

王娡找到负责相关事务的官员大行，怂恿道："听说现在皇上和栗姬闹得不可开交，这对朝廷可不是好事儿。常言道，家和才能万事兴。要说这栗姬，还不就是女人那点儿心思，想让皇上给她个正式的皇后身份，这样她就安心了。你们得空时去劝劝皇上，反正她的儿子都是太子了，给她个皇后身份是理所应当的。这种事儿，我一个妇道人家不好参与。你们做臣子的得积极一点，将来皇太后、新皇上还会亏待你们不成？"

大行一听，还真是这样，做和事佬去劝架，零成本，且只有好处，没有坏处。更何况一边是皇上，另一边是未来的皇太后呢。

王娡为什么要这么做？

---

① 《史记》："景帝尝体不安，心不乐，属诸子为王者于栗姬，曰：'百岁后，善视之。'栗姬怒，不肯应，言不逊。景帝恚（huì），心嗛（xián）之而未发也。"

这恰恰体现了她狡猾的一面。

栗姬刚和汉景帝吵完架，汉景帝怒气未消，这时候如果有人劝汉景帝封栗姬为皇后，只会更加激怒汉景帝。

王娡就是要激怒汉景帝，让他更恨栗姬。

于是，在汉景帝和栗姬吵架后的第二天，大行就屁颠屁颠地来找汉景帝，建议封栗姬为皇后。

汉景帝听完，当场暴怒，骂道："看不出来，栗姬这个贱人竟然是这样一位野心勃勃的女人！朕还没死呢，她想当皇太后都快想疯了。还是馆陶公主看人准。来人哪，大行企图帮着那个贱人给朕洗脑，拖出去，斩立决！"

"皇上，冤枉啊，请听臣解释啊！"大行还没来得及辩解，脑袋就已经搬家了。

当晚，汉景帝下圣旨，废掉刘荣太子身份，立刘彻为太子。

至此，栗姬彻底出局，不久之后便愤恨而死。①

杀人有两种方式：一种是棒杀，一种是捧杀。王娡杀死栗姬用的是捧杀。

棒杀是违法犯罪，是要负法律责任的；捧杀则无妨，干干净净，杀人于无形。

或许，栗姬到死也不明白她到底输在了哪里。

栗姬死后，汉景帝立王娡为皇后，就连王娡的哥哥王信都直接被封侯，叫作盖侯。

至此，王娡奠定了后宫之主的地位，未来成为皇太后也是板上钉钉的事儿，她的母仪天下的梦想终于得以实现。而这一切，都始于她有一位兼具眼光与魄力的母亲。

---

① 《史记》："王夫人知帝望栗姬，因怒未解，阴使人趣大臣立栗姬为皇后。大行奏事毕，曰：'子以母贵，母以子贵'，今太子母无号，宜立为皇后。'景帝怒曰：'是而所宜言邪！'遂案诛大行，而废太子为临江王。栗姬愈恚恨，不得见，以忧死。"

如果当初她的母亲不强行让她离婚，王娡这一辈子也就是普通农民家中的一位洗衣、做饭、带孩子的家庭妇女而已，与如今的地位不可同日而语。

何为命运？

命运，一方面是老天爷给了你一把什么样的起手牌，另一方面还要看你的牌技。就像栗姬，起手一把好牌，最后硬生生地赔了个底儿朝天。

王娡起手的牌并不好，跟大多数人比，直接输在了起跑线上。但她长袖善舞，刀尖舔蜜，辗转腾挪于对手的疏漏之间，硬生生走出了一条康庄大道。

人，任何时候都不能轻言放弃。只要情商在线，外加不懈努力，再加一点点老天爷的眷顾，就能做出一番成就。

各位读者朋友，不论您是男是女，都不要被什么"寒门难出贵子"等这样的弱者的无病呻吟所误导。您起点再差，能差得过一位没有文化、带着孩子、二婚的农村妇女吗？

像王娡那样放下负担，看淡生死，不服就干，不敢说您将来能混得多么好，但谁又敢说您会混得多么差呢？

002
刘荣之死

刘荣被废太子后,降级为临江王。

谈到刘荣接下来的命运走向,需要先介绍另外一个传奇人物,此人的命运与刘荣完全捆绑在一起。

此人名叫郅(音zhì)都。

郅都是西汉杨县(今山西洪洞县东南附近)人,以郎官(一种在皇宫内服侍皇帝的官职)的身份服侍汉文帝(汉武帝的爷爷)。

郅都为人勇敢,身体好,有使不完的气力。郅都在职场里行事公正廉洁,深得汉文帝的欣赏。

大家知道郅都是皇上身边的红人,所以纷纷前来找他走后门办事儿。

一次,有一位老朋友给郅都写了一封信,寄到他的办公室。

郅都看了一下信封,猜到这是托他办事儿,连看都不看,直接将其丢掉。

朋友左等右等,就是不见郅都回信,便亲自来找他。

郅都见到朋友后,直接说:"我没收到啊,你给我写信了吗?"

郅都最终把朋友劝回家了,让他不要妄图走捷径。

还有很多人想给郅都送礼、请吃饭,他都一一拒绝了。

郅都经常对来求他办事的人说一句话:"既然把父母舍在老家来长安当官,我就应当在官位上保持廉洁,死而后已。即使是妻子儿女的事情,我也不能徇私枉法！"①

汉文帝去世后，汉景帝继位。郅都凭借其高尚的品格依然得到新皇帝的重用，晋升为中郎将。

中郎将的地位低于将军，相当于现在的副部级领导。

郅都依然保持刚正不阿的品质，经常向朝廷直言进谏，语言犀利，不怕得罪人，在朝廷上让人佩服得五体投地。

汉景帝越发欣赏父皇为自己留下来的这位下属，不管走到哪里，都要郅都跟在身边。

有一天，汉景帝处理完日常公务，颇为疲劳，决定去上林苑散散心。

上林苑是皇家私人园林，供皇上单独使用。

上林苑既修建有豪华的宫殿，也豢养了各种动物，还有各种娱乐设施，是集动物园、植物园、高档酒店和游乐场于一体的大型豪华休闲娱乐基地。

汉景帝去上林苑游玩时，总是不忘让郅都陪驾。

这一次，汉景帝想参观一下野生动物世界。大家走到野猪林时，汉景帝新纳的后宫贾姬突然嚷嚷起来："陛下，臣妾想如厕！"

汉景帝只好停下脚步，目送贾姬进了旁边的厕所。

正在这时，不知从哪里蹿出来一只野猪，面容凶悍，獠牙锋利，尾随贾姬，冲进了厕所。

厕所里立马传来贾姬惊恐的呼喊。

汉景帝当时就被吓着了，说不出话来，只能用眼睛瞪旁边的郅都，意思是：你别光傻站着，赶紧去救人啊！

只见郅都面无表情地看着汉景帝，一动也不动。

汉景帝终于喊出声来："郅都，你怎么回事儿，快去救人！"

---

① 《史记》："都为人勇，有气力，公廉，不发私书，问遗无所受，请寄无所听。常自称曰：'已倍亲而仕，身固当奉职死节官下，终不顾妻子矣。'"

岂料，郅都就是原地不动，像根木桩。

汉景帝暴怒："你傻了？！你不去，朕亲自去！"

说完，汉景帝抄起身边的一根木棒就要往厕所里冲。

郅都瞬间从休眠模式变成激活模式，一个箭步冲了上去，挡在了汉景帝面前。

汉景帝："你今天到底怎么了，疯了吗？滚开，别拦着我！救人要紧！"

郅都突然跪下，双手紧紧抱住汉景帝的大腿，让他动弹不得，大声喊道："皇上啊，死了一个姬妾，很快就能再找一个新的。天下这么大，还缺美女吗？如果臣现在放您进去，您要是有个三长两短，这社稷怎么办，这江山怎么办，这大汉朝怎么办？"

汉景帝立马冷静了下来。

就这样，汉景帝站着，郅都跪着。

好在贾姬福大命大，过了一会儿，闲逛的野猪跑了。

事后，汉景帝的母亲窦太后听说了这件事儿，赏赐郅都黄金一千两。汉景帝也更加欣赏郅都了。①

文、景二帝遵从道家思想，治理天下讲求"无为而治"，政府尽量不要强行干预地方经济发展。

这样做的好处是：经济大发展，老百姓的生产生活不会被繁冗的政策所干扰；坏处是：地方的豪强地主逐渐做大，个别甚至骄傲膨胀，蔑视朝廷，违法乱纪。

这一问题在当时的济南郡（今山东济南市）表现尤为突出。

济南郡共有三百多家实力雄厚的大姓家族。他们飞扬跋扈，称霸一

---

① 《史记》："尝从入上林，贾姬如厕，野彘卒入厕。上目都，都不行。上欲自持兵救贾姬，都伏上前曰：'亡一姬复一姬进，天下所少宁贾姬等乎？陛下纵自轻，奈宗庙太后何！'上还，彘亦去。太后闻之，赐都金百斤，由此重郅都。"

方，不把官府放在眼中，当地百姓苦不堪言。最具代表性的是瞯（音jiàn）氏家族。

济南郡的太守性格软弱，眼见这些地方豪强作乱，却始终不能制服他们。最后，这件事儿被上报到了汉景帝那里。

汉景帝封郅都为济南郡太守，前去治理、改善当地的环境。

郅都来到济南郡的第一天，就把济南郡所有的武装力量集合在一起，下令道："我拟定了一个名单，列举的是本地几个蔑视王法和朝廷的大户。大家现在就跟着我去把他们的当家人杀了！有个人反抗者，就地斩首！有全家族反抗者，就地灭全族！现在就跟我走！"

此时，瞯氏等几个大姓家族的族长听说朝廷派来一个新郡守，大家正凑在一起，喝着大茶，开会讨论怎么样给他一个下马威。突然，房门被踢开，几个手持利刃的士兵冲了进来并两侧排开，中间走出一位文质彬彬的官员，身穿郡守官服。

此人正是郅都。

郅都环顾屋内所有人，说道："哟呵，凑得很齐嘛，名单上的几个人都在，省得我们跑腿儿了！"

瞯氏族长一看这是新来的郡守，骂道："你是谁，这里是你随便进出的地方吗？来人哪，给我把这狗官打出去！"

郅都："果然不把朝廷命官放在眼里，不算大家冤枉你！行了，别嚷嚷了，你的手下已经不会动了！"

瞯氏族长仔细看去，郅都身后几位军官的刀刃上正一滴一滴地向下流着鲜血。

瞯氏族长大惊，道："光天化日之下，就算是郡守，也不能随便杀人，还有没有王法？"

郅都："唔，唔，唔！现在开始讲王法了？今天我就是来给你做普法教育的！"

郅都说完，抬起右手，伸出食指，做了一个轻轻向前指的动作，然后慢慢背过了身子……

众士兵心领神会，提起砍刀，冲了上去。

片刻之间，几颗人头放在了郅都脚下。

郅都杀人事件立马传遍了整个济南城，其余的地主豪强纷纷吓尿，主动前来向郅都低头示好，不敢再与官府对抗。

郅都励精图治，依法治郡。仅仅一年多，济南郡便出现了夜不闭户、路不拾遗的局面。

济南周围十多个郡的郡守也纷纷到郅都这里拜访学习，见到郅都就像见到上级官员一样，毕恭毕敬。[①]郅都在济南郡的表现让汉景帝大为赞赏，对他更加信任了。

济南郡的工作进入正轨以后，汉景帝升郅都为中尉，调回京城负责京师的治安警卫工作，亲自掌管长安城的戍卫队。

做长安城戍卫工作，不可避免会遇到高官、国戚，郅都则继续保持一贯刚正不阿的作风，从不对官职高于自己的大臣趋炎附势。

当时的丞相是周亚夫。在吴楚七国之乱中，他统帅汉军，三个月平定了叛军，拯救汉室江山于危难之中。

一时间，周亚夫风头无两，外加其本人傲慢无比，又手握军权，所以很多官员见到周亚夫都会跪拜。

可是，按照国家的法律，周亚夫是丞相，其余的官员跟他是同僚。见到他之后出于尊重，最多作揖行礼，但不能跪拜，只有皇帝才可以接受群臣的跪拜。

[①]《史记》："济南瞷氏宗人三百余家，豪猾，二千石莫能制，于是景帝乃拜都为济南太守。至则族灭瞷氏首恶，余皆股栗。居岁余，郡中不拾遗。旁十余郡守畏都如大府。"

郅都就是一股清流，每次开会，众大臣见到周亚夫时，都会很有默契地向周亚夫下跪。周亚夫放眼望去：嘿，就郅都像羊群里的骆驼一样，站着对自己行作揖之礼。

周亚夫心里有火，但知道郅都的脾气，不敢正面杠他。

汉景帝听说郅都竟然敢公开场合怼周亚夫，十分开心，更加觉得他刚正不阿。

汉景帝无为而治，一心发展经济，减轻徭役，降低赋税，因而人民安居乐业，极少有百姓触犯法律的事情。当时违法乱纪的多为皇亲国戚、功臣列侯。

郅都掌管京城戍卫工作期间，严格执法，不怕得罪诸多权贵皇亲。凡犯法违禁者，不论何人，不管何官，一律法办。

时间久了，在汉朝上流社会里，大家给他起了个外号，叫"苍鹰"。[1]我们都知道，老鹰不管飞得多高，都能看到地面上的猎物，都能够俯冲下来将其捕杀，这恰恰像极了郅都。

郅都这种性格，会讨皇帝的喜欢，但一定会得罪人，这无疑为自己埋下了很多地雷。哪天一不小心，就会引爆，轻则受伤，重则身亡。

前文讲到，刘荣被废太子位，降为临江王。

经历了过山车般的人生后，刘荣不再对未来抱有希望，而是沉迷于给自己修建奢华的房屋，希望用消费的快乐来麻痹自己。

刘荣的房子越修越高，侵占的地皮越来越大，以至于把一部分宗庙都侵占了，改造成为他的私人宫殿。

刘荣这么做，也是故意借此向汉景帝发泄不满。就像青春期的男孩子一样，以故意犯错、叛逆的方式来吸引父母的关注。

---

[1]《史记》："郅都迁为中尉。丞相条侯至贵倨也，而都揖丞相。是时民朴，畏罪自重，而都独先严酷，致行法不避贵戚，列侯宗室见都侧目而视，号曰'苍鹰'。"

汉景帝得知此事，下令刘荣前来问话，负责盘问刘荣的正是郅都。

郅都向来以铁面无私闻名于整个长安城。刘荣见到郅都以后，吓个半死。

刘荣知道，如果落到郅都手里，一定没有好果子吃，得想办法钻空子才是上策。

于是，刘荣对郅都强装微笑道："郅大人，就我这点小事儿，还用劳烦您亲自跑一趟吗？"

郅都一脸严肃，道："小事？侵犯皇家宗庙，这是大罪。还请临江王将相关情况如实说来，我好及时结案。"

刘荣道："我是皇子，很多事情我只想跟父皇说。毕竟这是我们爷儿俩的秘密，我不想同外人说。"

郅都道："你说的话我都会如实禀告给圣上。同时，我也不会对外泄露，这是我的职责所在。恕我直言，你就别动歪心思了，赶紧交待问题吧。"

刘荣脸色一变，道："你给我拿纸笔来，我给父皇写封信总可以吧，我总有给父皇写私人信件的权利吧？"

郅都道："你当然有写信的权利。赶紧配合工作，交待问题。等你把该说的都说清楚了，我就放你回家，到时候你想怎么写就怎么写，谁也管不着。"

刘荣骂道："你还真以为你自己是个苍鹰？在我眼里，你就是一只苍蝇！我，刘荣，姓的是刘，这是刘家的天下，你就是一个奴才，狂什么狂？我再问你一句话，到底拿还是不拿？"

郅都道："我来的时候，皇上只让我审讯你，没让我给你拿东西。难道你要违反皇上的命令不成？"

刘荣道："想拿皇上压我？哼，皇上让我交待问题，我肯定交待。只不过，我这人有个毛病：没有笔，我就没有思路，没有思路，我就交待不出来。这事儿,责任在你,不在我。"

郅都见刘荣胡搅蛮缠,直接说道:"没关系,给你足够的时间在这里理清思路。"

说完,郅都锁上门就走了。

耳目遍天下的窦太后很快就听说刘荣被要求在规定时间、规定地点交待问题的事情,很是心疼自己的孙子,当即派魏其侯窦婴(窦太后的侄子)暗中给刘荣送去纸、笔。

刘荣自知犯的是死罪,落到郅都手里肯定没有好果子吃,便给汉景帝写了一封遗书,而后自杀身亡了。①窦太后得知孙子死讯后大怒,恨不得亲手杀了郅都。

窦太后找到汉景帝,以母后身份对其施压。

窦太后道:"要不是郅都逼迫,我大孙子能这么冤死吗?"

汉景帝道:"母后息怒。刘荣侵占皇家宗庙,犯的是大罪,事实成立,证据充足,他理应接受法律的制裁。是他自己为了逃避法律的惩罚,因一时冲动而选择自杀,这事儿与郅都没有关系。"

窦太后道:"如果他一开始给刘荣一支笔呢,刘荣还会自杀吗?"

汉景帝道:"事已至此,只能厚葬刘荣了。"

窦太后道:"不行!郅都必须严办!"

汉景帝道:"郅都没有犯罪,为什么要严办他?如果这样做,以后谁还敢严格执法?"

窦太后道:"人死在他的审讯室里,总不能没有一点儿责任吧?"

汉景帝被逼无奈,只好宣布将郅都罢官回乡。②郅都临走时,汉景帝托人带话给郅都:"别太悲伤,等朕的消息。"

---

① 《史记》:"临江王征诣中尉府对簿,临江王欲得刀笔为书谢上,而都禁吏不予。魏其侯使人以间与临江王。临江王既为书谢上,因自杀。"

② 《史记》:"窦太后闻之,怒,以危法中都,都免归家。"

不久，窦太后渐渐消了气，汉景帝派使者悄悄来到郅都家传口谕，提拔他为雁门郡太守。

汉景帝特别嘱咐郅都："爱卿不必到长安领旨，直接从家里出发，到雁门郡低调上任。到了雁门郡以后，不要有思想负担，放开手脚干！"①郅都听完使者的话，扑通一声跪下，流着热泪，向着长安城的方向连磕了三个响头。

雁门郡位于现在山西省境内的右玉县附近，西汉时期是匈奴重点进攻的战略要地。

匈奴人早就听说过郅都的威名，听说郅都就任雁门郡守，惊恐万分。当郅都抵达雁门郡时，匈奴立马把军队向后撤退，远离雁门郡，生怕郅都攻打自己。

匈奴首领发现，老这样害怕也不是个办法，必须想办法克服心魔。于是便用木头雕刻成郅都的样子，立为箭靶，命令匈奴骑兵照着郅都木雕练习射击。

匈奴骑兵张弓就射，奇怪的是，那么大一个木头雕像，竟无一人能够射中。

这一下，匈奴骑兵私下里更传播起这样的说法：郅都是神人，不可战胜。

匈奴首领本来是想借此消除士兵的恐惧，结果却加深了他们的恐惧。

直到郅都死去，匈奴一直没敢靠近雁门郡。②

天下没有不透风的墙，郅都被任命为雁门郡守的消息最终还是传到了窦太后耳中。

汉景帝本以为就这么过去了，窦太后应该消气了，结果她不但没有消

---

① 《史记》："孝景帝乃使使持节拜都为雁门太守，而便道之官，得以便宜从事。"
② 《史记》："匈奴素闻郅都节，居边，为引兵去，竟郅都死不近雁门。匈奴至为偶人象郅都，令骑驰射，莫能中，见惮如此。匈奴患之。"

气,反而更加怒火中烧。

窦太后没有经过汉景帝,偷偷派人把郅都抓到长安城,关入大牢。

汉景帝得知后,立马面见窦太后,替郅都说情:"郅都是一位难得的德才兼备的忠臣。如果把他杀掉,将是国家的损失!"

窦太后回道:"临江王刘荣难道就不是忠臣吗?"

汉景帝道:"这是两码事。刘荣犯罪是大家有目共睹的事。再说了,刘荣是自杀,又不是郅都杀的。"

窦太后道:"好,你容我考虑一晚上。"

汉景帝只好回去等窦太后的消息。

汉景帝前脚刚走,窦太后立马派出杀手进入监狱,将郅都斩首。① 第二天,汉景帝又来找窦太后,继续替郅都说情。

窦太后见到汉景帝,说道:"来晚了,人已经死了。"

汉景帝吃惊地问道:"什么?母后不是说要考虑一晚上吗?"

窦太后道:"是的,我考虑了,考虑的结果就是杀他。我想就不劳烦皇上了,直接派人把这事儿给办了。"

汉景帝是个孝子,不敢也不能对母亲发脾气,只好强忍着悲痛离开。

郅都死后不久,匈奴骑兵重新侵略雁门郡,汉朝官兵、百姓死伤严重。

女人和男人在政治上,思维方式是不一样的。

女人比男人感性,看重的是亲情、感动、浪漫等。她们往往会感情用事。

郅都这样既秉公执法又效忠朝廷的人,是很难得的。窦太后袒护孙子刘荣,无端迁怒于他人,将郅都杀死,给国家带来的损失是巨大的。

从窦太后的做法可以看出,她一定不是一个好惹的主。她与孙子刘彻之间的权力之争也就成为必然。

---

① 《史记》:"窦太后乃竟中都以汉法。景帝曰:'都忠臣。'欲释之。窦太后曰:'临江王独非忠臣邪?'于是遂斩郅都。"

003
刘武的皇帝梦

刘彻的登基之路并非一帆风顺，太子刘荣仅仅是一个障碍而已。还有一个人，曾经也想从刘彻手里抢皇位。此人不是旁人，正是刘彻的叔叔、汉景帝的弟弟——梁王刘武。

刘武是汉文帝刘恒的儿子，和汉景帝刘启同为窦太后所生。

汉景帝活着的时候，有一次刘武入朝汇报工作，陪汉景帝、窦太后一起吃饭。

哥儿俩好久没见，难免多喝了几杯。当时汉景帝还没有立太子，喝多了的汉景帝搂着刘武说："将来我死之后，就把皇位传给你。"

刘武当即谦虚地推辞："皇兄别开我的玩笑了。"

刘武此时的想法是：嘿，咱们大汉朝就没有哥哥传位给弟弟的规矩。

虽然刘武知道汉景帝说的不可能实现，但是有他这句话，心里还是很高兴的。

在一旁的窦太后则不同，她可当真了，听完汉景帝的话，发自内心地开心。[1]

公元前154年，吴、楚、齐、赵等七国反叛，史称"七国之乱"。

刘武是汉景帝的亲弟弟，其政治立场十分明确，坚定支持汉景帝，反对七国之乱。

---

[1]《史记》："二十五年，复入朝。是时上未置太子也。上与梁王燕饮，尝从容言曰：'千秋万岁传于王。'王辞谢。虽知非至言，然心内喜。太后亦然。"

吴、楚联军一看，行啊，同母所生的弟弟就是跟我们这种同父异母的不一样。好吧，那就先灭了你！

于是，吴、楚联军率先向梁国的棘壁（今河南永城市西北附近）发起猛烈的攻击，这一战杀掉刘武部下数万人。

刘武死死据守睢阳（今河南商丘市），命韩安国为大将军，抵抗吴、楚叛军。

韩安国不负刘武厚望，带兵抵抗叛军，硬生生顶住了吴、楚联军。

吴、楚叛军本想轻而易举地先拿下梁国，然后再拿下长安。谁成想，第一步就遇到了这么大的阻力，直接被挡在了梁国，无法向西推进。

刘武的做法相当于拿自己的梁国为汉景帝当肉盾，为汉景帝争取了宝贵的时间。

最终，七国之乱被镇压，按照官方统计，梁国所斩杀俘获的叛军数目和朝廷军几乎一样多。①论功行赏时，除了朝廷军之外，刘武、韩安国的功劳最大，被封大面积肥沃的土地，其封地北以泰山为界，西达高阳，共有四十余城，多数是大县。窦太后也给了刘武不计其数的赏赐。②韩安国也名声大振，一颗政坛新星冉冉升起。

人都有个臭毛病，不顺的时候焦虑抑郁，有了功劳之后就膨胀。这世间没几个人可以真正做到荣辱不惊。

护国有功的刘武很快膨胀起来。

刘武斥巨资大兴土木，建造宫殿，建造了一座方圆三百多里的东苑，把他的睢阳城也扩出七十里。

---

① 《史记》："其春，吴、楚、齐、赵七国反。吴、楚先击梁棘壁，杀数万人。梁孝王城守睢阳，而使韩安国、张羽等为大将军，以距吴、楚。吴、楚以梁为限，不敢过而西，与太尉亚夫等相距三月。吴、楚破，而梁所破杀虏略与汉中分。"

② 《史记》："其后梁最亲，有功，又为大国，居天下膏腴地。地北界泰山，西至高阳，四十余城，皆多大县。孝王，窦太后少子也，爱之，赏赐不可胜道。"

刘武喜欢到各处驰马狩猎，每次出行时，都会把汉景帝赏赐给他的旌旗打出来，随从就有一千辆车和一万名骑手，排场之宏大堪比天子。刘武每次出入宫殿，还要事先清道，禁绝一切行人。总之，气焰十分嚣张。[①]这之后不久，发生了太子刘荣被废事件。

刘荣刚刚被废的时候，窦太后突然找汉景帝谈话："听说你把太子废了？"

汉景帝："是的。刘荣难成大器，把江山给他，我不放心。"

窦太后："你想立谁为太子？"

汉景帝："刘彻各方面表现远超刘荣，他的母亲王娡也是个顾全大局的女人。"

窦太后："我是死瞧不上那个二婚女人生的孩子。你也是，宫廷里那么多美女，都是黄花闺女，你不喜欢，非要立这个生过孩子的女人当皇后，不知道怎么想的。"

汉景帝："这事儿都过去这么多年了，您就别再纠结了。您看刘彻，聪明伶俐，像不像当年的我？"

窦太后不接话茬，说道："要我说，刘武是你同父同母的亲弟弟，你可以立下遗嘱，将来你不在了，让你弟弟当皇上。"

汉景帝听后大为不悦，但没有说出来。

首先，窦太后干政的欲望太强了，前不久刚刚杀害朝廷忠臣郅都，现在又要插手皇帝接班人的事。

其次，自汉朝开国以来，没有皇帝把皇位传给兄弟的先例。这样做将会破坏历朝历代的规矩。

汉景帝是个孝子，心里虽然有一万个反对，但还是不想直接反驳窦太

[①]《史记》："于是孝王筑东苑，方三百余里。广睢阳城七十里。大治宫室，为复道，自宫连属于平台三十余里。得赐天子旌旗，出从千乘万骑。东西驰猎，拟于天子。出言跸（音bì），入言警。"

后，只说了一句："好吧，容我想想。"

依照惯例，逢重要节日，皇上都要宴请文武百官。

之后不久的一次宴会上，窦太后不按套路出牌，突然站起来说道："难得是个大喜的日子，我说两句。"

现场瞬间安静下来，众人看向太后。

汉景帝心想：不知道老太太又要做出什么怪事儿来。

窦太后端着酒杯，说道："前不久，国家遭遇了七国之乱。承蒙祖宗保佑，我大汉命不当绝，而今又恢复了往日的歌舞升平。大家觉得，在各诸侯王里，谁的功劳最大？"

众人高呼："梁王！"

刘武连忙起身，向各个方向点头示意，满脸的得意。

窦太后扭转过身体，对汉景帝说道："你有这么好的弟弟，是上天的恩赐。今天守着各位封王和文武百官，要我说，从此以后，你出入乘坐马车的时候，就让梁王坐在你身旁。你上朝的时候，也让梁王坐你旁边。哥儿俩一起处理朝政，也好有个商量，多威风！"

窦太后的意思很明显，就是强行要让刘武当汉景帝的接班人。

众大臣听完，差点没忍住喷出来。为了保住脑袋，必须忍住笑。同时，大家看到汉景帝的脸色非常尴尬。

听完窦太后的话，汉景帝的脸上热辣辣的，恨不得把桌子掀了直接离场，但是又不能公开顶撞窦太后，只好强压怒火，说道："一把龙椅上同时坐两个人，这在过去从来没有过，朕还要和各位大臣们商议一下。"

窦太后听完很开心，端起酒杯一饮而尽，道："好，哀家累了，去后面休息了，你们好好议一下我的提议。"

送走窦太后，汉景帝对大家说道："大家议一下太后的提议吧。"

大臣袁盎站出来说道："我宁可得罪太后，也要说，绝对不能这样做！历史上的宋宣公不传位给儿子而传位给弟弟，因此酿成祸乱，一直影响了五代人。小处过于忍让，会伤害大义，所以《春秋》赞成舍小义而取大义！"

众大臣听完，也都纷纷发表意见，反对刘武继承皇位。

现场的刘武脸臊得跟猴屁股一样，什么话也没说，悄悄溜了出去。

首先，众位大臣敢守着刘武就这么说，说明大家在此问题上空前一致，认为窦太后的提议纯属无稽之谈。

其次，这还说明，大家并不把刘武放在眼里。

退席后的刘武没有回家，而是悄悄来到窦太后的宫殿告状。

窦太后见刘武来了，笑着说道："怎么样啊，武儿，大家有没有支持你当皇帝啊？"

刘武哭丧着脸道："母后，我长这么大从没这么丢过人！刚才所有的大臣都明着说反对我当皇帝，我的脸都不知道往哪儿放！"

窦太后暴怒，道："谁反对了，你告诉我名字，我杀他全家！"

刘武道："您恐怕还真杀不了他全家。"

窦太后道："你只要告诉我是谁，我就能杀他全家！我看看到底是谁活腻了！"

刘武道："是现场的所有大臣，一致反对！"

窦太后听完，不再说话。

如果有一两个人反对，窦太后还真能像当年杀死郅都那样找个借口把他们杀掉。现在是所有的大臣都反对，她是绝对不可能把这些大臣都杀光的。

窦太后醒悟过来了，大臣们根本就不服刘武，即便硬把刘武扶上马，将来也会出乱子，刘武根本镇不住啊！

窦太后叹了一口气，道："武儿，我们得认清形势。既然这样，还真没办法硬让你当皇帝。你先回封国，咱们从长计议。"

刘武只好灰头土脸地回他的封国梁国去了。

回去的路上，刘武又想起昨天宴会上以袁盎为代表的诸位大臣公开反对他的样子，越想越恨得心口疼。

刘武咬着后槽牙，恶狠狠地自言自语道："袁盎，我记住你了。此仇不报，誓不为人！"

特别值得一提的是，宴会上还有一个特殊的人物目睹了这一切。这人正是还没有被立为太子的刘彻。

自从刘荣被废以后，汉景帝便告诉刘彻，想要立他为太子。

本来汉景帝想在这次宴会上给各位大臣吹吹风，让刘彻和各位大臣喝喝酒，搞搞关系。岂料窦太后突然整了这么一出，打了汉景帝一个措手不及。

大家可曾想过刘彻当时的心情？

刘彻打心眼里恨死窦太后：我是你的亲孙子，刘武是你的亲儿子，你宁可让你的亲儿子当皇帝，也不要我当，你还配让我喊你奶奶吗？

很多人一直不理解，窦太后作为刘彻的奶奶，干吗非要和亲孙子搞政治斗争不可呢？

事实上，窦太后自始至终都不怎么疼爱刘彻，她最疼爱的孙子是刘荣。其次，她疼爱的人是小儿子刘武。

经历了宴会事件之后，刘彻和窦太后的矛盾基本上也就公开化了。

第一章 欲戴王冠，必承其重

004
韩安国一落一起

宴会事件成为汉景帝对刘武态度的一个重要转折点。

在此之前,汉景帝是真的对刘武怀有感激之情的,要不是刘武在七国之乱中牺牲个人利益,吸引叛军火力,他这个皇帝还真不一定能做到现在。

汉景帝万万没想到的是,刘武竟然真的在内心深处觊觎着自己的龙椅。

这样的话,刘武与那七位叛乱的封王又有什么区别呢?

如果说有区别,那就是——刘武更阴险,藏得更深。

汉景帝为绝后患,赶紧下令立刘彻为太子,也就是后来的汉武帝,彻底粉碎了刘武的皇帝梦。

与此同时,汉景帝开始对刘武严加防范。

再说下刘武。

刘武回到自己的封国以后,心里有气:"你不是不让我当皇帝吗?好,我就当梁国的土皇帝!"

刘武故意让自己的衣食住行完全参照汉景帝的标准,尤其是出行队伍,比过去的场面更加宏大。

此时的汉景帝对刘武的心态已今非昔比,听说刘武回去之后,不但不收敛,反而更加高调、奢靡,这次绝对不能听之任之。

汉景帝心想:我那位老妈不是对刘武宠着吗?好,我就把这事儿踢给她处理。

汉景帝找到窦太后,开门见山,说道:"母后,不知道您听说没有,刘武回去以后,衣食住行的标准全部参照朕,您觉得他这样做合适吗?"

窦太后道:"嗨,别听别人乱说,刘武不是那样的人。你是他亲哥哥,是皇上,他是封王,这点尊卑关系他还是懂的。"

汉景帝道:"不瞒您说,不掌握充分的真凭实据朕是不敢来惊动您老人家的。母后这么疼爱他,就代替朕来处理这件事情吧。"

汉景帝这次没有给窦太后面子,说完扭头就走。

窦太后知道,这次刘武确实是有小辫子被汉景帝抓在手里,自己也不好多说什么。

窦太后决定侧面提醒一下刘武。

各位读者,还记得前面提到的韩安国吗?就是亲自率领刘武的部队抵抗叛军的那位。

韩安国在七国之乱后,声名大振,深得汉景帝重用,被提拔为行走于长安和梁国之间的使者团团长,负责朝廷与刘武之间日常公务的传达与交流。

精明的窦太后决定通过韩安国侧面提醒刘武,要他注意收敛一下,别太招摇。

在韩安国来长安例行公事的时候,窦太后把他叫了过来。

韩安国有点纳闷儿:皇太后怎么想起找我来了?

带着巨大疑惑的韩安国来到太后的宫殿,刚行完跪拜礼,皇太后便劈头盖脸地骂了起来:"听说最近梁王出行时的队伍规模搞得有些超标,可有此事?给我说实话!"

韩安国道:"这……确有此事。"

窦太后道:"你们这些当下属的,就不提醒他一下吗?"

韩安国听完,心想:你这老太太,也太不讲理了。你儿子决定的事儿,我们当下属的敢不执行吗?你不找你儿子骂,找我们这些打工的骂,有意义吗?

韩安国强忍着说道:"太后教育得对,回去之后,我一定给梁王说明事情的严重性。"

窦太后继续骂道："你这是说的什么混账话！梁王每天那么忙，他的衣食住行还不是你们这些当下人的直接负责，我就把话搁这儿了——如果梁王出行的队伍还是那么高调，你就让家人做好给你收尸的准备吧！"

聪明的韩安国不想轻易背锅，他知道，如果不把窦太后哄开心了，即使不会被她杀掉，也会成为他将来职业生涯的污点。

当晚，韩安国出现在难缠的馆陶公主刘嫖的家门口。

刘嫖是窦太后唯一的女儿，汉景帝刘启、梁王刘武的姐姐。

来到刘嫖面前，没等对方开口，韩安国先哭了起来。

刘嫖蒙了：一大老爷们儿半夜来了就哭，唱的是哪出？

刘嫖道："韩大人怎么了？"

韩安国道："您应该听说了，今天太后把我们几个梁国的使者骂了一顿。"

刘嫖微微一笑，道："韩大人应该明白，老太太表面骂的是你们，实际骂刘武呢。"

韩安国道："我正是为我们梁王哭啊，他真是被误会了啊！"

刘嫖道："他的排场弄得那么大，大家都看到了。要我说，该骂。"

韩安国道："为什么太后对梁王作为儿子的孝心、作为臣下的忠心，不能明察呢？"

刘嫖道："此话怎讲？"

韩安国道："七国叛乱时，诸位诸侯联合起来向西进军，梁王对皇上最忠诚，坚决抵抗叛军，当时我在场。梁王一想到太后和皇上在关中而诸侯作乱，就心疼得掉眼泪。当时我负责领兵抵抗，临走的时候，梁王竟然亲自跪下，送诸位将士去前线，希望我们务必替朝廷打赢这场战争。叛军最终没能西进，这都是梁王发挥的作用啊。"

刘嫖眼圈泛红。

韩安国继续说道:"现在太后为了礼节超标的小事责怪梁王。要知道,梁王的父兄都是皇帝,自幼见到的都是大排场,出行时开路清道,多打几面旗子,多派几个保镖,就是想在地方上炫耀一下,让天下人都知道太后和皇帝喜爱他。梁王高调一点,不也是给皇家长脸吗?"①刘嫖点了点头,道:"现在梁王在做什么呢?"

韩安国道:"太后发完脾气以后,我派人告诉梁王。梁王知道这是敲打他,当时就哭了,劝都劝不住,他是真伤心了啊!作为对皇上忠诚的弟弟,对太后孝顺的儿子,落得这样一个处境,换谁都得心寒!"

刘嫖的眼泪已经下来了,一边擦着一边说道:"韩大人先回去吧。这事儿交给我,我去找老太太说理儿。"

第二天,刘嫖一大早就去找窦太后把韩安国的话复述了一遍。

女人有一个最大的优点也是最大的缺点——感性,而政治家最忌讳感情用事。

窦太后听完,瞬间被感动了,后悔昨天对刘武批得太重。满怀愧疚的她马上让人备车马,这就要去见汉景帝。

见到汉景帝,窦太后哭诉了韩安国的话。汉景帝演技大爆发,红着眼圈道:"我这当皇兄的,无法和弟弟处理好关系,还让您老人家为我操心,这是我不孝啊!您放心吧,我一定会安抚好刘武的。"

汉景帝亲自接见刘武派来的使者团,重重地赏赐了他们,并表示对刘武不计前嫌。

---

① 《史记》:"韩安国为梁使,见大长公主而泣曰:'何梁王为人子之孝,为人臣之忠,而太后曾弗省也?夫前日吴、楚、齐、赵七国反时,自关以东皆合从西乡,惟梁最亲,为艰难。梁王念太后、帝在中,而诸侯扰乱,一言泣数行下,跪送臣等六人将兵击却吴楚,吴楚以故兵不敢西,而卒破亡,梁王之力也。今太后以小节苛礼责望梁王。梁王父兄皆帝王,所见者大,故出称跸(音bì),入言警,车旗皆帝所赐也,以侘(chà)鄙县,驱驰国中,以夸诸侯,令天下尽知太后、帝爱之也。今梁使来,辄案责之。梁王恐,日夜涕泣思慕,不知所为。何梁王之为子孝,为臣忠,而太后弗恤也?'"

窦太后、刘嫖见到哥儿俩重归于好，自然开心，一致认为这个韩安国确实是个人才，既对国家忠诚，又有眼光，还有口才，便各自追赏韩安国千余金的财物。

韩安国回到梁国之后又被刘武重赏，不在话下。

韩安国过去的名声仅仅显著于梁国。自此之后，他引起了窦太后、汉景帝的高度关注，与朝廷建立起了紧密的联系。[①]

危机，危机，在庸人眼里是危，在能人眼里就是机。到底是危还是机，取决于当事人是否有独到的眼光。

每个人的职场之路都不会一帆风顺，韩安国亦不例外。

就在韩安国处于事业的上升期时，不小心犯了罪，被判有期徒刑入狱，羁押于蒙县。（具体所犯何罪，史书不详，只记录了犯罪这个事实。）

在官位上的时候，人人巴结你，当你沦为阶下囚时，随便一个狱吏都是你爷爷。

有一个名叫田甲（极有可能只是姓田，"甲"只是个代称）的狱吏，见到昔日高官落在自己手里，畸形、阴暗的心理得以宣泄，屡次来欺负韩安国。

有一天，韩安国忍无可忍，对田甲狠狠地说道："你相信不相信，死灰也有可能复燃？"

言外之意：你现在欺负我，哪天我出去重新掌权，你会有好果子吃吗？

对未来充满自信的韩安国，都这个时候了，竟然还有底气威胁狱吏。

田甲恶狠狠地盯着韩安国，一个字一个字地说道："死灰要是想复

[①]《史记》："大长公主具以告太后，太后喜曰：'为言之帝。'言之，帝心乃解，而免冠谢太后曰：'兄弟不能相教，乃为太后遗忧。'悉见梁使，厚赐之。其后梁王益亲欢。太后、长公主更赐安国可直千余金。名由此显，结于汉。"

燃,我就一泡尿浇灭了它!"①

人生的戏剧性总是超出人类的想象力。

不久,梁国内史职位空缺,梁王刘武将一道公文送到监狱,任命韩安国为梁国内史。韩安国从囚徒摇身变为两千石级的官员。

前面的朝廷官员正在宣读任命书的时候,田甲便撒丫子弃官逃亡。②韩安国当场发出公告:"田甲如不回来就任,灭其全族!"

田甲无奈,效仿古代的廉颇,脱掉上衣主动找韩安国谢罪。

韩安国见到跪在地上吓尿了的田甲,充满杀气的脸突然挂满了得意的笑容:"田甲,你现在可以对着死灰撒尿了。"

田甲不敢大声喘气。

韩安国顿了顿,对左右道:"放他回去上班!都不要难为他。"

左右包括田甲本人,一脸愕然。

韩安国拍了拍田甲的头,说道:"你这样的人没资格当我的仇家。"

田甲当天无罪释放并继续回去当狱吏。③韩安国不愧是大人物,言谈举止透着大气。如果一个人大小仇都要报,这个人一定是个小气鬼。

这里有一个问题:韩安国怎么就突然被火速提拔了呢?这期间,梁国到底发生了什么?

话说韩安国服刑期间,梁王刘武麾下有许多人才表现积极,进入刘武的法眼。

其中,有一个名叫公孙诡的人,还有一个名叫羊胜的人,深得刘武喜

---

① 《史记》:"其后安国坐法抵罪,蒙狱吏田甲辱安国。安国曰:'死灰独不复然乎?'田甲曰:'然即溺之。'"
② 《史记》:"居无何,梁内史缺,汉使使者拜安国为梁内史,起徒中为二千石。田甲亡走。"
③ 《史记》:"安国曰:'甲不就官,我灭而宗。'甲因肉袒谢。安国笑曰:'可溺矣!公等足与治乎?'卒善遇之。"

欢。刘武一度找母后窦太后商量，想提拔公孙诡为内史。

窦太后回复："让公孙诡、羊胜来见我，我得先面试一下。"

要说，这姜还是老的辣，窦太后和公孙诡进行了简单的面谈之后，便对刘武说道："这两个人貌似忠厚，实则狡诈。你若听我的，就免了韩安国的罪，让他当内史。韩安国才是忠臣。"

刘武虽然点头称是，但心里不服：母后跟公孙诡、羊胜只见过一次面，我和他们每天都见面，母后对他们的了解能有多深呢？

刘武道："您之前不是还狠狠地骂过韩安国吗？您当时还威胁着要杀掉他呢。"

窦太后道："我如果真想杀一个人，不会先跟他谈话，而是直接派人去杀。我当时跟韩安国说，如果完不成我交代的任务就杀他，这表示我很重视他，只不过给他施加点压力而已。"

刘武道："还是母后高明。好吧，我会听您的吩咐，提拔韩安国。"

迫于窦太后的压力，刘武虽然没有封公孙诡为内史，但依然信任并重用他，封其为中尉，对外号称"公孙将军"。

至于韩安国，刘武领了窦太后的诏命，答应提拔他，但回去之后采取了拖延战术，并没有立即提拔他，心想说不定窦太后过几天就把这事儿给忘了呢。①

再说公孙诡、羊胜。

我们先研究一下公孙诡、羊胜的内心世界。

公孙诡、羊胜此时是梁王刘武心目中的大红人。这两个人要想事业更进一步，只有一个可能，那就是主子刘武先要更进一步。

---

① 《史记》："梁内史之缺也，孝王新得齐人公孙诡，说之，欲请以为内史。窦太后闻，乃诏王以安国为内史。"

刘武已经是诸侯王，皇上的亲兄弟，如果想更进一步，那就只能当皇帝了。

公孙诡为了个人利益最大化，一再给刘武洗脑："您可以找您的哥哥提要求，让他死后把皇位交给您。"

刘武有些迟疑，道："我哥哥是不是答应，姑且不谈，仅那些大臣，就没有一个支持我的！你应该知道，当年在宴会上，我的脸被以袁盎为代表的反对派们打得生疼！长这么大，都没有那么丢脸过！"

公孙诡道："这个您放心。谁要是反对您当皇帝，我们就派杀手灭了他。杀光反对派，剩下的都是支持您的人，您不就顺理成章当皇帝了吗？"

刘武道："公孙先生真乃高人也！就按你说的办。说不想当皇帝，那是假的。将来我继承大位之后，你就是当朝第一宰相。"

公孙诡道："您把反对声最高的大臣的名单给我们，这两天我们就让他们从这个世界上消失。"

刘武高兴地说道："好。一定要做得干净点，不要留下证据。"

公孙诡道："您放心，这事儿我们专业！"

第二天，举国震惊：袁盎与其余十几个大臣一夜之间全部被暗杀！

大家发现被杀的人有个共同特征，那就是之前都在宴会上高调反对过刘武继承皇位，这恰恰就是刘武愚蠢的表现。

这种情况下，傻子都能猜到是谁暗杀了他们。

汉景帝震怒，当即派出十个专案组到梁国进行排查。

刘武这才大梦初醒：我这是挖坑给自己跳啊！

多名大臣被暗杀的消息很快传到窦太后那里，窦太后在心里骂道："刘武你怎么这么傻啊？！"

窦太后立马派人告诉刘武："你梁国的内史一直空缺，眼下情况危急，赶紧把韩安国放出来填补这一空缺。"

那么，问题来了，窦太后为什么要刘武这时候提拔韩安国呢？

可以说，窦太后这一招十分高明。

韩安国这个人处事圆滑，有手段。这一点在之前找刘嫖去公关窦太后的过程中，已经展露无遗。

窦太后看人是极准的。

首先，窦太后早就提醒刘武重用韩安国，远离公孙诡、羊胜，可是刘武偏偏不听，最终闯下大祸。

其次，韩安国一直在监狱里吃牢饭。如果此时将他提拔重用，这可是极大的知遇之恩，韩安国一定会对刘武、窦太后忠心耿耿，唯其马首是瞻。

窦太后一直在刘武的后面推着他前进，可惜刘武偏偏不成器。

眼见着朝廷派来的专案组马上就到，刘武按照窦太后的要求，下令从监狱里火速提拔韩安国。

正是基于这样的背景，韩安国才有了从阶下囚摇身一变成为两千石高官的传奇经历，他这堆死灰重新燃起了熊熊烈火。

此时刘武已经把公孙诡、羊胜藏在宫殿的密室内，任凭专案组怎么调查，都找不到这两个人。

我们再来研究一下韩安国的内心世界。

韩安国最早是忠心耿耿地辅佐刘武的。当年七国之乱时，韩安国亲自率领部队前去抵抗，这就是最好的证明。

韩安国犯了罪以后，刘武直接把他关入大牢，并没有保他，这就说明此时的刘武已经不再重视韩安国了。

站在韩安国的角度，他对刘武一定是难过的，甚至是愤恨的：我为你鞠躬尽瘁，死而后已，你却这么不讲人情！

韩安国虽然这个时候被火线提拔，但是他心里清楚得很，如果不是刘武摊上了大事，他是不会想着把自己从监狱里放出来的，更何况，暗杀朝廷命官是大罪，自己绝对不会在这样一个关键时刻站错队。

韩安国到岗后的第一件事便是找刘武谈话。

韩安国道："老领导，我们又见面了。"

刘武道："老韩，你又回来辅佐我了。我早就想把你调回来了，可以说是日思夜想啊！"

韩安国开门见山，直奔主题："老领导，咱们打开天窗说亮话，您要想重罪轻罚，就把公孙诡、羊胜交给调查组，然后把所有的罪名都往他俩身上安。"

刘武继续嘴硬，道："老韩你说什么呢，公孙诡、羊胜在哪里，我怎么知道？"

韩安国心想：你这个傻子，事到如今，还没意识到事情的严重性呢。

韩安国道："好，咱先不聊这个话题，我先问您个问题。"

刘武道："什么问题？"

韩安国道："您觉得，您和皇上的兄弟关系，与皇上和刘荣的父子关系比，哪个更亲近？"

刘武道："这还用说吗，刘荣是皇上的亲生儿子，我是皇上的弟弟，兄弟关系怎么能比父子关系近呢？"

韩安国道："当年，我大汉建国以后，刘太公一度觉得自己是高祖的亲爹，想要站出来过问政事。您还记得当时高祖是什么反应吗？"

刘武道："刘家子弟都听过这段故事。当时，高祖大怒，直接对着刘太公呵斥——辛辛苦苦打下大汉江山的是我，而不是你！"

韩安国道："是啊，在权力面前，当儿子的都会翻脸不认父亲，寸步不让。您觉得向哥哥要皇权，他能答应吗？"

刘武陷入沉默。

韩安国继续说道："刘荣本可以顺利继承大位，最后不也被废掉了吗？最终落得一个自杀身亡的下场。这还是亲生父子呢，再试想一下您和皇上的兄弟关系……"

刘武脸色越来越难看。

韩安国道："有句话，想必您也听过，'虽有亲父，安知其不为虎；虽有亲兄，安知其不为狼'。亲父子，亲兄弟，在权力、利益出现纷争时，也可以变得像虎狼一般恶毒。如果您不交出公孙诡、羊胜，当今圣上会怎么对付您，想必就不用我多说了吧！"

刘武擦了擦脸上的冷汗，缓缓说道："有母后在，他敢对我玩狠的？"

韩安国道："或许不敢。将来太后不在了呢？"

听到这里，刘武哭了起来："公孙诡、羊胜就在后面密室，你把他们交出去吧。"

公孙诡、羊胜得知刘武要把他俩卖掉，当场自杀。

就这样，韩安国凭借一个人的力量，平息了一场潜在的宫廷政变。自此之后，韩安国更加得到汉景帝和窦太后的信任。

005
刘武之死

公孙诡、羊胜畏罪自杀后，汉景帝突然让朝廷派过去的专案组暂停办案。

汉景帝为什么要这么做？

这展现了他深谋远虑的一面。

汉景帝知道，照此查下去，一定会把刘武的遮羞布撕掉，与其这样，倒不如先把刘武晾到一边，让他自己主动认错，这样可以给他一个台阶下。毕竟，汉景帝并不想真的杀掉刘武。

对于刘武而言，这反而让他更加紧张：是死，是活？你倒是给个痛快啊。

总是这样干等着，终究不是办法，刘武决定派一个人到长安城去公关一下皇后王娡的哥哥王信，希望通过王信联系上皇后王娡，然后再向汉景帝求情。

刘武派去的人名叫邹阳。

相信很多读者朋友对邹阳这个名字并不陌生。

邹阳，临淄（今山东淄博市）人，西汉著名文学家。

邹阳出道比较早，在汉文帝时代，为吴王刘濞门客，以文辩闻名天下。

后来，吴王阴谋策划七国之乱，邹阳坚决反对，劝告吴王，如此大逆不道之事一定不会成功，千万不要冲动，否则必将死无葬身之地。

吴王不听，邹阳愤而辞职，跳槽到梁王刘武门下。

刘武这个人同样不靠谱，偏信公孙诡、羊胜这种小人，远离韩安国、邹阳这种德才兼备之人。

公孙诡、羊胜谋划刺杀袁盎等大臣时，邹阳听说了，赶紧找到刘武，建议他不要干傻事儿，否则将铸成大错。

公孙诡、羊胜本来就嫉妒邹阳的才华，现在又要破坏他们的计划，就在接下来的日子里，利用各种机会向梁王进谗言，疯狂抹黑邹阳。

被洗脑的刘武找借口将邹阳判了个蛊惑罪，打入大牢，秋后问斩。

邹阳特别不甘心，心想，如果就这么死了，将来人们谈论起自己，那就是一个死刑犯，可自己并没有错，纯粹是被小人构陷。

邹阳做出最后一搏，拿出全部才华，给刘武写了一封信，以自证清白。

这篇文章就是被《古文观止》收录的名篇《狱中上梁王书》。

刘武看完邹阳的信，大为感动，马上释放其出狱并道歉，但道歉完毕后依然重用公孙诡、羊胜，把邹阳冷处理。

后来，刺杀袁盎等大臣的阴谋败露，公孙诡、羊胜自杀，刘武才意识到，当年邹阳的劝告是正确的。

鉴于此，刘武重新起用邹阳，任命他为特使，充分发挥他善于辩论的天分，携带千金，代表自己去长安城公关皇后王娡的哥哥王信。

邹阳见到王信，并没有从刘武角度展开论述，而是站在王信的角度打开话题："国舅爷，我是为您的生命安全而来！"

王信立马被唬住了，问道："此话怎讲？"

邹阳道："想必您已经听说梁王刘武的事情了？"

王信道："是的。这梁王也太胡闹了，竟然敢刺杀朝廷命官！"

邹阳道："当初您是不是也反对梁王继承皇位？"

王信道："是的。我是皇上的大舅哥，皇上希望传位给刘彻，刘彻又是我的外甥，我肯定支持皇上的决定，反对梁王刘武来抢刘彻的皇位。"

邹阳道："这就是您即将倒霉的地方！您想，如果刘武被皇上治了死罪，谁最伤心？"

王信道："当然是窦太后。"

邹阳道："窦太后的脾气您是了解的，她的宝贝儿子一旦被杀，她一定会疯狂报复当时宴会上反对刘武的人。到时候，还有您好果子吃吗？"

王信一拍大腿，道："对啊！我怎么就没想到呢！邹先生，您真高，实在是高！那您觉得我该怎么办才能讨好窦太后呢？"

邹阳道："那太简单了。您是当今圣上的大舅哥，妹妹是母仪天下的皇后，您只需要让妹妹多给皇上吹吹枕边风，劝他从轻发落刘武，窦太后一定会特别感激您，你们皇家的地位也就会固若金汤啦！"

王信道："妙！太妙了！早就听说邹先生满腹经纶，今日得见，果然不同凡响。请邹先生好人做到底，也跟我说一下，该怎么样跟皇上说效果才好呢？哪怕我一字一句地跟着学呢，也肯定比我们这些笨嘴拙舌的人说得精彩。"

邹阳道："您可以向皇上多举历史上的经典案例。"

王信红着脸说道："不瞒您说，我这人天生不爱看书。每次失眠时，只要拿起书，保证立马产生困意，当晚睡得别提有多踏实了！那您给我说个具体的案例，我再一字不落地转告给我妹妹。"

邹阳哈哈大笑，道："舜，这个人您应该听说过吧？"

王信道："听说过，古代的一个圣君。"

邹阳道："舜的弟弟名叫象，当初一心想杀死舜。后来舜做了天子，不但不报复象，反而给象封地。就因为这件事情，后人世世代代都称赞舜是个仁义之君。您和皇后把这个故事说给皇上听就可以啦！"

王信伸出大拇指，道："我也没有别的形容词来称赞先生。总之，一个字儿——高！"

王信把邹阳的话告诉了皇后王娡，王娡又如数转达给了汉景帝。

汉景帝听完，被舜的行为所感动，开始动摇起来，考虑赦免刘武死罪，但活罪难逃，依然还要判他入狱。

不管怎么样，邹阳确实帮了刘武大忙，至少保住了他一条命。

还有一个人始终关注着汉景帝对刘武的态度，此人正是窦太后。

窦太后听说汉景帝有意保刘武一条命后，并没有开怀大笑，反而嗷的一声痛哭起来，当晚就绝食了。

窦太后的侍从吓得赶紧向汉景帝汇报："陛下，不好啦，太后每天以泪洗面，都绝食一整天了。"

常言道，母子连心。汉景帝立马懂了窦太后的心思：老太太这是给我唱苦肉计呢，她知道刘武保住了一条命，但还逼着朕连刘武的活罪都要免掉。

汉景帝考虑再三，决定视而不见，就是不肯表态赦免刘武。

窦太后也不傻，表面上绝食，私下里则偷偷吃好吃的，反正汉景帝也不知道。演戏嘛，吃饱了才能有力气展现演技。

汉景帝意识到，此事早晚都要有个定论，不宜再拖，否则光他那位擅长作妖的老妈就够他难受的了。

于是，汉景帝派出一个他最信任的人，前往梁国取专案组调查出来的证据和卷宗。

证据和卷宗直接决定了刘武所犯的罪行到底有多重，所以这个人的人品必须相当过硬才可以。否则，万一刘武或者窦太后对他以重金行贿，他半路上对证据来个修改甚至"不小心遗失"，那就……

汉景帝派去的人，是一位年纪比较大的人，名叫田叔。

田叔到底有何能耐，为什么汉景帝偏偏选中他担此重任呢？

要说这田叔的名望，从当年汉高祖刘邦时起就享誉天下。

刘邦建立汉朝以后，封自家女婿张敖为赵王，赵午为赵国的丞相，田叔是赵午最信任的手下。

有一次，汉高祖路过赵国，在张敖的府内借宿。

张敖脱去外衣，戴上下人才戴的袖套，从早到晚亲自侍奉刘邦的衣食住行，态度十分谦卑。

刘邦刚刚建立汉朝，有些膨胀，站没站相，坐没坐相，有时候直接躺在地上，四仰八叉。

有一次，刘邦喝多了，伸开两脚，用裤裆对着张敖的脸，还对他骂脏话，态度非常地傲慢。

张敖的丞相赵午以及大臣贯高，见他们的领导张敖对刘邦这么客气，却换来刘邦的羞辱，气不过，便私下里找张敖抱怨："大王，您侍奉皇上的礼节完备周全，就是他的亲生儿子也没有这么孝敬他！可是他对您竟如此粗鲁傲慢，这哪像个天子的样子？"

张敖说道："这江山姓刘，我虽然是驸马爷，但毕竟是外姓人。他再住两天就走了，忍忍吧。"

赵午、贯高等人从张敖住处离开后，依然愤愤不平。

赵午对贯高说道："咱们领导是个厚道人，不敢对皇上有意见。"

贯高道："你我都是六十多岁的老臣，还能活多久，要我说，临死之前干一票大的，找个机会，直接宰了刘邦！"

赵午道："老贯，你竟然说出了我的心里话。"

贯高道："此事不着急动手，需要拿出时间，好好规划。"

赵午道："赞同。这一次先放刘邦一马，想必他过一阵儿还要回来借宿。趁此间隙，我们事先安排好方方面面。待刘邦再次上门之日，就是他和阎王爷见面之时！"

刘邦带兵离开赵王府后没多久，再次来到这里借宿。

在刘邦离开的日子里，贯高、赵午进行了精心安排，重新装修了刘邦住的房间，改造了房子的墙壁，里面可以藏进去几个杀手，但住在房间里的人一点儿都看不出来。刘邦睡熟以后，杀手便可以踹开墙壁，于顷刻之间直取刘邦首级。

这一招可真高明！

刘邦本来确实计划再次留宿赵国，但就在即将到达时，突然看到前方不远处有个路牌。

刘邦对身边人问道："那个路牌上写的什么字儿？"

下人回复道："是县城的名字，叫柏人。"

刘邦道："这个柏字在夜色中望去，好像迫害的迫字！怎么给人一种不吉利的感觉呢？"

刘邦停顿片刻，下令道："我们今天不去赵国借宿了，连夜赶路，尽快离开这个让人不舒服的地方！"

赵午、贯高眼睁睁看着到嘴边的鸭子又飞走了。

不过也无所谓，反正也没什么损失。刘邦不来借宿更好，眼不见，心不烦。

本来这事儿就这么过去了，可偏偏天有不测风云。

贯高有个仇人，听说了他要刺杀刘邦的计划，便把此事捅到了朝中。

刘邦大怒，下令立即将赵王张敖批捕并押往长安。

缉拿张敖的人来到赵王府，一大批效忠张敖的人表示，如果张敖有个三长两短，他们便自杀，追随张敖而去，这里面就有年轻时候的田叔。

贯高见大家嚷嚷着要死要活，大骂道："一群窝囊废，自杀很勇敢吗？赵王确实没有参与这件事，我和赵午才是主谋，赵王纯粹是被冤枉的。你们都死了，谁替大王辩白呢？"

田叔等人渐渐冷静下来。

贯高道："要我说，大家就跟我一样，一起跟着赵王的囚车去长安城，亲自向皇上证明赵王的清白。我们愿意以死来换取赵王的自由身！"

田叔等人表示赞同。

这样一闹，负责押解张敖的官员就犯难了。

押解官对大家说道:"大家的行为让我很感动,但是我奉命前来抓捕赵王张敖,并没有被允许带着别人同行。这件事请容我先向皇上请示一下。"

押解官立即赶往长安向刘邦汇报现场的突发情况,并请示是否允许田叔等大臣随行。

刘邦接到请示后,勃然大怒,道:"一群浑蛋!都跟着囚车来,是要向我示威吗?传我口谕,凡是想要跟着囚车来长安的,灭他全族!"

押解官接到刘邦的口谕,立马赶往赵国向大臣们宣布。

要说这忠诚二字,也是分程度的。之前还有大量的人摆出与赵王同生死的架势,当听说会被灭全族后,很多人立马一溜烟跑回家里了,不再提跟着囚车去长安的事情。

只剩下以田叔为代表的少数几个大臣,把全族的性命都豁出去了,非坚持跟着囚车去长安不可。

押解官说道:"我是服了各位了。既然如此,我也无话可说,只希望你们远远地跟着囚车,免得将来皇上怪罪于我。"

就这样,田叔等人远远地尾随着囚车来到长安城。

刘邦很快查明了真相,赵王张敖确实不知情,便将其无罪释放。

张敖被判无罪后,并没有走,而是扑通一声跪在地上,哭着向刘邦求情:"希望陛下可以网开一面,放过追随囚车而来的那几个大臣。他们都是难得的忠臣啊!"

刘邦听完哈哈大笑道:"你以为朕真的要灭他们全族吗?告诉你吧,朕就是用这种方式顺便考验一下你身边的人,看看到底哪些人是真正的忠臣,哪些人是演技一流的奸臣。"

张敖破涕为笑。

刘邦道:"行啦,你让那几位大臣进来一下,朕要亲自见见他们。"

刘邦亲自接见了田叔等人,并同他们进行了气氛友好的交谈。

刘邦通过和田叔谈话，发现此人除了忠诚，能力也不错，便提拔田叔做汉中郡的郡守。

田叔不辱使命，在汉中郡一干就是十多年。

田叔经历了汉高祖、汉惠帝、汉文帝三朝，到了汉景帝时代，年事已高，退休在家。

汉景帝心思缜密，别看田叔已经离休，但他始终记得这个人。他让田叔去梁国取刘武案的证据和卷宗，就是看重田叔效忠朝廷的特点，把这么重要的事情交给他来办，百分之百放心。

田叔从梁国取了资料返回长安，来到长安城外面专门养马的霸昌厩时，突然停了下来。

众人不解，忙问："大人，您怎么不走了？"

田叔道："拿火把来，我看一下资料。"

田叔拿过火把，突然扔到了刘武案的卷宗上。

众人吓蒙了，等到回过神来去救火时，卷宗已经烧成灰烬。

田叔对大家说道："你们不必惊慌，此事由我一人负责。"

来到长安城，田叔两手空空地来见汉景帝。

汉景帝见田叔独自一人空手而来，问道："刘武有罪吗？"

田叔道："陛下要我说实话吗？"

汉景帝让下人退下，道："现在你可以说实话了，朕就想知道，刘武是不是真的有罪？"

田叔道："他亲自下令刺杀袁盎等朝廷命官，百分之百的死罪。"

汉景帝道："他的罪证都在你那里吗？"

田叔道："我进长安城之前，亲手烧掉了。"

汉景帝一脸错愕，问道："大胆！你为什么这么做？"

田叔道："陛下可曾想过这样一个问题，有了这些罪证，如果不杀梁王，就等于向天下人表明，陛下念私情，带头违背汉朝法律；如果按照法律杀掉梁王，皇太后会不吃不喝，这样就会给陛下带来忧愁。"

田叔在说"不吃不喝"四个字的时候，格外用力，把声音提高了好几个分贝。

汉景帝瞬间明白，田叔说的"不吃不喝"指的是，任性的窦太后会因为刘武被杀而对当年反对刘武的大臣们进行疯狂的报复，届时朝廷会引发地震式的混乱，整个大汉王朝的运转也会停摆，后果将不堪设想！

汉景帝面带微笑地对田叔说道："你才是真正的富有远见的忠臣啊！就按照你说的意思定调子，刘武无罪，把所有的罪名都推到公孙诡、羊胜头上。"

田叔道："陛下英明！"

汉景帝突然放低声音，一脸诡异地问道："朕倒想问你一个问题，你可以不回答。"

田叔道："陛下请讲。"

汉景帝缓缓地说道："当年，赵王张敖刺杀高祖事件里，张敖真的一点儿都不知情吗？"

田叔稍稍沉默，而后说道："陛下是英明的君主，陛下觉得是怎样，就是怎样。"

汉景帝一拍桌子，大笑起来："哈哈哈！好，朕懂了。最后，还要麻烦你跑一趟太后那里，把刘武一案的最终结果告诉她。"

田叔行礼后离开，直奔窦太后的住处而去。

汉景帝目视着田叔的背影渐渐远去，自言自语道："当年高祖看人识人的眼光果然精准而毒辣啊！"

话说田叔来到窦太后住处，进门就问仆人："太后呢？"

仆人道："太后在屋里躺着呢，都绝食半个月了。"

田叔心想：嘿，绝食半个月还能活着，简直是人间奇迹！

田叔对仆人道："啊呀，年龄这么大了还绝食，对身体可不好。快带我去见太后，我有好事向她汇报。"

其实，此时此刻窦太后就在隔壁听墙根呢，听说田叔要进屋，趾溜一下子钻到床上，作饥饿无力状。

田叔来到窦太后床前，立马行跪拜礼，道："奴才老田给太后请安了！太后这是怎么了？"

窦太后道："是……是……谁来了？快……快……扶我起来。"

众仆人扶窦太后起床。

窦太后作无力说话状，道："原来是……田先生来了。您也……一大把年纪了，还……想着……来看我。"

田叔道："我是奉皇上之命，前来向您汇报梁王案的最终调查结果的。"

窦太后瞬间紧张起来，但演技必须保持好，继续心慌气短地说道："哦？那您……说说吧，他……到底……有没有罪？"

田叔道："都调查清楚了，梁王不知情。这件事的主谋是梁王的宠臣羊胜、公孙诡之流，这些人都已经按国法被处死了，梁王没有受到任何伤害。"

窦太后听完，十分高兴，道："我就……说嘛，梁王……不是……那种人。"

田叔道："太后您可以有胃口吃顿好的啦！"

窦太后道："来，田先生……就别走了，今天……中午……留下来……一起吃饭。"

田叔为了让窦太后高兴，就一起吃了午饭。

送走田叔后，窦太后立马派人给刘武带话："朝廷已经决定赦免你的全部罪行，把所有坏事都推到公孙诡、羊胜身上了。你听我的，赶紧上书请求朝见皇上，尽量弥补你俩的感情。"

刘武不敢怠慢，立马向汉景帝写了一份很诚恳的信，表示要亲自向哥哥表达愧疚与感激。

刘武的队伍浩浩荡荡地从梁国开往长安，当到达函谷关的时候，刘武有一个手下向他提出了一条建议："领导，我们这时候应该低调一点。"

刘武道："对呀，要不是你提醒，我还真忽略了。必须低调！"

刘武让随行的队伍原地返回，只留下一辆特别旧的用破布装饰的车和两个保镖。

刘武坐着破车，带着两个保镖，向长安城走去。越来越接近长安城了，这时候刘武又开始犯起嘀咕了：万一我那当皇上的哥哥并没有原谅我，我现在就只有两个保镖，岂不是白白送死？

于是，刘武动了一个小心眼儿，并没有直接去见汉景帝，而是来到了馆陶公主刘嫖的家里，等到打听好汉景帝的心情以后，再决定要不要去见他。

事实上刘武就是小人多虑，汉景帝无论如何是不会杀他的，更何况在窦太后的眼皮子底下呢。此时的窦太后，按照刘武上书中约定的日期，前来长安城外迎接他，结果却不见刘武的踪影。

窦太后不问青红皂白，放声痛哭道："十有八九是皇帝杀了我的小儿子啊！"

汉景帝也开始有点蒙：刘武这是唱的哪一出？

就在这时，下人来报："梁王刘武在宫门外求见！"

汉景帝大吃一惊，立马宣刘武觐见。

下人道："梁王怕是来不了啦，他希望您亲自去宫门见他！"

汉景帝更加迷惑，刘武这到底要干吗？索性，亲自跑一趟吧，看看他的葫芦里到底卖的什么药。

汉景帝亲自来到宫门口，只见刘武剥光衣服，伏在刑具上面，纹丝不动。

汉景帝道："梁王我弟，你这是要干什么？"

刘武道："臣弟今天是亲自向皇兄请罪来了，请皇上按照大汉律法，现在就将我治罪！"

就在这时，窦太后一行人等也赶到。

窦太后再一次演技大爆发，一手牵过汉景帝，一手牵过刘武，哭得泣不成声："你们……你们……都是我的……好儿子！从此以后，你们……要团结得……像小时候一样。"

此时的汉景帝在经历了这么多事情以后，也学得圆滑起来，不再正面杠窦太后，而是像她一样，秀起了演技，也放声哭了起来。

在场的诸位大臣都感动得流下了热泪。

在众人看来，这件事情终于以"渡尽劫波兄弟在，相逢一笑泯恩仇"的合家欢大结局画上了圆满的句号。

第二年，刘武再次上书汉景帝："亲爱的皇兄，随着母后年事已高，我特别想长居长安城，一方面可以天天见到母后，另一方面您在工作上也好有一个帮手。臣弟热切盼望您的批准！"

没过几天，刘武就接到了汉景帝的回信："亲爱的梁王我弟，从梁国到长安路途遥远，朕特别不想看到你旅途劳顿，那样太辛苦了，当哥哥的会心疼，你还是继续待在梁国吧。只要朝廷有需要你的地方，一定会请你帮忙的。母后身体健康，状态很好，朕一定会照顾好她，请你不必过多挂念。——永远爱你的皇兄。"

刘武读完信后，确信汉景帝根本没有任何原谅他的意思，相反，还特别讨厌见到他，对他防备有加，不希望他踏入长安城半步。

刘武自此心情郁郁寡欢，每天靠打猎填补精神世界的空虚。

有一天，下面的人向刘武汇报，说是捉到了一只长相奇特的怪兽，想要进献给他。

刘武让人把这头怪兽牵到梁王府，走近一看，哪里是什么怪兽，分明就是一只畸形的老黄牛。只见那头牛长相丑陋，面目狰狞，后背上多长出来两只牛蹄子，样子十分恶心恐怖。

刘武被吓了一跳，立马喊道："快给我牵走，快给我牵走！怎么弄来这么个畸形怪胎，太晦气了！"

或许是因为受到了惊吓，也或许是因为长久以来心情抑郁，刘武在见到这头畸形老黄牛之后不久，便病倒不起。

当年的六月中旬，刘武发高烧不退，在床上呻吟了六天后，撒手人寰。

远在长安的窦太后，听说刘武去世后悲痛欲绝。

其实窦太后一直以来的想法是，把汉景帝熬死，然后利用她的权威争取让刘武来继承皇位。即使刘武当不上正式的皇帝，至少也要当一个握有实权的摄政王，架空未来的小皇帝刘彻。

结果，刘武的身体偏偏不争气，死在了汉景帝前面。

刘武的早逝，让窦太后愈加讨厌刘彻这个来自民间的二婚女人生下的孙子，而刘彻自幼没有得到窦太后的关爱，又亲眼看到了窦太后怂恿刘武争夺自己的皇位，他对窦太后也没有任何好感。

所以窦太后与刘彻这对祖孙子之间的权力斗争，在汉景帝去世后的公开化，也将成为必然。

很多读过这段历史的读者都会拿窦太后、刘彻同清朝的孝庄皇后、康熙做对比，然后产生疑问：同样是奶奶和皇孙，为什么孝庄和康熙就能心往一处想，劲往一处使，而窦太后和刘彻却斗得死去活来呢？

相信，读到这里时，您的心中已经找到了答案。

窦太后又来找汉景帝哭诉："现在刘武已经去世，你要好好对待刘武的儿女！"

汉景帝道："请母后放心，朕以后一定会好好对待侄子侄女的。"

窦太后道："我不要以后，我就要现在！"

汉景帝实在是对这位难缠的母后没有办法，便把梁王刘武的五个儿子全都封为诸侯王，五个女儿全都赐予汤沐邑（意思是，她们可以享受食邑，相当于被朝廷财政供养起来）。

窦太后听完汉景帝的决定,这才高兴起来。

汉景帝这一招也是绵里藏针,表面看上去刘武的孩子占了大便宜,实际上,汉景帝肢解掉了刘武广阔的封国,只要刘武的五个儿子各自为王,他们就不会团结,也就不必担心他们联合起来对抗朝廷。

公元前141年,汉景帝为刘彻举办了成人冠礼。

十天以后,汉景帝驾崩于未央宫,年仅十六岁的刘彻登基,这便是汉武帝。

汉武帝尊奉窦太后为太皇太后,尊奉母亲王娡为皇太后。

006
刘彻开始执政

话说汉武帝的祖上汉高祖刘邦接手秦国留下的烂摊子时，国家经济崩溃，民生凋敝。当时的刘邦作为新朝皇帝，想找四匹毛色一样的马拉车都找不到，下面的将军、丞相级别的高官更惨，出行只能坐牛车[①]，底层百姓的生活艰难更是可想而知。

刘邦掌权后，所做的第一件事情便是限制奢侈消费，打击有钱人。

当社会资源有限的时候，一国的当家人应该尽可能保证每个人都有饭吃，而不是饿的饿死，撑的撑死。所以刘邦时期的商人过得非常不爽，他们被禁止穿好衣服，出门不能坐车，还被征收高额的税赋。

刘邦去世后，汉惠帝和吕雉掌权时期，国家又进行了税赋方面的改革。

吕雉绝对不是现在一些文学、影视作品里呈现的那样，只会心狠手辣玩宫斗。事实上，她对国家治理也是独有一套的。吕雉时期，对商人的禁令进行了适当宽松化的调整，准许他们穿奢侈衣服，出门可驾车，但是有一条底线不能突破，那就是他们的子女后代不允许从政。

为什么富商的后代不能从政呢？

道理很简单。大家想，本来富商家里最不缺的就是钱，如果他们家又有很多人从政，这种富门大户一定会搞官商勾结、权力寻租。

资本和权力一旦勾结，最终倒霉的一定是国家和人民。

[①]《史记》："自天子不能具钧驷，而将相或乘牛车。"

吕雉在大的问题上是不糊涂的。

不得不说，刘邦选老婆的眼光还是挺独到的。当然了，吕雉老想着偏袒她娘家人，给他们争利益，这是另外一个问题，对此我们不能求全责备。

别说两千多年前的吕雉了，就是放到现在，很多已婚女士和老公吵架，也是因为给娘家人花钱时很大方，给公公婆婆家花钱时就心疼。

千百年来无不如此。人性使然，如此而已。

这一时期，政府收税的方式也发生了变化，收税多少视老百姓生产和经营的情况而定，老百姓收入越高，商人经营状况越好，政府抽税就越多。

吕雉还进行了一项非常人性化的改革，就是先进行政府开支（含公职人员工资）预算，有多少预算，就对应收多少税，收够了这个钱数就不再多收了。

与此同时，地方上那些王侯们自行解决吃喝拉撒的日常费用，朝廷不再向地方拨补助款。①

这样一来，老百姓和商人手里留下的存货就多了，大家工作的积极性也得以提升。

怎么样？吕雉作为一个女性，在管理能力上，还是相当有一套的吧！

再后来就是汉文帝、汉景帝两位执政时期，国家推行道家清心寡欲的无为之道。皇帝带头践行清正廉洁、艰苦朴素的理念，不追求大吃大喝，继续降低对老百姓的税赋，安养天下。

经过几十年的积累，到了汉武帝接班时，粮仓里堆满粮食，仓库里堆满物资，国库里的钱也是爆满，根本花不完，以至于穿钱的绳子都腐蚀断了，钱七零八落地堆放在那里，会计们想做个详细的统计都很难。

---

① 《史记》："自天子以至于封君汤沐邑，皆各为私奉养焉，不领于天下之经费。"

当年刘邦开国时找四匹同样毛色的马都费劲，而汉武帝登基时，大街小巷都是马，田间的马更是成群结队，大家出门都骑高大威猛的公马，谁要是骑着便宜的母马，都不好意思跟人家打招呼。

这就是国家富强在民生方面的体现。

此时看大门的保安都能顿顿吃上白米饭和肉菜①。普通公职人员的收入则可以轻轻松松地负担养育孩子所需要的费用②。

这种情况下，国家的犯罪率也急剧下降，社会秩序比较安定。

那么，是不是这时候国家内部就没有安全隐患了呢？

答案是：否。隐患还很大！

人的贪欲是无止境的，有钱了总想更有钱。这一代有钱了，总想着将来子子孙孙都有钱。于是，一些有钱又贪婪的人玩起了土地兼并的游戏。

与此同时，享有大量土地的宗室贵族、公卿大夫们开始了奢侈消费和攀比炫富，比谁住的房子更大，比谁驾的车更高级，比谁穿的衣服更华丽，没有最好，只有最贵。③当年刘邦严禁奢侈消费，到了汉武帝时代，社会风气又发展为奢侈状态。刘邦如果在天有灵，看到这一切，不知作何感想。

为什么在讲汉武帝之前要先给大家说一下上面这些内容呢？

因为今人在解读汉武帝时，多把目光锁定在汉武帝本人做过哪些丰功伟绩以及他的个人魅力上，一味强调主角的光环，可是不要忘了，任何人要做的任何事情都会受到当时所处的大环境的制约。

假设汉武帝坐上龙椅时，国家并非这么有钱，而是经济凋敝，任凭他有文韬武略，也无法实现自己的愿望。

征讨匈奴，开拓丝绸之路，都需要真金白银。有钱男子汉，没钱汉

---

① 《史记》："守闾阎者食粱肉。"
② 《史记》："为吏者长子孙。"
③ 《史记》："室有土公卿大夫以下，争于奢侈，室庐舆服僭于上，无限度。"

子难。

就像一位长者曾经说过："一个人的命运啊，当然要靠自我奋斗，但也要考虑到历史的进程。"

公元前141年，汉武帝刘彻登基。

先问读者朋友一个问题：假设您是刘彻，上位后先抓哪方面？

给您几个选项，比如经济、军事、廉政、教育、文化等。您会先选哪一项？

不论选择哪一个，相信您都会有自己的理由。

看一个帝王上位之后先抓什么，直接反映出此人治国的思路和看问题的广度与深度。

猜一猜，刘彻先抓的是什么？

答案是：文化。

和您的选择一样吗？

公元前140年，汉武帝搞了一个面向全国的大考试，只是那个时候不叫考试，叫策问。

出题的人把问题写在竹板上让考生回答，这个竹板，就叫策，这种考试形式就叫策问。

考生回答问题，叫作对策。

我们现代语言里常说的"对策"就是这么来的。

这次考试有两个亮点：

第一，汉武帝本人是唯一的出题老师。

第二，试卷就一道题，而且是开卷考试，题目是《请谈谈你心目中的治国之道》，题目提前公布于天下，答案能不能写到皇上的心里去，就看你的本事了。

汉武帝的出场透着一股不同的味道。

首先，皇上亲自组织考试且亲自出题，说明汉武帝本人把这次考试看得很重。

其次，考试的题目偏向于实用主义，就是不可大谈虚无的理论，而是要实打实地谈谈下一步应该怎样治理好国家。

汉武帝一出手，天下沸腾。

全天下的读书人都感受到当官的机会来了！

大家都知道，在此之前，经历了春秋战国和短暂的秦王朝之后，百家争鸣留下了各种学派的学说。

也就是说，那个时候的读书人和现在不太一样。现在的学生们所接受的基础教育都是一样的，只是上大学之后，才在专业教育上有所区别。

而那个时候的读书人在基础教育上就不一样，接受的理论包括道家、儒家、法家、墨家……说好听了是百家争鸣，说难听了是鱼龙混杂。

汉武帝没时间和精力把每家学说都研究一遍，直接让大家呈现治国的干货，是骡子是马，牵出来遛遛。

在这场类似于"华山论剑"的考试中，有一个人脱颖而出，其文章深深地打动了汉武帝，此人就是广川（今河北景县西南部）人董仲舒。

董仲舒作答的原文比较长，在这里就不全面展示了，仅就部分关键内容做一个解读。

董仲舒提出的第一个观点是："古之王者明于此，是故南面而治天下，莫不以教化为大务。立太学以教于国，设庠序以化于邑……"

这段文言文的意思是，国家要重视教育，在都城建立太学，在地方建立学府，在全国范围内对民众进行教化。

读到这里，想必大家会觉得这也没什么呀，重视教育是好事儿啊，董仲舒挺伟大的啊。

如果这样理解，则有些肤浅了。

任何一个国家、任何社会都有一个简单而朴实的规律，那就是国家重视哪个行业，哪个行业的人就吃香。

国家提倡依法治国，那么律师就很忙，收入就会增加。如果供不应求，律师还会特别傲慢，挑客户接单。

国家把房地产作为支柱产业，那么职业炒房者的收入就会比科学家高，房产中介的收入就会比卖盒饭的高。

国家大力支持娱乐产业，那么演员的收入就比医生、科学家高。

美国人爱打官司，动辄"你别跟我谈，有事儿找我律师"。他们动不动就"走法律程序"，整个律师阶层也就变成了高收入群体。

假设在某个部落，一切矛盾靠拳头解决，律师也就失业了。

那么，问题来了：董仲舒的主业是干什么的呢？

告诉大家，董仲舒在得到汉武帝重视之前，长期从事儒家思想的教育工作，门生众多。

如今董仲舒给汉武帝开的第一个药方是，全国范围内大搞特搞教育，一旦得以采纳，以他为代表的知识分子群体将会得到空前的重用，要资源有资源，要地位有地位，要高收入有高收入，瞬间成为社会既得利益阶层。

说董仲舒在给刘彻提建议时不夹带私货，您信吗？

以上是其一。

董仲舒提出的第二个观点是："臣愚以为使诸列侯、郡守、二千石各择其吏民之贤者，岁贡各二人以给宿卫，且以观大臣之能；所贡贤者有赏，所贡不肖者有罚。"

这段文言文的意思是，让列侯、郡守、二千石官秩的官员，各自从所管理的辖区内推举贤能的人，每年举荐两人在皇宫中值宿守卫，而且还可以此来观察大臣们的能力。如果地方官员推举的人确实是人才，就给予赏赐，如果选送的人能力不强，就加以惩罚。

粗看董仲舒的这条建议，好像也没什么，无非就是重视人才嘛。

告诉大家，这条建议产生的冲击波是巨大的，因为这无疑为底层寒门直接进入权力中枢开了绿色通道。与此同时，又在一定程度上打压并制衡了现有的出身富贵的官僚集团。

董仲舒的这条建议必会得到出身贫寒的读书人的热烈拥护，自己也会受到广大知识分子的敬仰。事实也是如此，从汉武帝时代到清朝，凡是读书人，都会把董仲舒捧得极高。

《汉书》里就说了，"董仲舒有王佐之材，虽伊、吕亡以加，管、晏之属，伯者之佐，殆不及也。"

意思是说，董仲舒是个辅佐帝王的人才，商汤身边的伊尹，周武王身边的姜子牙，春秋时期齐国的管仲、晏婴都比不过他。

大家看史书的评价，董仲舒简直就是历史第一名相！

当然了，史书是谁写的？后来的读书人写的。

后来的读书人为什么这么捧董仲舒呢？

因为董仲舒为读书人输送了实实在在的好处。

历史上诸多表面正义、貌似光明的事情背后，裹藏至深的无非就是"利益"二字。

董仲舒提出的第三个观点是："臣愚以为诸不在六艺之科孔子之术者，皆绝其道，勿使并进。邪辟之说灭息，然后统纪可一而法度可明，民知所从矣。"

这段文言文的意思是，凡是与六艺、孔子理论不相符的学说，都应该予以禁止传播，这样邪辟的学说就能够灭绝，从而达到学术系统评判标准的统一，法律制度也更加明晰易懂，老百姓才知道应该服从谁的领导。简言之："罢黜百家，独尊儒术。"

董仲舒为什么要给汉武帝灌输这样的思想呢？

先不谈儒家思想比别的思想好还是坏这样富有争议的问题，只看一点就能明白个差不多，那就是，董仲舒本人便是一位长期从事儒家教学的老师。

用现在的话讲，董仲舒上大学时所学的专业就是儒家学说，毕业后工作多年也一直从事这个专业的工作。

董仲舒建议皇上把别的专业都废除了，全国所有大学只开设儒学这一个专业。届时，他就会成为全国教育工作的顶级权威。

最初的时候，董仲舒和别的专业的人是竞争关系，甚至可能还竞争不过别人。现如今，他直接借助国家权力把那些人团灭，自己则平步青云，一枝独秀，可谓出招毒辣。

当然了，董仲舒的想法能否实现还得取决于汉武帝是否听取他的建议。

幸运的是，汉武帝还真就好这一口，偏偏就发自内心地觉得董仲舒说得好、说得妙、说得自己哈哈笑，真就全盘采纳了。

董仲舒也就平地一声雷，陡然而起！

汉武帝提拔董仲舒为江都国的国相，即刻履职。

江都国是汉朝的封国，国主叫刘非，是汉武帝刘彻的亲哥哥。

封国相当于现在的一个省，刘非就是省委书记，董仲舒则是省长。

诸位读者，您见过身边有普通老师直接晋升为省长的吗？

董仲舒的平步青云让很多人看清楚了刘彻要大力宣传儒家思想的坚定决心，于是，很多高官也开始表态支持"罢黜百家，独尊儒术"。

一场站队竞赛轰轰烈烈地拉开了帷幕。

是的，没错，不是战队，是站队。

前文讲到，董仲舒凭借其出色的理论博取了汉武帝的欣赏，被火箭式提拔，做了封国的国相，相当于如今的"省长"一职。

讲到这里，想必会有读者问：汉武帝就这么容易被忽悠吗？

答案：当然不是。

董仲舒的崛起一方面固然是因为他个人能力出众，而更多的则是他契合了汉武帝当时的需求。

汉武帝登基之初,他的奶奶窦太后掌握着大权,整个窦氏家族权倾朝野。

汉武帝如果是刘备的儿子刘禅那种性格的人,就会安安心心地做一个听话的孙子,奶奶说什么自己就听什么,只要有吃有喝有玩乐就行,操心的事儿交给别人,自己倒也清闲自在。

可汉武帝偏偏不是。

反过来,如果窦太后不跟孙子争权,而是一心一意地辅佐孙子治理好江山,即使汉武帝是一个野心勃勃的人,祖孙二人也能和睦相处。

可窦太后偏偏不是。

一个不想任人摆布,渴望在台上唱主角,另一个不想轻易放权,要年轻人继续按照自己的想法治理国家。这样的话,二者的权力斗争一定不可避免,甚至还会相当激烈。

窦太后年轻的时候,国家践行"无为而治"的道家思想,也正是基于这样一种治国基调,汉武帝的爷爷、父亲两代人采取了较为宽松平和的治国方法,所以汉武帝刚登基时国家才有了雄厚的物力、财力。

窦太后认为,用道家思想治理国家是经得起历史检验的,要继续坚定不移地走下去。汉武帝新君登基,血气方刚,眼里没有一丁点苟且,只有诗和远方,无为而治、顺势而为的思想显然是他不能接受的。

汉武帝不会做他爷爷、父亲的克隆版,他要走一条属于自己的道路,他要在历史的长河里留下更耀眼的光芒。

奶奶和孙子的权力之争就这样拉开了帷幕。

既然奶奶您的主流思想是道家的黄老学说,那好,我刘彻就要树立一面新的大旗与您的道家思想分庭抗礼。

意识形态之争是权力之争的表面,权力之争是意识形态之争的根本。

基于这样的背景,汉武帝才搞了那么一场亲自主持的人才海选,而董仲舒抓住了流星般一闪而过的历史机遇，腾身而起，飞向辉煌。

董仲舒的崛起固然主要是他的个人奋斗，但更多的是历史的机遇。

汉武帝和窦太后斗法，大家猜猜，哪个人最痛苦？

答案：丞相卫绾（音wǎn）。

为什么是丞相最痛苦？

因为他要站队，而且不得不快速站队。

站队是个技术活儿：站对了，青云直上；站错了，前面几十年白干。一下子一贫如洗算是轻的，被灭全族也不是什么新鲜事儿。

作为丞相的卫绾，一下子就看出了汉武帝的心思，表面上是在选拔人才，实际上剑指窦太后。

卫绾心想：刘彻这是要和大庄家窦太后一把梭哈，我到底跟谁呢？

如果跟刘彻，那就摆明要得罪目前实力较强的老领导窦太后，万一刘彻没成功，自己的后果将不堪设想。

如果跟窦太后，刘彻毕竟年轻，将来窦太后死了，刘彻大权独揽。窦太后活着的时候，刘彻不会对我下狠手，窦太后死了以后，我一定会被秋后算账。

到底跟谁呢？

此时窦太后、汉武帝也都在观察卫绾：这家伙下一步会支持谁呢，怎么一直沉默不语呢？

就在董仲舒被提拔为江都国国相的当天，卫绾突然打破沉默，高调上了一道奏折："臣建议，之前被举荐到朝廷的各路人才，除了儒家弟子之外，凡是研究申不害、韩非子、苏秦、张仪等人学说的，一律遣返回原籍！"[①]汉武帝当即批准执行。

一时间，朝廷上下一片哗然。

---

①《资治通鉴》："所举贤良，或治申、韩、苏、张之言乱国政者，请皆罢。"

大家马上明白了，卫绾这是正式和窦太后撕破脸，选择站队新君刘彻。

卫绾上奏折的事第一时间传到了窦太后耳中。

窦太后从没感受到过这种明着被打脸的羞辱，但姜还是老的辣，毕竟是历经三朝皇帝的老太后，她并没有发脾气，而是微微一笑，道："行啊，臭小子，你爷爷、你爹都不敢这么对待哀家！既然这样，那哀家就陪你玩玩。"

当天，窦太后下令成立调查工作组入驻丞相府，对卫绾的工作以及生活作风展开全面调查。

卫绾从递上那道奏折起就知道，这一天很快就会到来。

讲到这里，大家一定想知道，卫绾为什么选择站队刘彻呢？

像这种大人物，对于政治生涯的重大选择是绝不可能意气用事的，肯定是基于各种因素的综合权衡后的结果。

要想知道卫绾的真实想法，那就要从卫绾的经历谈起。

卫绾的第一份职业是皇宫里的司机，驾驶技术高超，放到现在，相当于从第一次上路开始算，驾照就没有被扣过一分。

当时，汉文帝（汉武帝的爷爷）需要一名驾车的人，就把卫绾调了过去，专门为自己驾车。

讲到这里，问大家一个问题：您觉得能够给领导当司机，要具备的最重要的素质是什么？

如果您回答的是驾驶技术，那就错了。

当然不仅仅是驾驶技术，正确的答案是：情商，还必须有超一流的情商！

具体地讲，要想成为一名领导心中称心如意的司机，必须聪明到愚蠢的程度。

何谓"聪明到愚蠢的程度"呢？

大家想，领导去过哪里，在车上和谁进行过什么重要谈话，接过什么重要的电话，领导的老婆都不一定知道，但司机基本都知道。

作为领导的司机，需要做到自带失忆功能，必须拿自己当傻子，把听到的一切当作没听到一样，与此同时，嘴巴还要有一万个门卫守护，任何人企图正面、侧面打听领导的行踪、秘密，自己一概不知道，统统不晓得。

嘴特别碎、心里装不下事儿的人是不能给领导当司机的，即使勉强当上了，过不了几天也会被领导换掉。

鉴于此，能够给皇上当司机并且还让皇上满意的人，其情商如何，不必过多解释了吧。

卫绾在给汉文帝当司机后不久，便被提拔为中郎将，相当于现在的正厅级干部。①后来年轻的刘启被立为太子，也就是后来的汉景帝。

刘启也是个人精，他知道自己将来登基后需要父亲这一朝的心腹老臣的支持，就搞了一个大型宴会，专门宴请这些老臣。

接到请帖的人都去了，唯独卫绾称病不去。②刘启震怒：他一个司机，敢这么不给我面子？！

请问各位读者，您觉得卫绾拒绝刘启的原因是什么，是当时情商不在线吗？

相反，这恰恰是卫绾的高明所在。

卫绾考虑的不仅仅是太子刘启的内心感受，他还要考虑汉文帝刘恒的感受。

自春秋战国以来，皇上和太子争夺权力的戏码屡次上演，皇权在兄弟

---

① 《史记》："建陵侯卫绾者，代大陵人也。绾以戏车为郎，事文帝，功次迁为中郎将，醇谨无他。"
② 《史记》："孝景为太子时，召上左右饮，而绾称病不行。"

之间、父子之间都是一个极其敏感的话题。

现如今刘启一道请帖，各位老臣像闻着香味的狗一样流着哈喇子、摇着尾巴去啃骨头了，这让汉文帝怎么想？

以上是其一。

其二，卫绾不去是因为他对自己有一个清醒的认识。

卫绾知道，自己能够从一名普通的司机成为皇上的心腹，靠的是自己多年来苦心经营塑造的人设——老实人。

老实人最大的特点就是脑子不灵活，思想不开化，有点笨，看上去傻傻的。

卫绾拒绝太子刘启，周围的人包括刘启在内都觉得这个人好笨。刘启当时难免会生气，但是时间久了，当刘启意识到需要一个让自己放心的人时，首先想到的还是这位特立独行、敢于拒绝自己的卫绾——别看这人脑子缺根筋，但是用着放心啊！

卫绾做到了真正的大智若愚。

后来，汉文帝病危，去世前跟太子刘启交代身后事时，特别强调："卫绾是个忠厚的长者，你必须善待他。"

刘启全部记在心中。

汉景帝刘启即位后，用的是自己的司机，一时间卫绾无事可做，被高高挂起。

汉景帝就这样故意晾了卫绾一年，既不辞退他，也不重用他，故意让他闲着。①汉景帝这么做又是为什么呢？

其一，汉景帝要敲打一下卫绾，之前不管你因为什么，拒绝我的请帖是事实，这事儿我还记着呢，你也别忘了。

---

① 《史记》："文帝且崩时，属孝景曰：'绾长者，善遇之。'及文帝崩，景帝立，岁余不噍呵绾，绾日以谨力。"

其二，汉景帝对卫绾有个考察。

古人强调"慎独"。何为"慎独"？意思是说，在自己闲居独处无人监督时，更须谨慎从事，自觉遵守各种道德准则。因为在这个时候最能体现他的精神风貌。

举例说明，在人多的公共场合，一个人能自觉地把垃圾丢入垃圾桶，甚至还细心地进行分类。在无人监督的地方，这个人依然会这么做，这就是"慎独"的体现。

越是独处越能检验一个人的本质。

汉景帝晾着卫绾，就是想看看他到底是个什么样的人。

卫绾的表现没有让汉景帝失望，更没有让汉文帝的在天之灵失望。这一年里，卫绾什么都不抱怨，安安分分地做好分内的事，无事可做的时候就老老实实地坐在那里听候调遣。

汉景帝把这一切看在眼里。

果然，一年后的某天，突然来了一个通知：皇上要去上林苑，请卫大人同乘一车。

卫绾上车后，汉景帝面带微笑："你猜猜朕今天为什么要让你和朕同乘一辆车？"

卫绾道："我只是个普通驾车的人，无法猜到皇上的心思。"①汉景帝突然脸色一沉，怒斥道："今儿咱就打开天窗说亮话。你当年为什么不来参加朕的宴请？"

卫绾道："请皇上治我的死罪。只不过，臣当年确实是有病在身。"

汉景帝听完，抽出随身宝剑，放到卫绾面前，大声说道："好啊，那就依了你，准了！朕赐你自行了断，来，接剑吧！"

---

① 《史记》："景帝幸上林，诏中郎将参乘，还而问曰：'君知所以得参乘乎？'绾曰：'臣从车士幸得以功次迁为中郎将，不自知也。'"

各位读者，假设此时您是卫绾，您接下来该怎么接话？要知道，君无戏言，您真的愿意就这么死了吗？

大家可以好好想想，然后比对一下卫绾的表现，看看与他相比，差距在哪里。

卫绾冷静异常，轻轻看了一眼汉景帝手里的宝剑，说道："皇上有所不知，当年文帝在世时，先后共六次赐给我相同的宝剑让我自杀，我就不必再用您给的剑了。"①

卫绾这句话的信息量是极大的。

卫绾的意思是，我当年先后惹怒了你父亲汉文帝六次，每一次他都赐剑让我自杀，我最后都没有死成，这说明我卫绾就是这么耿直不怕死，同时你父亲汉文帝心胸开阔，每次都是生气快，消气也快。

卫绾这句话绵里藏针，隐藏的台词是：你难道比你父亲心眼还小吗？

汉景帝听完卫绾这句话，愣了一下，马上意识到：这个卫绾果然不简单啊，敢用我父亲来压我，能够让我父亲在临终时还特别交代要善待他的人，果然非一般人所能比，一个驾车的，竟有如此心机，果然厉害！

汉景帝一时间不知道该怎么反击了，他稍微平静了一下，说道："是吗？那朕问你，这六把剑在哪里呢？朕要亲眼看看，而且现在就看。"

卫绾道："就在我家里放着。"

汉景帝道："好，朕今天上午也不去上林苑了，现在就去你家看剑。"

说完，汉景帝命令调转车头，直奔卫绾家驶去。

来到卫绾家，卫绾恭恭敬敬地把六把剑拿了出来，一一摆在汉景帝面前，这让汉景帝感受到深深的震撼！

汉景帝看着这六把剑，仿佛父亲的音容笑貌又重新出现在眼前，尤其是父

---

① 《史记》："上问曰：'吾为太子时召君，君不肯来，何也？'对曰：'死罪，实病！'上赐之剑。绾曰：'先帝赐臣剑，凡六剑，不敢奉诏。'上曰：'剑，人之所施易，独至今乎？'绾曰：'具在。'"

亲临终时特别交代卫绾是一个值得善待的好人，这些话仿佛又回响在耳畔。

眼睛湿润的汉景帝对卫绾说道："朕先回去了。这两天你在家候着，不要出远门，朕会给你安排一个特殊的工作。"

几天之后，传来圣旨，任命卫绾担任汉景帝第二个儿子河间王刘德的太傅，负责其思想教育工作。① 能够把自己亲生儿子相托付的人，一定是皇上颇为信任的人。

就这样，卫绾成为汉景帝的心腹。

后来，西汉爆发了著名的七国之乱，卫绾主动请缨，率领河间地区的部队讨伐叛军，立下大功，升为建陵侯。

一个普通司机做到封侯，这在历史上是极少有的。

再后来，汉景帝和所立太子刘荣闹翻，而卫绾辅佐的河间王刘德和刘荣是同母所生，也受到牵连，所以卫绾也跟着被打压了。

汉景帝表面提倡老庄的无为而治，实际上为人心狠手辣，要将涉及刘荣案的人杀个精光，但唯独念及卫绾为人忠诚，年事已高，便让他告老还乡，提前退休了。

在外人看来，卫绾的职业生涯应该就这么结束了。其实，卫绾真正的高光时刻才刚刚开始。

汉景帝废掉刘荣之后立了新的太子刘彻，也就是后来的汉武帝。

此时的汉景帝变得敏感多疑，总是掰着手指头数一数，到底哪个人辅佐刘彻才能让自己放心呢？是的，众人之中，只有卫绾一个人比较另类，他曾经为了效忠皇上而拒绝我这个太子的拉拢。现如今，作为皇上的我，不正需要卫绾这样的人吗？

当年卫绾的苦心营造和铺垫终于在几十年后爆发出了威力。

汉景帝将卫绾火速调回，任命其为太子太傅，并升任为御史大夫。五

---

① 《史记》："上以为廉，忠实无他肠，乃拜绾为河间王太傅。"

年后，卫绾被正式任命为丞相。

一时间，朝堂之上的各路官员这才明白过来：我们越是苦心钻营，皇上越不放心，反而是卫绾这个举重若轻的大老憨才是皇上最放心的人啊！

后来汉景帝驾崩，汉武帝刘彻继位。

前文说到，汉武帝一上位就和奶奶窦太后展开了权力斗争，第一步就是国家到底尊儒还是尊道的路线之争。

卫绾作为辅佐过文景二帝的三朝元老，和窦太后那可是老相识了。但卫绾果断站队刘彻，体现了他老成又精准的判断力——卫绾认定，刘彻一定能赢！

窦太后绝非善类，面对老朋友、老下属卫绾的背叛，怒火中烧，马上成立专案组，彻查卫绾当丞相以来的工作，试图找到突破口，一举将其拿下。

查来查去，还真查到一件事儿。

话说汉景帝去世后，卫绾对很多囚犯执行了大赦，不到刑期的也都释放了。本来这件事儿也没什么，但是经不住窦太后咬住不放并刻意放大。

就这样，窦太后把这件事儿挑明了交给汉武帝去处理，这无疑是在逼汉武帝自断其臂。

无奈，此时的汉武帝尚不足以和奶奶撕破脸明着干，只好免去卫绾丞相一职，但不治他的罪，让他告老还乡。

此时的卫绾，历经三朝，两次告老还乡，年事已高，能够回家安度晚年并善终，未尝不是一件好事儿。

表面上看去，卫绾被罢官，好像输了。但事实上，卫绾打响了树立儒家反对道家的第一枪，引发了满朝文武开始思考要不要重新站队。从这个角度来讲，损失更多的还是窦太后。

这就是司机卫绾貌似笨拙憨厚，实则精明强悍的一生。

随着丞相卫绾因为公然支持汉武帝而被窦太后拿下，祖孙二人过招的第一局以汉武帝输、窦太后胜收场。

窦太后高明的地方在于她只干掉原来的丞相，却不提议谁来当新丞相，目的就是要看看汉武帝会提拔谁。

目前市面上见到的一些书籍、文章受刘彻谥号里"武"字的影响，总是刻意放大和渲染其开疆拓土、杀伐决断的一面。事实上，刘彻这个人真正的内核是有进有退，是野心和阴柔并举的。

刘彻的这个特点体现在细节上。

卫绾离开后，刘彻提拔窦婴为新丞相，同时任命田蚡（音fén）为太尉。

丞相掌握的是仅次于皇帝的行政大权，太尉掌握的是仅次于皇帝的军事大权。

窦婴是何许人也？

看这个姓氏就能猜个差不多。窦婴是汉武帝的奶奶窦太后的亲侄子，他称呼窦太后为姑妈。

大家看，刘彻是不是一个有进有退的人？

刘彻提拔窦婴，相当于在同窦太后隔空喊话：既然我现在斗不过你，那我就先退一步，任命你的娘家侄子来当丞相，这下你满意了吧？

田蚡又是谁呢？

田蚡是刘彻的亲妈王娡皇后同父异母的兄弟，相当于刘彻的亲舅舅。

刘彻怎么又把王皇后的娘家人扯进来了呢？

在弄明白这个问题之前，各位读者可曾想过，前面一直讲刘彻和他奶奶窦太后斗争激烈，而同样作为太后的王太后（窦太后的儿媳妇）会安安分分地当个透明人吗？

换言之，刘彻的亲妈会眼睁睁地看着婆婆欺负亲生儿子吗？

近几年，中国流行宫斗剧，这类电视剧多以清朝为主，别看电视剧的名目繁多，但是剧情基本雷同，无非是后宫妃嫔为了争宠而互斗。这些都是编剧或小说作者挖空心思想象出来的，未免过于俗套和机械重复。

大家翻翻史书就会发现，像窦太后、王太后、刘彻这种三代男女混斗的情况，其精彩度远远超过这些宫斗剧，而且这些都是真人真事儿，与编造的电视剧剧情在历史价值上有着本质的不同。

可见，阅读历史是一个人一生中多么必要的事情！历史的智慧和乐趣远在追剧之上。

政治某种程度上是一门关于进攻和妥协的艺术。

一个聪明的政治家一定是懂得以退为进的。只知道进攻，而不懂得适时低头让步的人，就像张飞和李逵一样，通常在现实生活中只能充当炮灰的角色。

历史上的张飞就没有善终。大闹长坂坡而闻名天下的堂堂张飞将军没有战死沙场，反而死于小人物的暗杀。

小说中的李逵就更不用说了，没有死在敌人方腊的刀斧之下，反而被自己的大哥宋江间接灌了毒酒。

汉武帝可不是张飞、李逵式的莽汉。

窦太后一看，自己娘家人当丞相，这是好事呀，可以监视并掣肘汉武帝，自然放心了许多。

汉武帝为什么要这样做？他在此用心颇深。

与窦太后的第一轮交锋，汉武帝败就败在一对一正面杠。汉武帝新君登基，羽翼未丰，实力无法和苦心经营多年的窦太后一决高下，惨败也是必然。

朝廷除了窦太后，还有一个太后，那就是母亲王娡。

在奶奶面前，亲妈和亲儿子一定是一致对外的，王娡、汉武帝任何一方都不足以和窦太后正面决战，汉武帝的基本逻辑是：我要把二虎相争的局面升级为三国混战。

会有读者问：汉武帝任命田蚡当太尉，窦太后能同意吗？

事实上，这也正是汉武帝的高明所在。

窦婴是窦太后的娘家人，田蚡是王太后的娘家人，既然你支持窦婴当丞相，自然也就不能否定田蚡当太尉。

除非窦婴、田蚡都别干了，由汉武帝另选他人，这样窦太后又肯定不会答应。

汉武帝选择窦婴、田蚡，还有一个精心的考量，那就是这二位平时都比较喜欢儒家学说。

从窦太后的亲戚里挑出一个喜欢儒家的，这一步棋可以说走得相当高明。

新的丞相、太尉履职之后，按照之前汉武帝采纳的董仲舒的建议，二位高官有责任和义务推荐并提拔人才来为朝廷效力。

在窦婴、田蚡的推荐下，一个叫赵绾，还有一个叫王臧的人被汉武帝直升机式提拔。

赵绾是一个人精，一来到朝廷就看透了汉武帝和窦太后权力斗争的本质，马上提出了一条直接钻汉武帝心眼的建议：兴建一个新的建筑，取名为"明堂"。从此之后所有诸侯王都到明堂向皇上一人汇报工作。

这相当于直接架空了窦太后。

汉武帝马上把兴建明堂的事以非官方渠道散播了出去，目的就在于吹吹风，观察各方的反应。

耳目遍布朝廷的窦太后第一时间听说，有个新提拔的官员名叫赵绾，竟然敢鼓动皇上架空自己这位皇太后，当即勃然大怒。

窦太后故技重演，就像当初对付老丞相卫绾那样，临时成立调查组收集赵绾、王臧等人违法乱纪的证据，一旦找到，立马拿下。

当一群人刻意盯着你，为找错而找错时，任何人恐怕都经不住调查，因为这世界上就没有完美的人。

没多久，赵绾、王臧违法乱纪的证据便被找到了，窦太后直接将其转给汉武帝，并严厉批评他作为皇上用人不慎。

汉武帝不得不终止了兴建明堂的事情。赵绾、王臧为了不让自己继续被查下去而灭全族，先行自杀身亡。

这一次窦太后真的怒了，她要逼着汉武帝再次废掉新丞相窦婴和新太尉田蚡，并任命她的心腹、同时也是坚定的道家信仰者石建担任郎中令，任命石建的儿子石庆担任内史，把这两个人直接安插在汉武帝身边。

虽然窦婴和田蚡一同迅速地经历了一起一落，但是两个人接下来的境遇却各不相同。

先说窦婴。

窦婴本来是窦太后的娘家侄子，关键时刻不帮着窦太后，却推荐了卫绾这样激进的人，上来就要磨刀霍霍向太后，这对于窦太后来讲，比外人坑自己还要让人恨。

说白了，你分不清谁远谁近吗？没我这个当太后的姑姑，你有资格当丞相吗？

所以窦婴被免职之后，在汉武帝、窦太后两边都不再讨喜。

田蚡就不同了。

田蚡本就是汉武帝提拔起来制衡窦婴的，田蚡被罢免，相当于替汉武帝扛了一次雷，而且田蚡是汉武帝的舅舅，这反而更让汉武帝信任他了。

从此之后，田蚡成了表面没有官职却拥有实际影响力的人。

一时间，大量趋炎附势的官员纷纷和窦婴划清界限，疯狂地向田蚡靠拢。

人就是这么现实，当你掌握权力的时候，其他人都会摇着尾巴讨好你、巴结你；一旦不在其位，别说其他人主动搭理你了，见到你都会赶紧躲得远远的，生怕被别人看到后，让人觉得好像和你关系很近似的。

汉武帝与窦太后的角力，就这样再一次以汉武帝的失败而告终。

国不可以一日无相，窦太后这一次非常强势地指定了一位叫许昌的人担任丞相。

这位许昌是何许人也？

许昌是汉高祖刘邦时期的功臣柏至侯许温的孙子。

在窦太后与汉武帝斗法开始以后，许昌选择了站队窦太后。

许昌这个人几乎没有什么能力，在史书上没有任何关于他做过什么有价值的事情的记载。他当丞相，唯一的使命就是监控和掣肘汉武帝，就是来捣乱的。

窦太后把汉武帝堵得死死的，让他无法施展动作。

面对窦太后的新一轮攻势，汉武帝又该如何破局呢？

汉武帝苦思冥想，最终决定从一个已经死去十五年的人身上打开突破口。

此人就是汉景帝时期的大臣晁错。

007
巧妙批晁错

晁错出生于颍川（今河南禹州市），年少时专门拜师系统学习法家思想。

到了汉文帝时期，晁错学有所成，因为文采一流而被朝廷重用。

汉文帝非常看好晁错，派他公费进修，专门去济南跟随当地的大学问家伏生学习深造。

晁错学成归来以后，立即被任命为太子（就是后来的汉景帝）舍人，后又晋升为太子家令，相当于太子府的大管家，掌管太子的一切日常事务。

太子刘启非常欣赏晁错的能力，给他起了个外号叫"智囊"。

在现代汉语里，智囊依然指代专门为政府高官、企业老板出谋划策的人。

后来汉文帝搞了一次亲自出题的超级国考，以"明于国家大体"等为主题，让考生写文章应答。

最后一百多篇写得好的文章被筛选出来，其中以晁错的文章最为精彩，深得汉文帝的赞赏。

汉文帝当即下令，将晁错由太子家令升为中大夫。

此时，晁错的政治观念已经成形，他曾多次上书汉文帝，提出削弱诸侯王、改革法律、依法治国等建议。

晁错自幼学习法家思想，法家对他的影响深入骨髓。

汉文帝的治国理念是道家的无为而治，并没有采纳晁错的建议，但依然十分赏识他的才能。

当时还是太子的刘启，年纪轻轻，血气方刚，外加他和晁错是多年的老相识，反而很赞成晁错这些激进的建议。

晁错的建议提出以后，引起了强烈的反响。

首先，晁错的提议直接得罪了那么多的刘氏诸侯王，他们个个对晁错恨得咬牙切齿。

其次，以大臣袁盎为代表的很多自幼学习儒家思想、反对法家思想的官员也对晁错心生恨意。

大家不是一个体系的，你强调你学的东西先进，那么我就被掩盖了，这会影响到我的晋升。这些崇尚儒家思想的官员也恨不得要杀了晁错。

政治斗争就是这么残酷，有你没我，有我没你。

不久之后，汉文帝去世，太子刘启即位，也就是汉景帝。

晁错是汉景帝的铁杆心腹，从此得到了大力提拔，晋升为内史。

晁错经常单独与汉景帝议论国家大事，汉景帝对他言听计从，对他的宠信程度超过了九卿。

耿直的晁错继续向汉景帝主张依法治国，至少要进行法律改革，汉景帝一律予以采纳，许多法令都是经由晁错亲手修改订立的。

先不说晁错做得对还是错，他做的这些事情本来应该是丞相的工作，所以这引起了时任丞相申屠嘉的嫉恨。

申屠嘉是职业军人出身，当年跟着高祖刘邦南征北战，立下赫赫战功。

申屠嘉这种由将军晋升为丞相的人，本就从心里瞧不起读书人，现在晁错又老抢他风头，申屠嘉便密切观察晁错的一举一动，只要找到他的一点错误，便会无限放大，向汉景帝告状。

汉景帝总是护着晁错，申屠嘉的阴谋始终未能得逞。

此时的申屠嘉年事已高，经不起这种折腾，不久便郁闷而死。

申屠嘉死后，汉景帝提升晁错为御史大夫，位列三公，地位更加显贵，晁错也更加有恃无恐。

当上御史大夫的晁错觉得，过去提改革，有超越职责范围的嫌疑，现在自己是御史大夫，提改革的事情是自己的职责，还有汉景帝袒护，也就不再顾忌太多。

客观地说，晁错此时的想法是幼稚的。

晁错要想按照自己的法家思想进行改革，只有皇帝的支持是不够的。

任何改革都会触及既得利益者的利益，影响改革是否成功的因素，不是你的方案是否正确，而是看你是否赢得了大多数人的支持。

晁错主张打击诸侯王，全面推行依法治国，这直接削弱了诸侯王的特权，触动了他们的利益。晁错得罪的这些人可都是皇帝的亲戚，而且个个都有着巨大的势力。

只有皇上一个人支持他，改革是不会成功的。

可惜晁错过于耿直，他的确是一个非常优秀的法家高级知识分子，却不是一个手腕娴熟的政治家。

晁错再次向汉景帝陈述诸侯王滥用特权、违法乱纪的罪过，请求削减他们的封地，将部分权力收回到朝廷，大力削藩。

晁错在他上书的《削藩策》里指出："今削之亦反，不削亦反。削之，其反亟，祸小；不削之，反迟，祸大。"

意思是说，现在削弱诸侯王他们会反叛，不削弱他们，随着他们慢慢做大，将来也一定会造反。现在削弱他们，他们会很快就反叛，但是给国家造成的危害小。现在不削弱他们，他们反叛会比较慢，但是祸害更大。

其实，汉景帝也知道这些诸侯王越来越不像话，也想着找机会削弱他们，所以晁错的提案呈上来以后，汉景帝便把文件转发给了各位公卿、列侯、皇亲国戚，让他们共同讨论，并借此来试探一下各方的态度和反应。

这些公卿、列侯、皇亲国戚都是些什么人，一个比一个精，他们都知道汉景帝护着晁错。如果汉景帝反对晁错的提案，早就驳回了，就不可能让大家一起来讨论。

所有的公卿、列侯、皇亲国戚对晁错的提案不置可否，既不公开反对，也不表示赞同，以一句"请陛下英明决断"混了过去。

就在讨论即将结束时，还真有一个人站出来喊了一句："晁错这是提的什么案呀，我反对！"

众人一惊，这是谁这么浑不吝，胆儿挺大啊。

放眼望去，此人不是旁人，正是窦太后的侄子窦婴。

所有人都知道，窦婴代表的是窦太后，窦婴反对晁错，那就表示窦太后怒了。

前文讲到，窦太后最疼爱的是梁王刘武。晁错提出削减诸侯王的利益、特权，刘武必然也在其中，这让窦太后无法容忍。

晁错和窦婴当场吵了起来，自此结下了梁子。

汉景帝新君登基，志在必得，力排众议，采纳了晁错的建议，下令削夺赵王的常山郡、胶西王的六个县、楚王的东海郡和薛郡、吴王的豫章郡和会稽郡。

同时，准许晁错修改了三十条法令，对诸侯王的限制更加严格。

一时间，各诸侯王哗然，纷纷强烈反对，对晁错恨得咬牙切齿。

晁错的父亲毕竟是个老年人，人生经验丰富，听闻儿子的所作所为后，专门从颍川老家赶来，劝晁错说："皇上刚登基，你就推行改革，侵犯诸侯王的权益，疏离他们与皇上的骨肉亲情，他们纷纷议论怨恨你。你为什么要这么做呢？"[①]晁错的父亲提醒他，这么搞下去，是要出大事的。

---

① 《史记》："上初即位，公为政用事，侵削诸侯，别疏人骨肉，人口议多怨公者，何也？"

晁错回答道:"本该如此。不这样做,天子得不到尊崇,王室不得安宁。"①晁错的父亲道:"你这么做,他们刘家是安稳了,但我们晁家怕是要有危险了。你慢慢折腾吧,我离开你回去了。"②

晁错的父亲说完话就回老家了。

晁错父亲回家后就喝毒药自杀了。老爷子临死时只说了一句话:"我不忍见到灾祸降临的那一天!"③汉景帝下达削藩令十多天后,吴、楚等七国以杀晁错为名联兵反叛,这就是著名的吴、楚七国之乱。

事实上,七个诸侯国封王所谓的杀晁错只是借口,借此要谋取皇位才是根本,他们心里很清楚,晁错只是表面的挡箭牌,汉景帝才是削藩的真正主导者。

汉景帝听说七国谋反,立马召晁错商量出兵事宜,晁错建议汉景帝御驾亲征,自己则坐镇京城。

前文讲到,有两股政治力量最恨晁错,一股是被削藩的诸侯王,另外一股则是嫉恨晁错的各位官僚。

官僚中的代表人物有两个,分别是窦婴和袁盎。

此时窦婴、袁盎已经串通一气。

窦婴对袁盎说:"窦太后也特别讨厌晁错,有她老人家给你撑腰,你可以去找皇上建议杀掉晁错。"

袁盎道:"说实话,老窦,这七个国家表面上说是为了杀晁错而来,但是明眼人都能看得出来,杀一个大臣犯得着调用那么多军队吗?这是要搞政变啊!就算让皇上杀了晁错,那七个国家就会退兵吗?绝无可能!"

窦婴道:"老袁,你怎么这么死脑筋呢。七个国家是不是夺权、能不能夺权,跟我们有什么关系呢。"

---

① 《史记》:"固也。不如此,天子不尊,宗庙不安。"
② 《史记》:"刘氏安矣,而晁氏危矣,吾去公归矣!"
③ 《史记》:"吾不忍见祸及吾身。"

袁盎一脸愕然。

窦婴看了看四周没人，就故意压低声音，贴近窦婴耳朵，说道："说白了，谁当皇上都需要我们这些朝廷重臣的辅佐，你说是不是？我才不关心什么七国之乱呢，我只关心怎么弄死晁错！你看他那个得宠的样子，晋升那么快，他说什么皇上就信什么，想一想就气得我心口疼。"

袁盎跟着点头，道："就是，就是。整天说什么依法治国、法家思想，把我们的风头都抢了。我也恨不得他立马猝死！"

窦婴道："你不觉得现在是个绝佳的机会吗？告诉皇上，七国是奔着晁错来的，只要杀掉晁错，就能平息一场政变。皇上要是信了，就会这样做的。"

袁盎道："好一招借刀杀人！但是老窦，你想过另外一个问题吗，杀了晁错之后，七国没有退兵，而是继续进攻长安的话，皇上能饶了我们？"

窦婴道："嘿，老袁，我说你死心眼，你还不服。你想啊，到时候生米已经煮成熟饭，七国大军逼近长安城，皇上一定把精力放在如何平叛乱军上面，哪还有心思再琢磨别的事情啊！再说了，我们也是为朝廷安危献言献策，这有错吗？"

袁盎道："高！实在是高！我现在就去找皇上说。只要能让晁错死，我一分钟都不想等！"

窦婴道："我恨不得亲自去找皇上说这件事，但是大家都知道，我和晁错公开场合吵过架，我说了之后，皇上肯定会觉得我是在公报私仇，也就不再听我的了。这事儿还得请老袁你挑大梁了。"

袁盎道："放心吧，一定拿下！"

不一会儿，袁盎来到汉景帝面前。

汉景帝见到袁盎来了，赶紧说道："朕正要去找你来商量要事呢。你曾经在吴国当过丞相，这一次造反的诸侯国里就有吴国。对此，你有什么建议？"

袁盎道："臣正是为七国之乱而来。"

袁盎说到这里，环顾了一下汉景帝身边的侍者。

汉景帝立马屏退身边的人，道："这下你可以放心说了。"

袁盎道："请问陛下，这七国动兵的理由是什么？"

汉景帝道："他们说晁错建议削藩，要来杀晁错。"

袁盎道："这不就很清楚了。吴、楚等七国动兵的目的在于杀晁错，恢复原来的封地、权益。陛下只要杀掉晁错，顺了他们的心意，再宣布赦免七国动兵的罪行，给他们一个台阶下，就可以兵不血刃，消除叛乱。"

汉景帝听后，脸色很是难看，默然良久。

袁盎继续添柴加火，道："为了社稷江山，必须牺牲个人情义，请陛下当断则断！"

眼见着七国的大军距离长安越来越近，汉景帝只好决定，牺牲晁错，换取退兵。

这就是封建帝王为了江山，完全可以做到翻脸不认人！

汉景帝封袁盎为太常，要他秘密整理行装，低调出使吴国，告诉吴王，朝廷即将送晁错的人头给他们，希望可以尽快退兵。

在袁盎、窦婴的煽动与挑拨下，诸位大臣纷纷联名上书，弹劾晁错，提议将他满门抄斩。由此可见袁盎、窦婴之狠毒。

汉景帝当即批准这道奏章，并嘱咐各位大臣："务必做好保密工作，不得泄露风声。"

此时的晁错还蒙在鼓里。

汉景帝派人接晁错上朝议事，晁错坐着马车即将到皇宫门口时，突然马夫把车停了下来。

晁错问道："怎么不走了？"

马夫道："晁大人看看我是谁？"

晁错一看，这马夫是汉景帝身边的保镖。

还没等晁错开口,马夫从袖口里掏出圣旨,说道:"传皇上圣谕,晁错误导圣上,盲目削藩,引发七国叛乱,罪大恶极,判腰斩并灭全族!"

晁错先是一脸错愕,而后想通了是怎么回事儿了,对着皇宫城门大喊道:"皇上啊,您中了奸臣的圈套了啊……"

晁错话没说完,马夫掏出事先藏好的砍刀,抡圆了横着一挥,晁错的上下半身已分作两半……

汉景帝把晁错的尸体运送给七个诸侯国的封王看,岂料,七个封王连看都不看,继续攻打长安城。

汉景帝这才意识到,自己之前太过于一厢情愿,只好痛下决心,集结大军,全力平叛七国之乱。

七国之乱被平定的过程,此处按下不表。

总之,晁错就这么白白地牺牲了,即便汉景帝心里再怎么后悔,人死终究不能复生,他还是要继续重用袁盎这些大臣们,总不能把他们全部杀光,那样的话,朝廷也就不复存在了。

以上是晁错的人生经历。

花开两朵,各表一枝。

再说一下汉武帝。

晁错被杀于公元前154年,窦太后强行任命许昌为丞相是在公元前139年,两件事相距十五年,本来是没有什么直接关系的,而聪明的汉武帝却从里面找到了反击窦太后的切入点。

就在许昌担任丞相后不久,在很多大臣中,突然刮起了一股批判晁错的风气,大家纷纷写文章痛骂晁错当年的削藩政策,离间了朝廷与各位诸侯王之间的感情。

当然了,这背后的推动者就是汉武帝。

这件事其实是很值得玩味的。

首先,晁错被杀已经过去十五年了,早就没有人过多关注这件事情了，偏偏在许昌晋升为丞相之后，晁错又重被挖出来成为热点人物。

其次，晁错当年的提议没有错，晁错是被冤杀的。事实也证明了，诸侯王早就有叛乱之心，杀了晁错，他们依然进攻长安。

晁错是正确而富有远见的，不该被批判。

那么，问题来了：汉武帝为什么要突然推动这么一场集体批判晁错的运动呢？

答案是：汉武帝发现，只靠那些支持自己的大臣和窦太后斗下去，是没办法赢的，他必须让诸侯国的封王也支持他。

在前期与窦太后斗法的过程中，各个地方的诸侯王都是持观望态度，既不表态支持窦太后，也不表态支持汉武帝。

汉武帝知道，首先，各诸侯王不想轻易得罪人；其次，他们普遍在静观其变，谁赢，他们就帮谁。而现在双方还在进行拉锯战，没有任何一方表现出绝对的胜算，所以大家就都保持沉默，不言不语。

各位诸侯王最恨的人是谁？

一定是晁错，因为晁错是站在打压诸侯王的立场上，此时汉武帝发动起了批判晁错的运动，毫无疑问，赢得了各位诸侯王的好感。

就在批判晁错达到高潮的时候，几个诸侯王一起来见汉武帝，理由是：叙叙旧。

这几个诸侯王分别是代王刘登、长沙王刘发、中山王刘胜、济川王刘明。

代王刘登和汉武帝平辈，他们都是汉文帝刘恒的孙子。

刘登在历史上基本没有什么大的作为，只留下名字和身份的记载。

刘发是汉景帝的第六个儿子，与汉武帝是同父异母兄弟。他是一个传奇性人物。刘发的母亲姓唐，本来是汉景帝的小妾程姬身边的丫鬟，身份卑微。

有一次，汉景帝酒后要临幸程姬，可是程姬刚好来例假，于是命小唐代替她侍寝。

汉景帝酒醉得厉害，分不清谁是谁，临幸了小唐，就有了后来的刘发，被封长沙王。

由于刘发的母亲唐姬出身卑微，长相也不讨汉景帝欢心，所以他的封国位于穷乡僻壤，面积也是所有封王里最小的。

刘发在历史上没有什么大的作为，但是他的后代里出了一个牛人，那就是东汉的创始人光武帝刘秀！

中山王刘胜也是汉景帝的儿子，汉武帝同父异母的哥哥。

刘胜的生活淫乱不堪，按照《史记》记载，刘胜一辈子生有一百二十多个儿子（这还只是儿子，女儿数量史书没有记载）。

刘胜还有个特点，就是生活十分奢靡。还记得历史课本插图里的金缕玉衣吗？就出土自刘胜的坟墓。

别看刘胜没有什么作为，他的后代里也出了一个狠角色，那就是三国时的刘备！

刘明，汉文帝的孙子，梁王刘武的儿子。

前文讲到过，刘武死后，汉景帝把梁国拆分，分别封刘武的五个儿子为王，刘明被封为济川王。

刘明后来不小心杀了一位负责京师戍卫的高级军官，被贬为庶人。此时此刻的刘明还是一个诸侯王。

以上几个汉武帝的兄弟，来见汉武帝，一起叙叙旧，聊聊家常。

汉武帝设酒宴、歌舞款待哥几个，刘胜在席间听到音乐声突然哭了起来。

汉武帝问道："怎么喝着喝着就哭起来了？"

刘胜回答："我心中积压了许多忧伤，每当听到这些悲伤的音乐，就会情不自禁地涕泪横流。"

汉武帝道："你为什么悲伤？"

刘胜道："我有幸受封为东方的诸侯王，从血缘上讲，是皇上的哥哥。自从当年晁错倡议打击诸侯王以来，一直到现在，朝廷的大臣们仍然在这一问题上保持着高度的默契，不停地提出继续削弱诸侯王的提议。现在皇上设宴款待我们，使皇上与我们这些兄弟之间的骨肉亲情像冰雪般融化，我为此而伤感！"

其余几个诸侯王也都跟着擦起了眼泪。

汉武帝道："你听说了吗？最近很多大臣纷纷上书，要求重新批判晁错，拨乱反正。"

刘胜道："听说了，大快人心！"

其余几个诸侯王也都跟着鼓掌叫好。

汉武帝窃喜，心想，只要你们诸侯王支持，我的目的就达到了。

汉武帝道："朕也赞同批判晁错。朕马上就要出台一些文件，修正对诸侯王的不公正对待，给诸位提高福利待遇！"

"好！"现场一片欢呼！

几位诸侯王回去后不久，汉武帝下诏提高朝廷对各位诸侯王的礼遇，废止了有关官吏检举诸侯王不法行为的文书，对诸侯王施行额外的恩惠政策。

诏令颁布以后，全国诸侯王心领神会，纷纷向汉武帝递交诏书，表示坚决效忠汉武帝，一切行动只听从汉武帝一人指挥。

这件事情仔细品一品还是很有意思的。

汉景帝时代施行的是打击诸侯王的政策，到了汉武帝执政没几年，又改成了扶持诸侯王的政策。

之所以出现这样戏剧性的变化，是因为政治斗争的需要。

汉景帝时代，影响他权力稳固的是尾大不掉的诸侯王，如果任由诸侯王做大，朝廷就会被架空甚至被推翻。

汉景帝打压诸侯王，对于政权的稳固是必要的，也是富有远见的。

到了汉武帝时代，政治局势发生了变化。

影响汉武帝权力稳固的是以窦太后为首的外戚集团。

汉武帝一开始想团结一部分大臣与窦太后斗法，无奈，窦太后历经三朝，人脉广泛，树大根深，接连几次过招，汉武帝都以失败而收场。

汉武帝要想扭转局面，仅仅依靠朝廷的大臣像下象棋般互相拼棋子，杀敌一千，自损八百，无论如何都不可能战胜窦太后。他需要的是拥有更多的支持者，甚至所有的刘氏诸侯王。

要知道，这些诸侯王拥有属于自己的地方武装。汉武帝推行利于诸侯王的政策，让他们得到充分的利益，使他们的政治地位得到提升，极尽笼络之能事，由此可集结这些力量为我所用。

有了这些诸侯王的支持，汉武帝就不怕和窦太后斗个鱼死网破！大不了，最后大家撕破脸，短兵相见，谁怕谁？

至于晁错这个人，对他的评判，功过到底是三七开还是七三开，一点儿都不重要，追捧晁错对自己有利那就追捧，批判晁错对自己有利那就批判，屁股决定脑袋，利益决定立场，如此而已。

汉武帝把诸侯王笼络起来以后，窦太后立马低调了许多。

窦太后意识到，她严重低估了自己这位孙子的手腕。

当年汉景帝也被窦太后掣肘，但汉景帝对窦太后敢怒不敢言，表面上还是很顺从的。汉武帝可比他的父亲厉害多了，既敢跟窦太后针锋相对，又大开大合，团结一切可以团结的力量。其手法的犀利和胆识的非凡远远在窦太后的意料之外。

刘彻的这一手玩得很绝，绝就绝在，他把窦太后推到了外戚干政的污名之下，只不过这层窗户纸还没有被点破而已，但满朝文武都能看懂。

西汉从建国以来，最敏感的事情就是外戚干政。

当年高祖刘邦去世后，吕雉专权，大力提拔吕氏家族的人霸占朝廷的实权位置，军权也被吕氏所把控，他们大肆打压、屠杀刘氏子弟。

在陈平、太尉周勃的策划下，剩下的刘氏子弟团结起来，才一举剿灭了吕氏外戚集团，捍卫了刘氏江山不变姓。

吕氏外戚集团干政，是所有刘氏后代心中最敏感、最不想去触碰的伤疤。

汉武帝先发起批判晁错，引发长久以来不得志的刘氏子弟的情绪反弹，将他们团结起来，这就无形之中让窦太后变得十分焦灼，如同炭火上烘烤的羊肉串一般。窦太后这时候就不得不谨慎了。

万一刘彻跟自己撕破脸，给自己扣上外戚干政的帽子，自己作为皇太后，刘彻无论如何都会让自己善终，但窦氏家族的后代就会被团灭了。

窦太后发现，刘彻就像一个雕刻家，这些年来一刀一刀地把她雕刻成了一个外戚干政的形象。

想到这里，窦太后开始有点后悔之前用力过猛，或许本就不该过度与自己的孙子为敌。都这把年纪了，还能活几天，又争个什么劲呢？

自此以后，窦太后或主动或被动地低调起来，不再对刘彻主动出招。

汉武帝瞧出了窦太后态度的变化，但是他知道，这样还不够，至少还缺少最后一块压死窦太后的石头。

008
汉武帝大秀演技

前文曾经讲过，汉文帝、汉景帝信奉道家的黄老学说，带头践行艰苦朴素的生活作风，坚决抵制奢侈消费。与此同时，不再对百姓施行过度苛刻的税收制度，这使国家经济得到了长足的发展。

一方面，大家手里有很多钱；另一方面，政府又不让消费享受。这时候，很多有钱人尤其是上流社会的人开始受不了啦。

不管是王侯将相还是民间的地主豪强，都希望新皇帝上位后，可以摒弃道家的治国理念，让大家尽情潇洒一下。

窦太后一直是道家思想的坚定维护者，汉武帝与窦太后权力之争的表现之一，就是意识形态之争，所以他推行了"罢黜百家，独尊儒术"的思想风暴，在意识形态战场上与窦太后进行正面交锋。

汉武帝意识到，要想得到上流社会、有钱人的支持，必须要让这些人看到希望，让他们觉得，新皇帝上位后可以让他们放开来消费，这样他们就会从内心深处支持自己，反对窦太后。

鉴于此，汉武帝决定扮演一个挥霍奢靡的纨绔子弟的形象。

这一年，大家渐渐发现，从来不爱出宫吃喝玩乐的汉武帝，突然开始频繁改换装束，偷偷离宫外出打猎、游玩。

汉武帝白天上朝听政，夜间则与一批能骑马射箭的人相约在皇宫门前集会，自称"平阳侯"，连夜快马加鞭，天亮时刚好到达终南山脚下。①终南山在陕西境内，隶属于秦岭山脉的中段。

对老年人送生日祝福时，我们经常说"福如东海长流水，寿比南山不老松"，这里的"南山"就是指终南山。

汉武帝和大臣们一起射杀鹿、野猪、狐狸、野兔，还故意策马践踏农田庄稼，当地百姓纷纷破口大骂。

老百姓气不过，就去找当地县令报官。

县令立马派人前来把汉武帝一行人团团围住。

眼见着大家就要被逮捕，汉武帝从身上拿出一件私人物品，让一个下人偷偷交给县令查看，县令一瞧，好家伙，这是天子才可以使用的物件，便不敢继续收捕，只好放他们离开。

自此以后，汉武帝经常出门打猎还践踏农民庄稼的事情，就在文武百官那里传开了。

大部分上流社会的人士听说这件事之后，不但不忧虑，反而觉得开心。因为他们知道，允许他们随便狩猎、游玩的时代就要来临了。他们这么多年一直在强迫自己过道家清心寡欲的生活，都快憋疯了。

窦太后见汉武帝竟然这么贪图娱乐，便屡屡告诫大家，一定要遵从道家艰苦朴素、清心寡欲的生活方式。大家只是表面点头，但没人当回事儿。

只是打猎还是不够的。

接下来，汉武帝又玩出了更大的手笔。

汉武帝召集大臣开会，道："最近朕很喜欢出门打猎游玩，但是道路遥远，中途需要到老百姓家里借宿，条件简陋，老百姓也议论纷纷。朕想

---

① 《资治通鉴》："是岁，上始为微行，北至池阳，西至黄山，南猎长杨，东游宜春，与左右能骑射者期诸殿门。常以夜出，自称平阳侯。旦明，入南山下。"

征用终南山附近的一块地皮，修建上林苑，里面吃喝玩乐一应俱全，朕以后想打猎了就去上林苑，省下不少麻烦。"

诸位大臣纷纷响应："好！支持陛下。"

有一位叫东方朔的大臣则持反对意见。

东方朔擅长进谏，尤其喜欢给汉武帝泼冷水，但是他提意见时很有技巧，经常讲个笑话、打个比方，阐明自己观点的同时还会把汉武帝逗乐，所以汉武帝非常喜欢东方朔。

就是因为东方朔擅长幽默，后来说相声的把东方朔拜为他们行业的祖师爷。

东方朔说道："臣反对这样做。"

汉武帝假装生气，但心里很高兴，他知道，东方朔这种人才是真正的忠臣。

汉武帝说道："你为什么反对？"

东方朔道："终南山附近全是富饶的土地，这一带山中出产各种珍贵的玉石、金银铜铁矿石以及各类优质木材，我国的手工业对这些原材料高度依赖，当地老百姓靠开采它们维持生活。此地还盛产各类农作物，稻谷、梨、栗、桑、麻、竹等应有尽有，这使当地的老百姓人人温饱，家家富足，不必让朝廷担忧他们受饥寒之苦。如果皇上将这片土地修建为上林苑，将会破坏农桑生产，断绝老百姓的财源，也减少了国家的财政收入，这是臣反对这样做的第一个理由。"[1]

汉武帝道："第二个理由呢？"

---

[1]《资治通鉴》："时东方朔在傍，进谏曰：'夫南山，天下之阻也。汉兴，去三河之地，止霸、浐以西，都泾、渭之南，此所谓天下陆海之地，秦之所以虏西戎、兼山东者也。其山出玉、石、金、银、铜、铁、良材，百工所取给，万民所卬足也。又有粳、稻、梨、栗、桑、麻、竹箭之饶，土宜姜、芋，水多蛙、鱼，贫者得以人给家足，无饥寒之忧。故丰、镐之间，号为土膏，其贾亩一金。今规以为苑，绝陂池水泽之利而取民膏腴之地，上乏国家之用，下夺农桑之业，是其不可一也。'"

东方朔道:"第二个理由就是生态系统将被严重破坏。届时,荆棘之林将蔓延,狐狸、野兔、虎、狼将横行,老百姓的祖坟被破坏,大批百姓因为房屋被强拆而背井离乡,到时候,年幼弱小者因怀恋故土而忧思,老人因悲伤而痛哭流涕,场面将惨不忍睹。"①汉武帝道:"还有第三个理由吗?"

东方朔道:"建造上林苑,周围筑起高墙作为禁地,届时皇上策马东西奔驰,驱车南北追逐,跨越条条深沟大河。表面上看去,可以给陛下带来一时狩猎的乐趣,但实际上是一种危险的活动。陛下作为天子,不该承担这样的风险,这是第三个理由。当年商纣王兴建了内有九市的宫殿导致诸侯背叛,楚灵王筑起章华台而导致楚国百姓四散逃走,秦始皇兴造阿房宫而天下大乱。我只是卑贱愚笨的臣仆,说了这么多冒犯陛下的话,真是罪该万死!"②汉武帝听完后,心想:东方朔啊东方朔,朕当然知道不该修建上林苑,朕也知道你的良苦用心,但是你没有看到朕的用意啊!朕这么做,并非为了享受,而是故意让群臣觉得朕会支持大家享乐,进而让他们支持朕,瓦解窦太后啊!

汉武帝说道:"东方朔对国家一片赤诚,说得也很有道理。晋升东方朔为事中一职,赏黄金一百斤,以资鼓励!"

东方朔谢恩。

汉武帝大声宣布:"上林苑继续修建!"

东方朔惊呆在一旁,心想:皇上精神分裂了?

汉武帝修建上林苑的消息传到窦太后那里,窦太后更加生气,真正让

---

① 《资治通鉴》:"盛荆棘之林。广狐菟之苑,大虎、狼之虚,坏人冢墓,发人室庐,令幼弱怀土而思,耆老泣涕而悲,是其不可二也。"

② 《资治通鉴》:"斥而营之,垣而围之,骑驰东西,车骛南北,有深沟大渠。夫一日之乐,不足以危无堤之舆,是其不可三也。夫殷作九市之宫而诸侯畔,灵王起章华之台而楚民散,秦兴阿房之殿而天下乱。粪土愚臣,逆盛意,罪当万死!"

她从生气到绝望的是，任由她怎么反对，群臣全都支持汉武帝，没有人听她的。

窦太后知道，在这场两人掰手腕的过程中，她终究还是输给了孙子刘彻。

第二年春天，供奉刘邦的高祖庙突发大火。

夏天，刘邦寝陵外的偏殿突发大火。

汉武帝穿戴白色冠服来到刘邦寝陵，连续请罪五天。

文武百官私下里纷纷议论，国家可能要出什么大事了。果然，一个月后，窦太后驾崩。

汉武帝听到报丧的消息，忍不住表面悲痛实则开心地哭出声来。

至此，汉武帝通往终极权力之巅的最后一块绊脚石被搬掉。

窦太后与汉武帝的这场权力之争，从年龄角度来讲，她注定是输家。

汉武帝只需要控制住窦太后不搞武装政变，然后慢慢地熬着就可以了，反正奶奶活不过孙子，时间终究会解决一切。

窦太后的影响力远远不及当年的吕雉，她不敢也没有实力去组织政变。只不过，有这么一个人搅和，汉武帝就无法按照自己的想法放开手脚去治理这个国家，这也挺难受的。

很多时候，我们无法期望每一个人都能对自己好，但希望不要有人捣乱、搅和、拖后腿，能这样就已经谢天谢地了。

窦太后去世没几天，汉武帝立马下令，把窦太后生前强制安排的丞相许昌罢免，重新换上舅舅田蚡担任丞相。

田蚡上位后，对自己的这位皇帝外甥产生了一个误判。他认为汉武帝之前半夜出去打猎，还差点和老百姓打起来，又斥巨资修建奢华的上林苑，应该是一位贪图享受、没有什么主见的纨绔子弟型皇帝。

田蚡上位后，一度很膨胀。他也效仿汉武帝，扩建自家的住宅，比所有官员的住宅都奢华，把当地最肥沃的田园侵占下来供自己享用。还从全国各地的郡县购买稀有物品，长安城的大街上每天都有专门为田蚡家运输物资的马车驶过，他家的金银珠宝、美女、歌妓舞女、古董器物多得数不过来。①

不仅如此，田蚡的膨胀还体现在对汉武帝的态度上。

田蚡每次进宫奏报政务，坐在那儿对着汉武帝一说就是大半天，完全不管汉武帝爱不爱听。

田蚡经常假公济私，把找他贿赂买官的人的名单报给汉武帝，说这些人都是人才，需要被提拔。

有时候，田蚡搞得非常夸张，名单上很多人就是平民百姓，没有任何从政经历，就因为给他送了银子，他就建议汉武帝直接把他们提拔为俸禄两千石的高官。

一开始，汉武帝考虑到窦太后刚刚死去，政权需要稳定，就忍让着田蚡。随着大局渐趋平稳，汉武帝开始流露出自己真实的意图。

有一次，田蚡向汉武帝奏报工作，又拿出一份举荐官员的名单，请汉武帝批准。

汉武帝看了看名单，突然脸色一沉，说道："你要任命的官吏完了没？朕这个皇上想任命的官吏还在后面等着呢！"②无奈的是，田蚡神经比较错乱，觉得这是外甥在跟自己开玩笑，完全听不出这是汉武帝在敲打他。

田蚡又掏出一张地图摆在汉武帝面前。

汉武帝道："这是要干什么？"

田蚡道："我最近又看上一块地，想再扩建一下宅院，陛下给我批

---

① 《资治通鉴》："治宅甲诸第，田园极膏腴；市买郡县物，相属于道；多受四方赂遗，其家金玉、妇女、狗马、声乐、玩好，不可胜数。"

② 《资治通鉴》："君除吏已尽未？吾亦欲除吏。"

了，我明天就动工。"

　　汉武帝这一次再也无法忍受，直接骂道："你怎么不把长安城的军营划到你家里去？"①田蚡万万没想到，一向对自己言听计从的汉武帝竟然有这么狰狞的一面，他隐隐感觉到，自己好像对这位外甥的内心世界了解得还不够全面。

　　田蚡赶紧收了地图，向汉武帝告辞。

　　随着汉武帝权力与地位的日渐巩固，他真实的一面渐渐显露出来。这时各位王侯将相还没有意识到，这位即将褪去伪装的天子，将是汉朝自建立至今最难伺候的一位雄主。

---

① 《资治通鉴》："尝请考工地益宅，上怒曰：'君何不遂取武库！'"

第二章 淮南往事

009
一夜情带来的悲剧

我们知道,汉武帝刚登基的时候,在政治上各个方面都是很难施展拳脚的。但这还不是最让汉武帝头疼的事,真正让汉武帝焦头烂额的是他的后宫。

大家还记得汉武帝当年为了争取馆陶公主刘嫖的支持,许下娶刘嫖的女儿陈阿娇当皇后的承诺吗?

汉武帝登基后,兑现了自己的诺言。刘嫖看着陈阿娇当了皇后,自己也拥有了皇上的姑妈加丈母娘的双重尊贵的身份,越发嚣张跋扈。

刘嫖对汉武帝是一种投资:我帮你从原本出局的皇子变成了当今的皇上,那你就要加倍报答我,这种报答在我刘嫖看来是理所应当且永无止境的。

常言道,有其母必有其女,陈阿娇的性格完全遗传了她母亲的基因:刁钻任性,蛮横霸道,占有欲极强,坚决不允许汉武帝碰别的女人。

但上天偏偏跟陈阿娇开起了玩笑:她虽然独自霸占汉武帝多年,却始终未能怀孕。

为此,汉武帝斥巨资请各种名医前来医治,名贵的中药吃了不计其数,但陈阿娇就是不见肚子大。

总不能让皇上为了一个无法生育的皇后而断了刘氏江山的子嗣吧?

时间久了,汉武帝渐渐对性格暴戾同时肚子不争气的陈阿娇心生排斥,而陈阿娇也只能忍气吞声,没有任何反驳的资本。

这里有一个问题,那就是,汉武帝是不能够同皇后陈阿娇闹得太僵的，因为得罪了陈阿娇就会得罪那个不好惹的女魔头刘嫖。否则，刘嫖一定会协助窦太后对付自己，那么他汉武帝就真的玩不转了。

眼看着汉武帝为朝堂和后宫的事焦头烂额，有一个重要人物之前一直默不作声，躲在暗处静静观察着这一切，而今意识到，是时候出来做点什么了。此人不是旁人，正是汉武帝的亲妈、一位低调但内力强大的皇太后——王娡。

王娡找人给汉武帝带话："彻儿，咱娘儿俩好久没谈心了，抽空过来，妈有话跟你说。"

汉武帝听后，眼睛一亮，他知道，母后要出手了。

王娡见到儿子一脸疲惫相，平静地说道："最近够累的吧？"

刘彻一声叹息，道："唉，别提了，还不是因为……"

王娡把右手食指放在刘彻嘴唇上，小声说："嘘！言多必失，我都了解。"

王娡突然又微笑着说："你有没有发现，让你心烦的刚好是三个女人（窦太后、刘嫖、陈阿娇）？"

刘彻道："母后看问题的角度很特别，确实是这样。"

王娡道："你现在不是推崇儒家吗？孔子都说了，唯小人与女子难养也。"

刘彻道："唉！"

王娡道："你知道当我看到孔子说的这句话时，第一反应是什么？"

刘彻道："请母后赐教。"

王娡道："我的第一反应就是，孔子这个人，是个大男子主义的钢铁直男。"

刘彻道："哦？"

王娡道："我能理解孔子的内心世界。在当时的情况下，他觉得和女人交往很难，是因为女人天生非理性，如果一定要跟女人讲理性，势必会碰一鼻子灰。"

刘彻道："是啊！女人大多非理性，要么任性，要么刁蛮，要么情绪化。"

王娡听后哈哈大笑，道："你呀！脑筋就不能转个弯？这个世界上真正难对付的人是理性的人，非理性的人反而好对付，不是这样吗？"

刘彻道："还真别说，经母后您这么一说，确实是这么个道理。"

王娡道："你要知道，你要对付的是女人，这意味着你不要搞权术，不要用理性，只需要一个字。"

刘彻道："哪个字？"

王娡道："你把手伸过来。"

刘彻伸出右手，掌心向上，王娡左手托起儿子的手，右手食指在其掌心写了起来。

刘彻道："是个'哄'字。"

王娡微笑着点头，道："女人最招架不住男人的主动取悦，[①]别硬杠她们，放低姿态哄，你眼前的困境说不定就是另外一番景象了。"

刘彻道："还是母后大人对人性洞察深刻啊！"

当晚，刘彻给姑姑刘嫖送去了一份厚礼，理由是承蒙姑姑多年厚爱，早就该给姑姑表示一下了。

刘嫖面对侄子送来的大礼，一阵惊喜。

与此同时，刘彻主动去找皇后陈阿娇示好，也给她带了一份精美的礼物，这让陈阿娇感动不已。

一段时间内，刘嫖母女都安静了下来，刘彻便可以集中精力对付他的奶奶窦太后了。

前文讲到，汉武帝刘彻的舅舅田蚡替他挡了一次窦太后的攻击，被罢

[①]《资治通鉴》："妇人性易悦耳，宜深慎之！"

免太尉一职，虽然丢了官，但个人影响力不降反升。

讲到这里，大家肯定会觉得，田蚡这个舅舅对外甥太够意思了。事实上，田蚡对刘彻一直留有后手。

田蚡对刘彻是有一个综合考量的。

此时的刘彻迫于刘嫖的威慑、陈阿娇的蛮横，还不敢也不能碰别的女人，可陈阿娇又生不出孩子。田蚡认定，刘彻是一个性格懦弱的人，将来极有可能一辈子怕老婆，不敢再纳妾，就算他再同别的女人生了孩子，也未必镇得住下面的诸侯王。

另外，刘彻和窦太后斗法输赢未定，仅就目前两次交锋来看，刘彻都完败，所以最终刘彻能否稳坐龙椅还不一定。

田蚡意识到，死死抱着刘彻的大腿不一定稳妥。狡兔三窟，多方押宝，才是最明智的选择。

田蚡最看好的诸侯王是淮南王刘安。

讲到这里，大家不难发现，亲情在权力和利益面前是多么易碎。

刘安从辈分上讲是刘彻的叔叔。

刘安对中国古代传统文化做出过巨大的贡献，他曾经组织人编写了一部名著《淮南子》。

《淮南子》属于各家思想的一个杂集，里面的好东西还是非常多的。感兴趣的读者不妨读一读，一定会有很大的收获，此处姑且按下不表。

接下来，给大家讲一讲淮南王精彩的前世今生。

前文曾经为大家介绍过赵王张敖这个人。

张敖是大名鼎鼎的张耳之子，后来被刘邦纳为女婿，封为赵王。要知道，刘邦只有一个女儿，张敖能够娶到汉高祖的独女，也算是很牛了。

刘邦来赵国看女儿的时候，张敖为了讨好老岳父，竟然晚上悄悄送给刘邦一个绝色美女。

这个绝色美女得到刘邦宠幸后，竟然怀孕了。

后来张敖的国相贯高要刺杀刘邦，但是失败了。刘邦事后认定这个绝色美女极有可能就是故意让自己落入陷阱的诱饵，但是考虑到她怀了龙种，不能将其杀死，只好把她软禁起来，限制其自由但好吃好喝地养着。

大家不要忽略的是，当时还有一个女魔头健在，那就是当朝皇后吕雉。

吕雉对戚夫人都下手那么狠，对这个怀了龙种的民间女子更不可能心慈手软。

刘邦让吕雉负责这位绝色美女生孩子、坐月子的事宜，并特别交代，一定要让她顺利生产，绝对不能搞小动作。

这位绝色美女和戚夫人最大的不同是，她没有任何名分，就是一个民间女子，所以吕雉也没有杀害她的兴趣。但是这位美女的想法则不同，她觉得自己怀的可是龙种，将来最差也是个诸侯王的母亲，为什么要过这种见不得光的生活呢？她心不甘！

于是，这个绝色美女拿出全部积蓄，通过关系找到了当时的大臣审食其（音yì jī），希望他在吕雉那里帮忙多说几句好话，让吕雉高抬贵手，给自己一个名分，她保证坚决听吕雉的话，绝对不争后宫之宠。

问题又来了，这位美女为什么要托关系找审食其呢？

因为审食其与吕雉一直有着不正当的关系。

那么，有证据吗？

有。提到明朝的冯梦龙，大家都知道他的那部彪悍的作品《智囊》。其实，他还有一本书，名字很八卦，叫作《情史》，记录的就是古今各种情爱方面的真人真事，包括对中国古代的同性恋都有大量的记载。

《情史》里，冯梦龙的原话是："刘项争雄，太公与吕后常在楚军中为质，舍人审食其从焉，后因与私。"

"后因与私"，意思是两个人有了私通。

《史记》里也说他"幸于吕太后",所以审食其和吕雉的暧昧关系绝对不是谣言。

审食其是为数不多的刘邦的沛县老乡之一,曾跟刘邦一起造反。刘邦对审食其十分信任,战乱期间,把老婆、岳父、儿子、女儿四口全部交给他照顾。

后来吕雉和父亲做了项羽的俘虏,审食其也跟着一起照顾他们的饮食起居,就是这段时期两人产生了感情。

刘邦当了皇上之后,在吕雉的主张下,审食其竟然被封侯(辟阳侯)。

刘邦活着的时候,没有发现吕雉和审食其暧昧这件事。刘邦死后,吕雉有些放松警惕,有一次吕雉和审食其在床上的时候被儿子汉惠帝刘盈撞个正着。

刘盈当时就要杀掉审食其,但吕雉天性强势,硬给拦了下来。后来审食其在吕雉的庇护下,做到左丞相一职,吕雉死后,又升为太傅,直到汉文帝登基后才退休回家养老。

我们再倒回来说那位怀了龙种的美女。

美女花重金托关系找审食其,可以说是得到高人指点了,因为吕雉最听审食其的话。

审食其拿了钱就去办事,去吕雉那里劝说,希望她给这个美女一个名分,将来大家姐妹一场,身边多个小跟班,未必是坏事。

吕雉那时候正为戚夫人的事焦头烂额,怎么可能答应呢,于是,这件事就这么石沉大海,没有下文了。

审食其比较贪婪,事儿没办成,但受贿的钱却不想退还,这下可把那位美女给刺激到了。

美女越想越绝望:怀着皇上的孩子,却什么名分也没有。托人说情,却全部积蓄打了水漂,这算什么事儿?

美女在生下孩子之后，带着绝望和悲愤自杀了，只留下刘邦的小儿子在襁褓里嗷嗷待哺。

下面的人不敢怠慢，把小皇子抱到刘邦那里，请他给出主意，到底该怎么办。

刘邦看到可怜巴巴的婴儿，瞬间心软，为他取名为刘长，命令吕雉负责把刘长抚养成人，并封他为淮南王。

这就是第一代淮南王的由来。

刘长在诸多皇子里是最没有存在感的一个人。最没有存在感的人往往心里最自卑，而自卑的人一旦发起狠来，干出来的事儿一定会让大家瞠目结舌。

刘长就是这样一个自卑的狂人，他一生的主题简单而明确，就两个字儿——报复。

010
野心和能力的匹配

刘长自幼被吕雉抚养,所以他早早就掌握了属于他自己的生存法则:谁强就攀附谁。

吕雉活着的时候刘长拼命依附于吕雉,吕雉死后,刘长又攀附于汉文帝。

对吕雉阴狠毒辣的性格有一定了解的读者不难想象,吕雉对刘长这种非亲生的孩子,一定不会用心管教。所以刘长成人之后,颇有纨绔子弟的做派,不遵守规矩,任性跋扈。

汉文帝对刘长这个弟弟很关照,刘长自认为被当今圣上信任,为人处世更是随意。有一次,汉文帝和刘长同坐一辆车,刘长竟然直接拍着汉文帝肩膀喊"大哥"。

汉文帝并不同他计较,这反而助长了刘长的嚣张气焰。

刘长嚣张归嚣张,但始终没有忘记自己生母自杀一事。刘长认为,逼死母亲的罪魁祸首是审食其,要不是他拿了钱不办事,母亲不会走上绝路。

刘长拼命和汉文帝套近乎,其目的就是为了将来以非正常手段杀死审食其,且可以免于惩罚。

刘长发现,他亲自拍着汉文帝肩膀喊"大哥"这种大逆不道的行为都会被原谅,找审食其复仇的机会也就成熟了。

一天,刘长仅仅带一个随从前去审食其府上,声称要看望一下年老的审大人。

淮南王亲自来探望，当大臣的一定是毕恭毕敬地出门迎接。

二人见面后握手寒暄。

刘长："审大人身体可好？"

审食其："托淮南王的福，老朽还算是勉强活着。"

刘长："您有没有觉得活得时间太长了？"

审食其有点蒙，这是什么话？

没等审食其反应过来，刘长从后腰抽出一把事先藏好的大铁锤，照着审食其的太阳穴一通猛砸，审食其的鲜血瞬间溅满白墙。

刘长只管闭着眼睛狂抡锤子，直到累了才肯停手。

刘长舒了一口气，对旁边的随从说："你给我把他的脑袋割下来，我一会儿要用。"

刘长拿着装审食脑袋碎块的袋子，擦了擦脸上的鲜血，起身向皇宫走去。

来到皇宫门口，刘长把包袱打开，将碎尸撒到皇宫门口的地上，对着宫门大喊："皇上，请治臣弟的罪！"

消息很快传到汉文帝那里。

汉文帝向来喜欢这个淮南王弟弟，同时他对刘长母亲的遭遇持有同情态度，审食其和吕雉的那点儿不光彩的事情一直也是大家私下里八卦的热门话题，他也盼着审食其赶紧死掉，所以汉文帝下令对刘长予以赦免。

审食其便这么白白地死掉了。

此时的汉文帝认为刘长无非就是性格任性，外加一心为母复仇，如今大仇已报，将来也没有什么可以闹的了。

汉文帝恰恰就错在这里。此时的汉文帝并没有想到，刘长的野心不仅仅在于杀死一个审食其，他的终极目标是汉文帝的那把龙椅！

刘长杀死审食其之后，的确安静了下来，相当长时间内朝廷都没有了他的消息。其实刘长并没有闲着，而是在屯兵买马，打造兵器，为下一步

第二章　淮南往事

的大动作做准备。

等到准备得差不多了，刘长正式在封国内废止汉朝的法律，自行颁布新法律，同时把朝廷派到淮南国的官员全部驱逐出去。

这一下，惊动了汉朝当局。

很多大臣上书汉文帝，提醒他刘长的举动已属大逆不道，朝廷应该趁其还没有准备好，直接杀过去，将其镇压。

汉文帝犹豫起来：或许，只是我这个弟弟任性，不考虑后果的脾气又爆发了，说不定他原本没有造反的意图。

汉文帝便让大臣给刘长写了一封信，委婉地加以劝导，最后旁敲侧击地告诉他："你要记住西周管叔、蔡叔的例子。"

管叔、蔡叔是历史上周武王的兄弟，周武王去世后，两个人联手造反夺权，被他们的另外一个兄弟，也就是大名鼎鼎的周公旦给镇压了。

汉文帝这么说，就是要告诫刘长，你可以在你的封国内嚣张，但朝廷对你忍耐的底线是不能造反。

刘长读完信，意识到汉文帝对自己有所觉察，与其这样被人防备，倒不如先下手为强。

刘长派人出使南越、匈奴，拉拢关系，希望将来夺权成功后可以继续获得他们的支持，至少在他和朝廷交手期间，不要帮着汉文帝打自己。

勾结匈奴外敌来协助自己谋反，这就已经不是内部权力斗争的问题，而是赤裸裸的叛国了。

接下来刘长组织了四十辆装满武器的军车，悄悄开到首都长安城的北侧，希望可以攻破长安，直捣黄龙。

刘长大大低估了汉文帝的能力。

汉文帝在写信敲打刘长的同时四下放出探子，二十四小时无死角监控刘长的一举一动。刘长谋反的计划早就第一时间被呈到汉文帝的面前。

刘长的四十辆战车还没有发动攻击便被汉文帝的秘密部队控制住了。

刘长知道事情已经败露，正准备逃跑，突然接到圣旨，汉文帝想要单独召见他，谈谈心。

因为有审食其事件在先，刘长认定汉文帝不会杀死自己，无非就是丢掉淮南王的封号，依然可以过个富家翁的生活，便大摇大摆地进宫面见汉文帝。

刘长进宫之后，直接被宫廷侍卫拿下。

汉文帝下令，将参与谋反的所有大臣全部处死，免去刘长淮南王封号并将其终身软禁在西南边陲（今四川地区）的驿馆，好吃好喝养着，但限制人身自由。

汉文帝故意下令用拉货的车押解刘长，用这种方式羞辱他。

这个拉货的车类似于现在搬家公司的卡车，后斗是一个集装箱，关上门，谁都不知道里面拉的是什么。押解刘长的货车以县为单位进行查验交接。

大臣袁盎（就是后来被公孙诡、羊胜暗杀的那位）听说汉文帝要用封闭式货车押解刘长，马上提出异议："淮南王性格飞扬跋扈，您用这种方式押解他，恐怕他会受不了侮辱，做出自残甚至自杀的事情来。"

汉文帝："自杀？不至于吧。朕就是想用这种方式打压一下他的嚣张气焰。那就听你的，赶紧派人召回。"

还没等汉文帝派的人出发，下面传来消息，刘长在货车里绝食而死。

汉文帝当时就哭了起来。

等到稍稍平复之后，汉文帝问袁盎："现如今该如何收场？我一下子成了杀死亲弟弟的皇帝了，后人还不一定怎么骂我呢！"

袁盎："皇上您想多了，轮不到您来承担罪责。把下面负责押运、查验的人通通杀掉，把责任推到他们身上便可。"

汉文帝破涕为笑："老袁你真毒辣！不过，朕喜欢！哈哈哈！"

于是，负责押解、查验刘长的人全部被治死罪，同时对刘长予以厚葬。

就这样，第一代淮南王的故事画上了句号。

总结一下刘长失败的原因，那就是：野心和能力严重不匹配。

从技术层面上讲，刘长的一举一动已经被汉文帝所掌握，这就注定了他的谋反必将以失败而告终。

换言之，且不说刘长的目标是什么，毕竟人人都有自己的梦想，但在执行层面上，至少要靠谱吧。连保密工作都做不好，就别从事谋反夺权这种技术含量很高的工作了。

只有实力与野心相匹配，情怀才能落地。

011
刘安的计谋

刘长自杀后,民间议论纷纷,还流传起了顺口溜:"一尺布,还能缝;一斗粟,还能舂;亲兄弟,却不容。"

汉文帝偏偏是一个特别在乎别人看法的人,民间舆论让他产生了焦虑。于是,他想从刘长的儿子里挑出来一个封为第二代淮南王,向天下证明自己的"清白"。

大才子贾谊站了出来,奉劝汉文帝不能这样做。

贾谊的意思是,他爹死在你手里了,当儿子的怎么可能不恨你?你现在又给他封国,给他资源,他将来有机会一定会找你报仇,至少会像荆轲刺秦王那样派个杀手过来暗杀你。坚决不能再封第二代淮南王。

汉文帝并没有采纳贾谊的意见,封刘长的儿子刘安为第二代淮南王。刘安相当于汉文帝的侄子,也就是未来汉景帝的堂兄弟,未来汉武帝的叔叔。

那么,贾谊的判断到底是对还是错?

事实上,贾谊对人性的洞察是深刻的,判断完全正确。

刘安被封为第二代淮南王之后,表面上对朝廷毕恭毕敬,特别低调,但心里对汉文帝恨之入骨,他暗暗发誓,一定要找机会替父亲刘长圆当年的梦。

不久,汉文帝驾崩,汉景帝继位。

汉文帝活着的时候刘安不敢造次,汉景帝继位后,刘安开始蠢蠢欲动。

汉景帝继位后不久，汉朝爆发了著名的七国之乱，简言之，就是七个不服气的诸侯王联合起来攻打朝廷，目的就是争夺皇位。

本来七国之乱没有淮南王刘安的事儿，但刘安觉得这是个机会，难得还有七位帮手，所以他决定不再装孙子，撕掉多年的伪装，正式和汉景帝翻脸。

当时每个诸侯国都有一个国相，相当于这个封国的职业经理人，替诸侯王打理上下事务。

刘安的国相发现大王要响应那七个已经造反的诸侯国，便对刘安说："如果大王真的下决心要和朝廷干仗，那就请让我为您统领全军！"

刘安便把最高军事指挥权交给了自己的国相。

让刘安万万没有想到的是，国相拿到军权之后，立马跪下了。

刘安有些蒙，问道："国相这是为何？"

国相："大王，对不住了，我也是为您好。一段时间内，我将会把您软禁起来，但我绝对不会伤害您。"

跪在地上的国相向旁边使了一个眼色，几个彪形大汉立马把刘安围了起来。

刘安怒斥道："你们想干什么？！"

国相："大王，您已经被仇恨蒙蔽了心智，仇恨让您失去了正确的判断。您觉得这七个心怀鬼胎的诸侯王真的能打败经济、军事都很强大的朝廷吗？"

刘安："有他们七个帮忙总比我单枪匹马强吧？"

国相："此言差矣！您刚刚当上淮南王不久，还年轻，为什么非要这么着急实现您的理想不可呢？您可以慢慢培养羽翼，将来找到合适的机会再给汉景帝以致命的打击。现如今，即使七国联军赢了，能轮得到您坐龙椅吗？"

刘安陷入沉思，而后问道："国相请起，地下太凉。那依照国相的看法，下一步棋该怎么走？"

国相："我建议您走一步险棋，封闭城门，宣布支持朝廷，坚决反对七国之乱。"

刘安："那样七国联军一定会集中兵力攻打我们，我们能撑得住吗？"

国相："当今圣上发现您在关键时刻支持他，一定会派兵支援您。"

刘安："也就是说，我们赌朝廷赢、七国输？"

国相："是这样。但为了保险起见，我还是要把您软禁起来。万一七国联军在朝廷军队赶到之前攻破我们的城门，您就说是我挟持您这么做的，您的本意是要支援七国的，这样您再联合七国一起攻打朝廷。到时候八个诸侯国能否打败朝廷，那就看天意了。"

刘安："到时候，国相您可就性命不保了。"

国相："食人俸禄，为人卖命，本就天经地义，大王您不必伤感。我们争取不让七国联军打进来，尽全力撑到朝廷军队前来解救我们。如果这七个国家被朝廷消灭了，您一定是当今圣上眼里的大红人，圣上一定对您疏于防范，届时您就可以于私下里发展经济和军事，将来一定有机会杀入长安城，坐上那把龙椅！"

刘安眼睛湿润，哽咽道："国相是上天赐给我的贵人啊！"

接下来，刘安假装被软禁在一个秘密的房间里，国相则亲自指挥军队，城门紧闭，向天下发出宣言：淮南王刘安坚决支持朝廷军队讨伐七国乱党！

汉景帝正在为七国之乱着急，听到淮南国的消息后，感动得眼泪都掉了下来，一边哭一边说道："看看人家淮南王刘安，跟他父亲刘长就是不一样！这才是经受得住历史考验的绝对忠诚的人啊！"

汉景帝即刻发兵支援淮南国。

这一次，老天爷没有站在七国这一边儿。名将周亚夫指挥朝廷军队最终将七国联军打败，淮南国死死守住城门，坚持到朝廷军队赶来解了围。

这七个诸侯王要么自杀，要么被杀，无一存活。

事后，刘安看着这七个人的尸体，表面平静，心里则后怕极了，后背一直冒冷汗，心想，当初多亏国相把我拦住，要不然我就是这地下的第八具尸体了。

在汉景帝亲自主持的庆功宴上，刘安可是第一大红人。

刘安见到汉景帝，拱手道："臣给皇上道喜了！"

汉景帝道："您是长兄，我应该喊您大哥。我就纳了闷儿了，同样是生活在汉王朝的刘家兄弟，做人的差距怎么就那么大呢？"

说完，汉景帝哽咽了。

刘安紧紧握着汉景帝的手："别激动！"

汉景帝使劲握着刘安的手，上下抖动，哽咽得话都说不利索："大哥……缘分哪！"

刘安："回去好好休养生息，朝廷过两天就好了。"

汉景帝："大哥……我啥也不说了。我……"

汉景帝扭过头默默地擦起了眼泪。

刘安的国相趁着汉景帝回头时，拉了一下刘安的袖子，小声道："咱们这么做是不是有点过分了？"

刘安小声道："过分啥啊，他不得谢咱呀？！"

汉景帝突然回过头，激动地大声喊道："谢谢啊！"

刘安："你看看！你看看！"

以上便是第二代淮南王刘安的崛起之路。

汉景帝时代的刘安被高度信任，汉武帝继位之后，刘安继续被汉武帝所器重。

汉武帝经常和这位伯伯谈心，两人有着聊不完的话题，从早晨一直聊到傍晚都不觉得累。

大家还记得田蚡这个名字吧，就是前面被汉武帝提拔为太尉然后被窦太后拿下的那位，是汉武帝的亲舅舅。

田蚡这个人虽然也是穷人家出身，但他有一个本领，那就是可以一眼看穿他人的心思。

田蚡对淮南王刘安的一举一动都看在眼里，当所有人都坚信刘安是一个忠诚于大汉王朝的人时，田蚡则看穿了刘安的野心。

直到有一天，刘安再次来宫中和汉武帝聊天时，田蚡派人给刘安带去一句话："我这个已经被罢官的人想请淮南王吃个便饭，不知道赏脸吗？"

刘安也纳闷儿，我和田蚡向来没有交集，他怎么想着请我吃饭呢？不妨去一趟，看看他到底要上什么"菜"。

刘安来到田蚡家，进门就开始喝酒。喝到下半场，田蚡让仆人都下去了，仅剩刘安一人。

田蚡："今天主要是想和淮南王交交心。"

刘安："田国舅有何指教？"

田蚡："您看，圣上至今连个孩子都没有。皇后的肚子就是没动静呢。"

刘安："可不是嘛。听说遍访名医就是不见好。"

田蚡："如果圣上这辈子没有孩子，您觉得将来谁能继承皇位？"

刘安："按照通常的习俗，应该从别的刘姓诸侯王里选一个继承皇位。"

田蚡："淮南王终于说到点子上了。就这么说吧，如果真的到了那一天，在我田蚡心目中，您淮南王是最适合的人选。"

刘安内心狂喜，但表面故作生气状："千万别这么说！这可是大逆不道的话啊。"

田蚡用手按了按刘安的手,道:"要知道,我是圣上的亲舅舅,我本该维护亲外甥的利益,但他就是生不出孩子,又能怎么办呢?如果真到了从别的诸侯王里选皇帝这一步,我一定支持您淮南王。论能力,论学识,您在各个诸侯王里都是一等一的优秀!"

　　刘安继续装作安静地说道:"我并不看重权力、金钱这些俗物。我的理想是做一个幸福的人,喂马,劈柴,周游世界。从明天起,关心粮食和蔬菜,有一所房子,面朝大海,春暖花开……"

　　田蚡心想,这人也太能装了,哼!田蚡道:"人各有志。淮南王如此恬淡,真是我大汉王朝的重大损失啊!来,来,不谈别的,咱们喝酒,喝酒,淮南王,我也为您祝愿,愿您有一个灿烂的前程,愿您有情人终成眷属,愿您在尘世间获得幸福!"

　　刘安端起酒杯,田蚡与他碰了杯,两人异口同声道:"我只愿面朝大海,春暖花开!"

　　当晚,平时喝一斤白酒就醉了的刘安喝了三斤都没醉,回家的路上全程都哼着小曲儿。

　　刘安回到淮南国后不久,天空出现彗星。

　　刘安请来算命大师解读这有何寓意。

　　算命大师道:"上次出现彗星是在七国之乱之前。"

　　刘安听后,立马兴奋起来,道:"两次有何不同?"

　　算命大师道:"长度不一样。七国之乱那一次,彗星尾巴只有几尺,这次贯穿夜空。"

　　刘安道:"有什么寓意吗?"

　　算命大师道:"彗星代表国家要发生战争。彗星尾巴越长,战争规模越大。上次长度仅仅几尺就发生了七国之乱,这次这么长,怕是要……我不敢多说。"

刘安让身边的人都退下，小声道："你可以告诉我。"

算命大师几乎要贴在刘安的耳朵上："怕是要改朝换代！"

刘安听后，哈哈大笑："大师你可真会开玩笑。我才不信呢。"说罢又哈哈大笑。

等大师走了之后，刘安马上平静了下来，自言自语道："莫非，这是老天爷暗示我要动手？"

接下来的日子里，刘安命令下属抓紧时间锻造武器，加强士兵训练。

刘安为人刻意低调，深深地裹藏着野心。但他的儿子刘迁则是标准的富二代、公子哥，飞扬跋扈，到处惹事儿。

像这种飞扬跋扈的小衙内，往往特别容易和当地官员闹矛盾。

大家都看过《水浒传》，高衙内就是看上了林冲的老婆然后两家结下了梁子，后来引发了林冲风雪山神庙、上梁山等一系列反应。

高衙内最擅长的就是在父亲高俅那里搬弄是非、污蔑林冲。

刘迁也曾经和淮南国的一位官员闹过矛盾，此人职位是郎中，名叫雷被。

刘迁一直想找机会在父亲刘安面前诬陷雷被，但苦于抓不到雷被的小辫子。直到有一天，汉武帝颁布了一项政策，刘迁的机会终于来了。

汉武帝时代，北边的匈奴一直闹得很凶，所以朝廷颁布了一个条例，就是各个地方，不管你是谁，只要想帮着国家抗击匈奴，都可以直接来长安城报名。能力差的当小兵，能力强的当军官、幕僚，各尽其力。

雷被知道刘迁早晚会报复他，而这无疑是离开淮南国的一个捷径。于是，雷被想要报名参军。

刘迁得知雷被要走，就到父亲刘安那里挑拨："父王，雷被要去长安，对外声称是参加抗击匈奴的队伍，在我看来，他一定是发现了您偷偷锻造武器的事儿，这是要向朝廷告密。"

此时的刘安并不知道儿子刘迁和雷被有仇，道："不至于吧。雷被不是那种人，咱家待他不薄。"

刘迁："这种事儿不得不防，万分之一的可能性也不允许出现呀。"

刘安点了点头："有道理。这事儿你负责。你先把雷被软禁起来，但要好吃好喝供应着，绝对不能伤害他。"

就这样，雷被还没出门便被软禁了起来。

雷被并不知道这是淮南王下令，他潜意识认为是刘迁要暗害他。基于人类求生的本能，当晚雷被趁着侍卫不注意，偷偷溜了出去，连夜赶往长安城告御状。

刘迁这个公子哥连盯个人都盯不住！

其实，雷被并不知道淮南王刘安要谋反，更不知道他在偷偷锻造武器，他去长安告的内容是刘迁阻拦他报名参军。

雷被逃走之后，刘安慌了。

此时的刘安是最痛苦的，因为他不知道雷被到底掌握了什么信息，或者，他原本就没有掌握什么关键的信息呢。

如果雷被真的是去揭发自己谋反，那此时此刻是不是应该先下手为强呢？

可万一雷被只是单纯地去参军，我要是直接动手，岂不是主动暴露了自己？

怎么办呢？

好煎熬，没处猜啊！

就在这时，朝廷发来通知：皇上要派使者来同淮南王谈话，使者已经在路上了。

刘安的心里更乱了。

刘迁看父亲比较焦虑，建议道："要我说，这事儿倒也简单。如果朝廷派人只是简单地了解雷被事件，我们就好好配合，大不了认个错。如果朝廷派来的人明显不对劲，是来刺探什么的，这说明雷被已经告密了，那我们就直接杀了使者造反！"

刘安叹了口气："唉，事到如今，也只能这样了。"

幸运的是，朝廷派来的使者非常和颜悦色，仅仅了解雷被事件的来龙去脉，并没有表现出对淮南王有多大的意见。

刘安悬着的心终于落地了。

远在长安城的朝廷也没闲着，一群大臣在和汉武帝讨论此事应该如何处理。在会上，有比较激进的大臣建议，淮南王胆敢阻拦朝廷抗击匈奴的大业，直接把他杀了算了。

谁都知道，提这种建议的大臣，这并不是他的本意，他是在间接向汉武帝拍马屁，证明自己是多么在意国家的政策方针，而汉武帝也不会真的采纳这种建议的。

最终，汉武帝为正视听，削减淮南王两个县的封地，作为最终的处理意见。

本来这也没什么大不了的，但是有人向皇上建议杀掉刘安的消息却传到了刘安的耳朵里，这让原本神经紧张的刘安更加心神不宁，让他产生了误判：汉武帝还是要杀我，只不过目前处于保密阶段。

就这样，刘安加快了谋反的步伐。

这就是信息不对称带来的多米诺骨牌式的连锁反应。当然了，此事归根结底还是刘安的那位公子哥刘迁惹起来的。

历史上这种老子辛辛苦苦建立家业，二代公子哥一夜之间把全家都坑进去的例子太多了，这些历史的教训值得后来人借鉴。

012
相逢一笑泯恩仇

淮南王刘安有个同母所生的兄弟叫刘赐,被封衡山王,两人关系不好,私下里互相不拿对方当自家人看待。

人类有个现象,就是关注仇人要胜过关注朋友。

此话怎讲?

你恨一个人,就总会时时刻刻想着观察他的动向。要么防止他害你,要么抓住机会报仇,所以就得保持关注。

朋友则不同,越好的朋友越要"君子之交淡如水"。真正的朋友不是平时酒肉厮混,而是虽不常联系但在关键时刻一定出手帮你的人。

大家不妨想想,那些平时和你吃吃喝喝、唱歌捏脚、称兄道弟的人,到你买房子需要借钱凑首付时,有几个二话不说直接给你转款的?

因为刘赐恨刘安,所以他对刘安最关注。

刘安父子认为雷被掌握了他们谋反的证据。事实上,刘安并不知道,刘赐才是掌握这一真实情报的人。

刘赐意识到,刘安不反就算了,一旦起事,一定会先攻打自己,既发泄私愤,又抢占地盘。

于是,刘赐也偷偷锻造武器,招纳天下人才,为的是将来可以自保。一场一厢情愿的军备竞赛就此展开。

谋反这种事情一定是交给亲生儿子才放心,所以刘赐将此事全权交由儿子刘孝负责。

随着刘孝招纳的宾客越来越多,大家都不傻,渐渐能够猜测到他爹刘赐似乎在为一场战争做准备。

这时候就有很多人向刘赐建议："如果您和您的哥哥淮南王刘安内部厮杀，就便宜了别的诸侯王。你们是亲兄弟，这是改变不了的现实，你们有着砸断骨头连着筋的亲情。"

刘赐："依你们的意思，难道我要和刘安联合？"

众宾客："大王果然英明。成大事者不能被小事蒙蔽了双眼。淮南、衡山两王联手一致对抗朝廷，刘彻的朝廷军未必是对手！"

刘赐想了想，是啊，何必跟自己的亲哥哥怄气呢？

没多久，又到了刘赐例行按时到朝廷汇报工作的日子。

这事儿要在过去，刘赐会故意取道绕开淮南国。这次则相反，他大摇大摆地直奔淮南王刘安的寝宫而去。

刘安接到来报："禀告大王，衡山王刘赐带着贵重礼品来访。"

刘安："什么？没弄错吧？"

刘安实在想不明白刘赐想要干什么，转念一想，无妨，先跟他聊聊，看看他什么意思。

刘赐见到刘安后，面带微笑，张嘴就说："哥啊，我来看看你，身体可好啊？哥啊，我可一直挂念着你呢，你也不联系我这个弟弟。"

刘赐一句一个"哥"，喊得刘安直起鸡皮疙瘩。

刘安面无表情："直接说吧，什么事儿？"

刘赐："可否借一步说话？"

刘安："干吗，你想跟我单挑？"

刘赐："哥你真幽默。弟弟有几句私房话想跟哥聊聊。咱哥儿俩也该交交心了。"

刘安屏退左右，刘赐迈步靠前，贴在刘安耳旁："哥，你最近是不是在偷着打造兵器？"

刘安吓了一跳："哎哟，我的天哪，你怎么知道的，哦不，你听谁胡说的？"

刘赐："你看，哥，你自己都说漏嘴了。别紧张，哥，我也在偷着造武器呢。"

刘安瞪大眼睛，道："你，你想干什么？"

刘赐："哥，你的想法我知道，咱俩亲兄弟心连心。别看你平时一副效忠朝廷的样子，其实你心里一直有一个帝王梦。对不，哥？"

刘安沉默不语。

刘赐继续说道："我也想明白了，你说，咱哥儿俩掐什么掐啊？有什么深仇大恨啊，咱俩应该团结一致才对。"

刘安："我的娘哎！你小点声行不？别一激动就大喊大叫的。"

刘赐："反正今儿我给你亮底牌了。不瞒你说，我此行原本要去刘彻那里例行汇报工作的，如果你不计前嫌与我联手，此行我便给刘彻灌点迷魂汤。哥，我要的不多，我只要你当了皇帝之后，给我最大的封国，让我安安心心地当个二把手就行了。"

刘安叹了一口气，道："行，既然弟弟把话说得这么直白了，我这个当哥哥的怎么还能继续小心眼儿呢？一句话，将来的天下就是咱哥儿俩的！"

自此，刘赐、刘安正式联合。

刘赐离开刘安后，并没有去找汉武帝刘彻汇报工作，而是给他写了一封信，声称得病，不便行动。

汉武帝当即回信：那就别来了，先养病吧。

就这样，刘赐、刘安可以安心地锻造武器、储备粮草了。

刘安放出大量探子去长安城打听各种消息，以便随时掌控朝廷的动向。

此时的刘安已经丧失理性，凡是听到探子回来说刘彻治理下的老百姓都对他交口称赞，国势蒸蒸日上，刘安就大发脾气；凡是听到探子回来说老百姓都觉得长安城的生活水平不如淮南国好,刘彻这辈子都不会有儿子了,刘安就开心大笑给予奖赏。

探子们也不傻,以后凡是给刘安汇报工作时,狂赞刘安,狂骂刘彻,刘安给发的都是大红包。

刘安手下有个大臣叫伍被,看到领导已经失去理性,非要站出来说话不可。

伍被说:"大王您怎么能相信那些贬低圣上的话呢?圣上的治理能力有多强,难道不是有目共睹吗?"

刘安当时就急了,骂道:"你给我滚蛋!"

伍被离开后,刘安越想越生气,又下令把伍被的父母抓起来打入大牢。

刘安这个人虽然爱听好话,但他终究不是傻子,等到他消气以后,渐渐恢复理智:其实伍被才是真心对自己好的人,那些拍马屁的人盯着的只是自己腰包里的钱。

刘安将伍被父母释放并再次召其前来谈话。

刘安对伍被说:"上次你好像话没说完,今天给你机会畅所欲言。"

伍被道:"当年高祖刘邦能够取得天下,是因为秦朝的暴政已经惹得天怒人怨,可是现在的老百姓生活水平大幅提升,安居乐业,说直白点,您根本不具备人心向背这一最重要的条件啊!"

刘安道:"抛开人心向背,单就我的实力而言呢?"

伍被道:"当前咱们淮南国的兵力不足之前七国之乱的十分之一。那七个国家都被朝廷打得一败涂地,您觉得您有多少资本敢再次挑战朝廷?如果大王一意孤行,非要起兵不可,恕我直言,那七个诸侯王的现在就是您的未来。"

刘安听到这里,竟然哭出声来。

刘安哭是因为他也知道自己的实力不足以谋反成功,但当皇帝是他和父亲两代淮南王未竟的梦想，如果就这么放弃了，岂能甘心！

最终，刘安还是服从现实，决定放弃谋反，安安心心地当他的淮南王，一直到老。

老天爷往往就是这么爱开玩笑，原本刘安彻底消停了，可一件出乎意料的事件再次把刘安推上了风口浪尖。

013
箭在弦上

前文提到，淮南王刘安有个儿子，是按照接班人培养的，叫刘迁。

刘迁因为雷被参军事件，差点儿给老爹捅了篓子。事实上，这位公子哥儿的能力并不足以当一个封国的继承人，他除了惹各种麻烦，还暗杀过朝廷的官员，只不过被他父亲刘安封锁了消息而已。

刘安还有一个儿子叫刘不害。

刘不害和刘迁因为争夺王位继承人闹得不可开交，刘不害有个儿子叫刘建，能力很强，精力很旺盛，对大伯刘迁意见很大。

刘建为父亲刘不害鸣不平：刘迁这种飞扬跋扈到处惹事儿的人，凭什么当淮南国的继承人？就算我们家轮不上，他刘迁也别想当上。

刘建暗暗搜集到大伯刘迁暗杀朝廷官员的证据并将其提交给了汉武帝。

汉武帝阅读完刘建提供的资料后，大吃一惊，心想：没想到你淮南王对我隐瞒的事情这么多，看来你平时对我表现出来的忠诚是虚假的，演技还挺强啊！

盛怒之下，汉武帝并没有给刘安面子，直接把案宗发给廷尉，要求其依照法律一查到底。

专案组立马奔赴淮南国。

此时的刘安又焦虑起来：我都不想谋反了，怎么又出了这么档子事儿？看来我不得不反了。

刘安再次找来伍被，问道："老伍，眼前就是这么个局面。我是绝对不会把亲生儿子交出去的，你说，我要不要借此机会直接反了？"

伍被："当年七国之乱的首领是吴王。据我了解，吴王后来后悔起兵，因为打起来才知道，根本不是朝廷军队的对手。我希望大王您将来不要和吴王一样后悔。"

刘安听完，比较激动，反驳道："吴王根本不懂军事，下个棋都费劲，还搞谋反呢！他当初就应该先封锁军事要道成皋（今河南荥阳市汜水镇），结果怎样？朝廷一天之内派出的四十多支队伍全部成功通过成皋，最终导致吴王失败。如果我要起事，先派一支军队占领成皋，堵住这个朝廷军队的总出口，然后调集军队强攻长安城，至少有八九成的把握取胜！"

伍被见刘安这次决心已定，不好再劝，只好顺着他的意思说道："看来大王心意已决。如果这样，我倒是有一计可以助您成事。"

刘安："说说看。"

伍被："现在老百姓对朝廷没有任何怨言，您要这样硬生生地造反，老百姓不会响应您。所以不能只考虑打仗，更要制造紧张的气氛。"

刘安："哦？先生请说高见。"

伍被："先伪造一个圣旨，就说朝廷要征集全国各县、封国的富户、地主去北边镇守边疆，必须即刻出发，绝不能讨价还价！然后再派一些人伪装成朝廷的人，去每个封国分发假的逮捕令，就说要把全国的诸侯王和他们的子女全部抓起来杀掉！"

刘安："这也太狠了吧，肯定会天下大乱啊！"

伍被："这时候就有一些容易冲动的诸侯王脑袋一热，说不定就跟着您造反了。等到朝廷的人下来说明真相的时候，他们也就没有退路了。我们就趁着这短暂的混乱期，一举杀入长安。"

刘安听后，稍稍沉思了一下，说道："你的建议倒是挺好，但是在我看来太麻烦。凭借我出色的军事才能，不用这样也可以直接击败刘彻的军队。"

说完，刘安转身就走了。

这时候，长安城里担任大将军一职的是赫赫有名的卫青。刘安派了几个顶级杀手伪装成在淮南国犯罪后逃跑的人，加入了卫青的部队，目的在于将来淮南国起兵的时候，对卫青执行"斩首计划"，直接将其刺杀。

接下来，刘安要面对一个不得不面对的人，那就是之前帮了他大忙的淮南国丞相。

前文讲到，七国之乱时刘安一冲动，想要加入凑个八国之乱。幸运的是，丞相将其拦下，动之以情，晓之以理，果然七国被团灭，刘安反而成为皇帝眼里的大忠臣。

丞相对刘安有着救命甚至救国之恩。

现在刘安再次决定谋反，丞相一定不会赞同。

支持刘安造反的人都建议，不要心慈手软，如果丞相再次阻拦你，直接杀了他。

刘安犹豫起来，毕竟丞相对自己的忠诚和恩德天地可鉴，怎么忍心下手？

就在刘安犹豫的时候，门卫来报：朝廷负责调查刘迁杀人案的专案组到了！

刘安已经没有时间再徘徊了，他告诉门卫："先让专案组的人在外面稍事休息，尽量拖住他们，哪怕半个时辰也行。现在赶快让丞相前来见我，一定快快快！"

此时的刘迁已经带好武器，丞相来了之后，如果他赞同谋反，就是自己人，如果反对，直接杀之。

不一会儿，丞相气喘吁吁地来了，进门先开口："听说调查公子的专案组就在门口呢，大王是为此事召见我吗？"

刘迁抢在父亲之前先开了口："丞相大人，今天我和父亲决定谋反，杀入长安城，夺了刘彻的皇位。我们也别说废话了，你就直接说吧，你是支持我们，还是支持刘彻？"

丞相一愣，然后看了一眼旁边的刘安。

刘安不敢同丞相眼神交汇，垂下脸，一言不发。

丞相道："如果非要我做一个决定不可，我反对淮南王谋反。理由只有一个，那就是根本不可能成功！"

刘迁道："好，那就怪不得我没有给你机会了！"

刘迁说完，抽出剑向丞相刺去。

就在剑锋距离丞相胸口仅半尺的时候，突然有一只手推了刘迁一下，刘迁的剑擦过丞相的肩膀，刺向旁边的石柱。

刘迁扭头一看，推自己的不是旁人，正是父亲刘安。

刘迁既生气，又疑惑，道："父王，你这是为何？"

只见刘安面无表情，眼睛湿润，拍了拍丞相的肩膀，道："你还是回去吧。我欠你的那条命，今天还了。"

刘迁眼见父亲在关键时刻心软，一时怒火攻心，大声喊道："难道父王真要把儿臣交给门口的专案组吗？！"

刘安道："如果我不谋反，我还是皇上眼里的红人，你是淮南国的接班人，他不会怎样你，最多关你几年就放回来了。将来淮南国还是你当老大。"

刘迁已经失去理智，哭着咆哮道："我不要当淮南国的老大！我要你当皇帝，我要当皇太子！我还要当将来的大汉皇帝！"

刘安道："儿子，认命吧。咱们是斗不过刘彻的。"

刘迁突然表情严肃，直勾勾地盯着刘安，缓缓说道："我刘迁，绝对不会当阶下囚！"

说完，刘迁右手的利剑直接画了一个往回甩的弧线，刚好落在自己的咽喉，剑锋从左到右游走，刘迁脖子里的血呈喷射状流出，伴随着咣当一声，刘迁倒在了血泊中。

"迁儿！"

刘安昏厥过去。

一直躲在幕后的伍被目睹这一切，悄悄从后门溜了出去，径直来到正在外面休息的朝廷专案组的人面前，张嘴就是："我有充分的证据证明并举报淮南王刘安谋反！"

014
原本可以避免的团灭

怂恿刘安造反的是伍被,一出事,先揭发刘安的也是伍被。

多么脆弱的战斗"友谊"!

伍被把刘安谋反的细节对专案组和盘托出,专案组的人当时就傻眼了:这也太刺激了。

专案组立马进入刘安的宫殿,先把躺在地上的刘迁控制住。

讽刺的是,刘迁对自己的喉咙割得不太准确,导致其虽受重伤,却没有生命危险。

刘公子连自杀都做不成,就这种货色,还妄想当皇太子、皇上,终究还是活成了别人眼中的小丑。

淮南王刘安万万没想到,筹划了许久的谋反大业,竟然以这样无厘头的方式收场,一时精神崩溃。

刘安还持有最后的一点投机心态:看看刘彻会怎么处理自己,说不定念及之前的情分放自己一马。

专案组把搜集到的证据提交上去后,没多久,刘彻给出处理意见:将所有参与谋反的人灭全族!

刘安最后的希望还是破灭了,为了挽留那一份最后的自尊,在刽子手动手前先行自杀了。

至于伍被,汉武帝刘彻认为此人最早并不支持刘安谋反,后来又揭发有功,想免其一死。

廷尉张汤提出反对意见:"伍被不仅参与了全过程,还提出过搅乱天下的计谋，此人当杀。"

阶下囚的可怜之处就在这里，碰上有人替你说几句好话，命就保住了，碰上有人说你的坏话，就会万劫不复。专案组在清查刘安的过程中发现，担任会稽太守一职的严助曾经接受过刘安送的厚礼。对此，汉武帝认为不必过于追究。

张汤依然提出反对意见："严助是皇上选拔的重臣，和谋反的诸侯王私交如此亲密竟然不向朝廷汇报，如果开了这个口子，将来的人一定也会效仿，此人当杀。"

汉武帝当即批准处死严助。

刘安这个人有一点很讲义气，那就是自杀之前只字未提他弟弟刘赐和他一起谋反的事情，这让刘赐侥幸躲过一劫。

本来刘赐可以揣着明白装糊涂，继续当他的衡山王，结果日防夜防，后院难防，堡垒还是从内部被攻破了。

刘赐想立儿子刘孝为接班人，但是另外一个儿子刘爽不乐意了，我当不上接班人，你也别想舒舒服服地过日子。于是，刘爽给汉武帝秘密写信，举报刘孝私下里曾经帮着淮南王刘安打造兵器。

汉武帝秘而不发，派人私下里调查刘孝，看衡山王家族是否真的和淮南王家族有勾结。

就在这时，淮南国有曾经帮着刘安出谋划策的逃犯出逃了，朝廷的军队一路追，他一路逃，逃来逃去竟然跑到刘孝里家藏了起来。

这一下刘孝彻底没有了解释的理由了，直接自首。

专案组的人告诉刘孝，如果你主动交代，可以重罪轻罚。

刘孝仿佛抓住了救命稻草，就把他知道的关于衡山国勾结淮南国的事情和盘托出。

刘孝的父亲衡山国国王刘赐听说刘孝全咬了出来，一边骂着不肖子孙，一边绝望地自杀了。

最终，刘孝、刘爽以及他们的族人全被处决。

刘孝死前在心里念叨最多的一句话是："说好的重罪轻罚呢？"

就这样，淮南国、衡山国被团灭，牵连到的王侯、两千石以上级别的官员以及知识分子、勇士共计数万人。

我们不妨总结一下刘安、刘赐两个人的经验教训。

刘安、刘赐其实原本可以躲过一劫的，尤其是刘安，已经彻底放弃谋反的想法了，结果他的儿子一而再、再而三地给他惹麻烦，最终导致刘安没有了退路，只能铤而走险。但这又注定是一场实力悬殊的斗争，最终落得一个被灭全族的悲剧下场。

刘赐更是如此。原本刘安临死时保护了刘赐，但刘赐家族不团结，内斗严重，结果全族男女老少都被处决。这两家没有一个赢家。

所以，大家看，"家和万事兴"可不仅仅是一句祝福语，这是一种高度，更是一个目标，能做到是极难的。

如果管理不好家庭，尤其是下一代，一个人的事业即使再辉煌，也不会持续太久。

如果家里的隐患不解决，纵有治国之才，也是枉然。

这就是历史的经验，而且是用无数人头和鲜血换来的经验。

第三章 剑指西南

015
唐蒙访南越

要讲西南地区，先要讲南越国。

南越，有的史料写作"南粤"，其历史鼎盛时期的版图涉及现在越南中北部大部分地区和中国南部一些地方。

南越国属于汉朝的藩属国。

那么，藩属国和普通的郡县有什么区别呢？

普通的郡县都是朝廷直接任命官员，地方没有任命权。

藩属国可以有自己的国王，在政治上有自己的政权，但是对外交往、经济、军事上极度依赖朝廷。

藩属国要定期向朝廷进献贡品，朝廷则对藩属国有保护的义务。

有一天，汉武帝派了一位名叫唐蒙的官员去南越。南越国国王给唐蒙吃了一道特色美食，叫枸（音jǔ）酱。唐蒙对此美食赞不绝口。回到朝廷之后，唐蒙对枸酱念念不忘，到处打听这个枸酱到底有什么来头。最后得知，这东西的原产地是西南的蜀地，蜀地的人做好后会卖到隔壁的夜郎国。

夜郎国大致相当于现在的贵州地区。简言之，四川人造了枸酱之后卖到贵州，然后从贵州沿着水路运到南越国。

唐蒙继续做功课。果然，他搜集到了第一手资料：南越国土面积大，经济繁荣，夜郎国经济水平差，南越国一直通过贸易顺差在剥削和欺负夜郎国。

最夸张的时候，南越国提出过吞并夜郎国的想法，但是夜郎国手握十万精兵，南越国不敢轻易和夜郎国开战。

唐蒙做好各种功课之后，去找汉武帝，一脸严肃地说道："不瞒皇上您说，南越国国王靠不住。"

汉武帝："哦？何出此言？"

016
官民矛盾激化

唐蒙："臣亲眼看到南越国国王出行乘坐黄盖车，仪仗队都是御用标准，这明显超标了。这说明南越国国王有野心。"

汉武帝："如果朕想攻打南越国，你觉得可行吗？"

唐蒙："直接调军队过去开战，路途遥远，物资调用成本太高，怕是不行。"

汉武帝："那就没办法了吗？"

唐蒙："我们可以找夜郎国做跳板，夜郎国有十万精兵，我们可以从巴蜀地区进军，先控制夜郎国，然后利用夜郎国的资源和精兵，向东挥师，一举拿下南越国。"

汉武帝："如果这样的话，西南、东南两个地区就都能拿下了。"

汉武帝立即任命唐蒙为中郎将，拨给他一千精兵和一万名负责运输物资的杂役人员，从巴蜀（现在的川渝地区）出发，翻山越岭进入夜郎国。

此时夜郎国的当家人还不是王这个级别的，仅仅是个侯，也就是夜郎侯多同。

唐蒙给多同带去了很多贵重礼物，并提出让他们彻底归顺汉朝，汉朝政府将在这里设置官吏，许诺让他的儿子当县令。

特别值得一提的是，汉朝的丝绸是一绝，很多偏远地区的人只听说过丝绸很好，却从未亲眼见过。这次唐蒙送给多同的偏偏就有大量的丝绸。

多同拿着精美的丝绸去同他的小弟们开会商量此事。那些人哪见过这么好的东西，一时间纷纷表示愿意接受汉朝的管辖，只要继续给他们送好东西就可以了。

其实，多同也是有自己的小算盘的。

夜郎国距离汉朝首都长安城非常远，即使归顺了汉朝，汉朝对他们也鞭长莫及，无非就是形式上有个说法而已。事实上，他们该怎么样还怎么样，依旧可以当土皇帝，同时还能得到很多来自长安的好东西，何乐而不为？

谈妥之后，唐蒙马上向汉武帝汇报。汉武帝听后十分高兴，下令把夜郎设为一个郡，从巴蜀地区就地征召老百姓去修路。

汉武帝的战略意图是，从夜郎国国内到附近的牂（音zāng）柯江修一条路，将来可以把夜郎国的十万精兵调出来，经由这条路出发，再沿着牂柯江水路直接杀入南越国。

汉武帝开疆拓土的心情是十分热切的，外加唐蒙也急于在汉武帝面前表现自己，在征调巴蜀老百姓修路的问题上，用人比较狠，工作强度非常大，导致大量老百姓活活累死。

有一些老百姓不堪忍受，选择逃跑，唐蒙则按照军法处置，带头逃跑的人被抓住后一律处以死刑。

一时间，官府和民众的矛盾激化了，消息很快就传到汉武帝那里。

017
司马相如西南谈判

汉武帝听后，当即派了一个叫司马相如（西汉著名的大文学家）的钦差前去处理舆情。

司马相如到了工地之后，对唐蒙等官员进行了公开指责并一再强调，之前的做法是错误的，不代表汉朝天子和朝廷的本意，纯粹是唐蒙个人求功心切导致。

就这样，唐蒙被就地免职，当地百姓无不拍手叫好，工程很快就复工了。

夜郎国归顺长安的消息很快传播开来。一时间，巴蜀两郡周围很多小部落的头头们都眼馋起来。他们发现，夜郎国跟过去并没有什么区别，还能得到汉武帝送来的精美礼品，汉武帝还出钱、出力修路，这好事儿上哪儿去找啊？

于是，巴蜀周边的小部落纷纷向汉武帝伸出橄榄枝，表示愿意接受汉朝的管辖，只要给出的待遇和夜郎国一样就可以。

汉武帝直接给司马相如送去消息：你也别回来了，反正唐蒙就地免职了，你就接替他当那个中郎将吧，负责和主动归顺的那些部落谈判，看看他们都想要什么条件。只要肯接受我们的管辖，我们负责给够钱、修好路。

司马相如拿上皇帝的符节和大量的金钱、丝绸，开始在巴蜀周边挨家挨户地上门谈判，竟然先后为朝廷收进来十几个县的领土。

汉武帝对这次大面积的开疆拓土十分满意。但是，大量修路的工人因为生病得不到有效治疗而死亡。

汉武帝便派了一位名叫公孙弘的人前去调查。

018
公孙弘力劝汉武帝

公孙弘亲眼看到了西南地区建设的现状，眼见着累死、病死的修路工的尸体横七竖八地躺在工地上，对老百姓生起了怜悯之心。

公孙弘回到长安后，对汉武帝汇报了亲眼所见的一切，激动地说："建议皇上还是取消对西南的建设吧。如此下去，当地群众意见只会越来越大，国库也吃不消，最终得到便宜的只有那些部落的首领们。"

公孙弘的话等于否定了汉武帝的西南边陲开疆拓土计划。

公孙弘走了之后，汉武帝慢慢冷静下来，想来想去，意识到公孙弘是正确的，之前对开拓西南想得太简单了。公孙弘是个实在人，说的是真话、实话。

公孙弘回到家之后，越想越觉得后怕：我刚才这是干什么呢？我在批评皇上啊！而且我还否定了皇上的大政方针，我这不是作死吗？

公孙弘觉得，这一次，轻则仕途止步于此，重则脑袋搬家也不为过。

就在公孙弘后怕的时候，仆人前来禀告："老爷，宫里来人了，马上就到您的书房，听说要给您换套官服……"

公孙弘心想，得了，要杀要剐我都认了。

就在这时，宫里的人走了进来，见到公孙弘就面带笑容大声说道："公孙大人，今天您可得好好请我们吃顿大餐。传皇上口谕，您升为御史大夫了！"

公孙弘先是一惊，然后快速想明白了事情的来龙去脉，赶紧笑着迎了上去。

自此，公孙弘对汉武帝是发自内心地佩服。他知道，他赶上了一个好时代，当今圣上不是普通人，跟着他，一定会见证并书写不一样的历史。

019
两位大臣的"辩论赛"

此时汉武帝的精力并没有只放在西南,东部和北部的开疆拓土也在如火如荼地进行中。

汉武帝先后在北部成立了朔方郡(位于现在的内蒙古),在东部边境成立了苍海郡(今朝鲜东北部),再加上西南地区,三个地方同时搞建设。

已经升职为御史大夫的公孙弘多次向汉武帝提出,这种边境建设劳民伤财,应该及时停止。

汉武帝把公孙弘叫到办公室,说道:"你是反对朕搞西南建设的,现在连北部、东部建设都反对,可是你想过没有,这朝堂之上那么多大臣,也有很多人支持朕呢!"

说完,汉武帝轻轻咳嗽了一下,只见旁边的柱子后面缓缓走出一个人。这个人不是旁人,正是公孙弘的同僚朱买臣。

朱买臣一直是边境建设的支持者,听说公孙弘持不同意见,便前来找汉武帝游说,希望汉武帝坚定立场,不要听公孙弘的。

汉武帝精明得很,既然你们二位经常过来阐述观点,那好吧,就把你俩约在一起辩论一下,我当个听众,看谁能说过谁,省得你俩轮番找我说,让我左右为难。

朱买臣可不怕公孙弘,辩论就辩论。紧接着,朱买臣一下子列举出十条在边境设立郡的重要意义,请公孙弘逐条反驳。

公孙弘这个人有个缺点,就是口才不强,真要跟人唇枪舌剑地辩论,他还真不行。就这样，公孙弘直接卡壳了。

皇帝就在旁边坐着，公孙弘只好低头认错："对不起，我错了，我没能意识到建设边疆的重要意义，我只看到了劳民伤财的一面。"

汉武帝强忍着笑。

公孙弘道完歉，突然话锋一转："既然如此，那我就建议停止西南和苍海郡的建设，只保留北部的朔方郡。"

汉武帝心想，好你个公孙弘，你这哪儿是认输啊，分明还是要朕采纳你的建议啊！本来你是要把三个郡的建设工作都停掉，现在你退了一步，停掉两个，只保留一个。你这是认输吗？这是让朕认输啊。

汉武帝故意端了端腔调，说道："好吧，那就采纳公孙弘的建议。即日起，停掉苍海郡和西南的建设，只保留朔方郡的工程。"

公孙弘、朱买臣都愣住了。

朱买臣想，这皇帝也太不按套路出牌了，明明是我辩论胜出，结果却采纳了公孙弘的建议。合着皇上根本就不是来找我来辩论的，是拿我当个道具，走个过场，原本就是要采纳公孙弘的建议啊！

公孙弘也瞬间意识到，原来皇上并不糊涂，他早就有停掉建设苍海郡和西南的想法，只不过君无戏言，他需要一个台阶下，来更改之前的方针政策。皇上其实一直是支持自己的。

就这样，西南的建设工程马上被停止了，最终只设立了一个犍（音qián）为郡和南夷、夜郎两个县。

对于西南地区的老百姓而言，他们最应该感激的就是公孙弘。公孙弘的建议免掉了他们的劳役，他们可以回家和老婆孩子团聚，很多人也避免了病死、累死在工地的悲惨下场。

本来西南地区就这么安静下来了。结果，一个人的横空出世再次打乱了西南老百姓的生活节奏。

020
滇国和昆明国的意外出现

此人的名气那可是横贯古今中外，甚至可以这么说，很多人都未必知道汉武帝叫刘彻，但这个人的名字一提起来大家都知道，都忍不住夸他厉害。此人正是出使西域、打通丝绸之路的张骞。

张骞在出使西域的过程中了解到，在中国的西南方向，有一个国家是中国人过去所不知道的，这个国家的名字叫身毒，也就是现在的印度。

张骞出使西域回到长安后，在向汉武帝汇报工作的过程中提到了身毒国的存在。

爱好探索未知世界的汉武帝的好奇心瞬间被调动起来了，他决定派人出访身毒国，看看这到底是一个什么样的国家。

汉武帝派出使者从犍为郡出发，开始了探索之旅。

跟现在有卫星地图不同，那个时候的做法可以说是真正意义上对得起"探索"二字，完全就是随机向前推进。

没想到的是，还没找到身毒国，却先找到了另一个新的国家，叫作滇国，位于现在的云南省昆明市普宁区境内。

滇国的国王见到汉朝的使者，也蒙了，原来外面还有个汉国啊？我还以为我们就是世界的中心呢。

汉朝使者给滇国国王送上精美的丝绸，滇国国王十分开心，拉着汉朝使者，问道："你们汉朝跟我们滇国比，谁的疆土更大呀？"

正端着茶杯的汉朝使者当时没忍住，直接喷了。

当年汉朝使者第一次访问夜郎地区的时候，夜郎部落的首领也问了相同的问题。

我们熟知的成语"夜郎自大"就是这么来的。

后来,汉朝的使者又发现了一个叫作昆明国的国家。昆明国和滇国比,最大的不同是它仰仗一个方圆几百公里的淡水湖而建,这个淡水湖就是现在的滇池。

滇池的存在给汉武帝出了一道难题。

过去,汉朝是不需要建设水军的,本来就没有需要水战的敌人,现在要想攻打昆明国,水军的建设就要提上议程了。

要想建设水军,先得有可以练兵的地方。长安城在内陆地区,没有可以操练水军的硬件环境。但汉武帝干事向来都是大手笔,当即下令,在长安城西南侧开凿一个人工湖,湖的名字就叫昆明池。

汉武帝要开凿这么大一个昆明池,钱可以国库出,人怎么办?难道又要重新征集老百姓去当苦力吗?

这可难不倒汉武帝,他找到了一个既不劳民伤财,又可以降底人力成本的方法,那就是把贪赃枉法落马的大小公职人员发配到昆明池工地免费干活去,国家负责发盒饭。

一时间,老百姓无不拍手叫好。

021
平定西南

前文讲到，汉武帝搞定西南地区的目的是为了利用西南的人力、物力向东攻打南越国。

这时，西南有个部落叫且兰，其位置大约是现在的贵州省贵定县附近。且兰部落的首领动起了歪心思：朝廷要调用我的军队去攻打南越国，那将来万一别人来攻打我的时候，我拿什么来抵抗？

且兰部落的首领决定拒绝汉朝的调拨，杀死了前去征兵的朝廷使者和犍为郡的太守，正式宣布造反。

且兰造反让汉武帝意识到公孙弘看得确实长远，眼光确实犀利。

汉武帝把巴蜀地区的罪犯释放出来，进行了简单的训练，和当地原本要攻打南越的军队一起混编，组成一支新的部队，向且兰发起攻击。

真打起来之后，且兰部落的首领才意识到，原来大汉军队的战斗力如此强大，自己跟汉军完全不在一个层次上，但为时已晚，很快便被汉军击败。

且兰部落的首领在这次战斗中被杀，这一消息对原本表面上归顺汉朝的其余部落首领无疑是一种强烈的震慑。

一时间，周边各个部落的首领纷纷站出来向汉武帝表达诚意，主动要求汉武帝向自己的国家派遣官员，愿意接受汉朝的领导。

搞定且兰国之后，汉武帝再次把目光锁定在自己已经忍了很久的滇国身上。

汉武帝一方面利用且兰战役的胜利大力宣传大汉的国威，一方面派遣使者告诉滇国国王：你现在要是来长安城认错并表示归附的话，完全可以既往不咎。

滇国国王手里握有几万精兵，他还有两个邻国，跟滇国原本属于同族，三个国家抱团在一起，完全没把汉武帝放在眼里，不但不接纳汉武帝的提议，还发动军队杀死了很多驻守边境的汉官吏。

汉武帝一看，这是典型的给脸不要脸。好，那就别怪朕不客气了！

汉武帝派大军直接消灭了滇国的两个邻国，然后把部队放在滇国的大门口，并给城里的滇国国王下达最后通牒：如果你投降归顺，我们还可以既往不咎；如果你负隅顽抗，那就只好让明天的地图上再也没有滇国的存在了。

滇国国王万万没想到，双方的战斗力差距竟然这么大，自己的两个小弟竟然瞬间被团灭，于是赶紧打开城门，表示投降。

汉武帝在滇国设立益州郡，让滇国国王继续当他的大王，帮助朝廷管理当地的老百姓，同时允许他保持过去的生活习惯，也不用向朝廷纳税，朝廷还会不定期地给他拨款。

滇国国王一看，哎呀，要知道有这好事儿，我早投降了，可惜了我那俩小弟，白死了。

西南地区暂时稳定下来了。如果算上东部的闽越、南越地区，汉武帝时期先后在西南和东南地区新增设了十七个郡，疆土面积大大增加，国家对南部领土的控制力也大大增强。

南部的稳定，为汉武帝减少了后顾之忧，这让他可以腾出手来安心地搞他最具野心的一个计划：连通西域。

第四章 丝绸之路

022
张骞出使西域

从汉高祖刘邦时期开始,大汉和匈奴就是宿敌,两边时打时合,朝廷始终没能扑灭匈奴的嚣张气焰,匈奴也始终盯着朝廷的土地和资源不放。

朝廷最初能够了解西北地区少数民族部落的最佳途径之一,便是那些被抓来的匈奴俘虏。

有一次,汉军抓住了一个见多识广的匈奴人,名叫堂邑父。堂邑父提供了很多有用的情报。

这位匈奴人说,在敦煌郡(今甘肃敦煌市)和祁连山之间有一个月氏(音zhī)部落。这个部落原本实力强大,但遇到了一个强劲的对手,也就是和汉高祖刘邦交过手的大名鼎鼎的匈奴首领冒顿(音mò dú)单于。

冒顿这个人心狠手辣,为了当上单于,连亲生父亲都杀。而且此人带兵打仗的能力很强,在草原之上难逢对手。

月氏部落根本不是冒顿率领的匈奴军的对手,被冒顿打败之后便衰弱了。

后来,冒顿去世,他的儿子老上单于接班。老上单于继续发动对月氏的攻击,最终击杀了月氏的大王,并残忍地把他的脑袋砍下来用颅骨当作喝酒的容器。

月氏部落残留下来的人四处逃窜,希望能够借助其他部落的力量杀回去报仇雪恨。

这条信息引起了汉武帝的重视。

汉武帝下令,全国范围内招募志愿者,以特使身份代表朝廷去寻找并告诉月氏部落，汉朝愿意出兵和他们一起攻打匈奴。

最终，有一个名叫张骞的人通过考核，脱颖而出。

对于张骞的早期经历，史书不详，只知道他在报名志愿者之前是个侍卫官，说白了，就是个保安。

张骞志向远大，他不想一辈子当保安看大门，看到朝廷招募志愿者出使西域，便报名参加了选拔考试，最后脱颖而出，成功当上了汉武帝钦点的西域特使。

汉武帝拨给张骞一百多人，由前面提到的匈奴俘虏堂邑父做翻译兼向导，从长安城出发，沿着河西走廊，向月氏部落曾经的老家进发。

此时的月氏部落原址已经被匈奴人盘踞。有一天，张骞的队伍行走在路上，突然杀出一批事先埋伏好的匈奴兵，将他们全部抓了起来。

匈奴兵一看这队伍来头不小，便押着他们去见单于。

此时匈奴的单于已经是冒顿的孙子、老上的儿子，人称军臣单于。

张骞向军臣单于表明来意："请您不要紧张，我们不是军队，我们只是路过的商人，想要寻找月氏部落，能不能从您的领地内穿越过去？"

军臣单于道："月氏的人在我们的北边，你想从我的地盘穿越过去？那我问你，如果我想带着人从你们汉朝的长安城穿越过去，你们汉朝的皇帝肯答应吗？"

军臣单于把张骞等人软禁了起来，好吃好喝养着，但就是不放他们走。

这期间，军臣单于使出各种手段对张骞威逼利诱，劝他放弃汉人的身份加入匈奴，这样他就可以通过张骞了解汉朝的情况，对侵略汉朝有着重大的战略作用。

张骞抵制住了匈奴的诱惑，坚决不向匈奴投降，假装听军臣单于的话，但并没有向匈奴提供任何关于汉朝的有价值的情报，结果，这一住便是十年。

这十年里，张骞表面上好像接纳了单于的拉拢，安心在匈奴这里住了下来，实际上每天都在等待出逃的机会。直到有一天，机会真的来了。

这一天，匈奴人对张骞的监视有所放松，张骞趁其不备，带着众兄弟偷偷逃了出去。

值得一提的是，之前的匈奴人堂邑父并没有因为回到故乡而和张骞决裂，相反，堂邑父得知张骞要逃跑，主动跟他一起跑。

这让张骞大为感动。

张骞毕竟在匈奴住了十年，十年里天下风云变化莫测，西域各个部落的政治局势也有了重大的变化。

这期间，有个叫乌孙的部落得到了匈奴的支持，二者联合向月氏残余部落发起进攻，逼得月氏人再次向西迁移。

月氏人在这次迁移的过程中因祸得福，征服了一个叫大夏的地区，索性扎根下来建立新家园，不走了。

张骞从匈奴那里逃出来之后才知道，月氏部落的人已经到了大夏地区，便又重新寻找路线，向大夏出发。

没有地图，完全靠沿路打听前行。结果张骞一行人翻越了帕米尔高原，来到了大宛（音yuān），即现在的乌兹别克斯坦。

这次行军和上次有很大的不同。

上次是有备而来，临走之前带着充足的物资，这次是临时逃脱，物资储备严重不足，外加后面有追兵，戈壁滩上飞沙走石，热的时候如同火炉，冷的时候寒风刺骨，沿途没有人烟，连水都是奢侈品。

这一路风餐露宿，带的粮食吃完了，就靠唯一的神箭手堂邑父射杀飞禽走兽来补充能量。很多人因为饥渴、疾病死在途中。

张骞到达大宛之后，算是迎来了短暂的春天。

大宛国经济富足，他们的国王早就听说过世界上有一个富庶的大汉王朝，也一直想和汉王朝建立联系，无奈中间隔着匈奴，根本联系不上。

第四章　丝绸之路

张骞表示，自己就是奉汉朝天子的命令前来和西域的各个国家建立外交关系的，然后向大宛国国王讲述了自己的经历。

大宛国国王听完之后，大为感动，和汉朝建立外交关系的心愿更加热切起来。

大宛国国王承诺，愿意给张骞配备充足的物资和翻译、向导，协助他们和月氏部落建立联系。与此同时，他希望张骞回到长安城之后，转达他对汉武帝的善意。

有了大宛的帮助，张骞很快联系上了月氏部落。

张骞向月氏部落首领讲述了自己的艰苦经历，并表明汉朝天子愿意跟他们合作一起攻打匈奴，报仇雪恨。

让张骞没有想到的是，此时的月氏人所在的新国家，土地肥沃，物产丰富，距离匈奴遥远，没有任何被侵略的危险，大家已经丧失了报仇雪恨的斗志，只想舒舒服服地过他们的小日子。

张骞一再劝导他们和汉朝合力攻击匈奴，但他们没有兴趣。最终，张骞决定返回长安。

那么，问题来了：要想成功返回长安城，就得避开匈奴。

张骞等人一起规划好了路线：通过塔里木盆地的南边，经由青海羌人的领地回到汉朝境内。

此时张骞不知道的是，青海羌人部落在这之前刚刚被匈奴打败，已经沦为匈奴附庸，当他们一行人等来到羌人地盘时，再次被扣留。

这一扣，又是一年多。

张骞等人只能在羌人这里继续假装降服，然后等待机会逃跑。

一年后，机会终于来了。

匈奴内部为争夺王位起了内讧，大家都把精力放在怎么打内战上，没人顾及张骞等人。就这样，张骞和堂邑父再次逃了出来，这一次终于成功返回到长安城。

张骞从出发到回归，前后共用了十三年的时间。当初走的时候带了一百多个人，现如今只有他和堂邑父两个人回到了长安。

汉武帝本以为张骞等人早就死在了大漠之中，万万没想到，十三年之后，张骞竟然重新出现在自己的眼前，而且还带回了大量宝贵的信息和资料。

汉武帝被张骞和堂邑父的忠诚、勇敢和智慧所感动，封张骞为太中大夫，相当于现在的副部级干部，封堂邑父为奉使君。

张骞向汉武帝汇报了西域各国的风土人情，尤其没有忘记大宛国国王的嘱托，向汉武帝说明了大宛国国王的诚意。

特别值得一提的是，张骞第一次向汉人介绍了汗血宝马。

汗血宝马是西域国家的特产，因为出的汗是红色的，所以得名汗血马。

汉武帝和众官员听完张骞的精彩讲述之后，全都兴奋不已，原来除了大汉王朝之外，西边竟然还有那么多国家！

野心勃勃的汉武帝认为，只要通过拉拢的手段让这些国家臣服，它们便可以被纳入中国的版图，届时他开疆拓土的不朽功勋一定可以名垂千古！

就在张骞回到长安城后不久，汉朝和匈奴发生了战争。

匈奴有一个分支叫浑邪（音yé），浑邪有自己的王以及一系列配套的领导班子。

在汉军同匈奴的战争中，汉军击败了浑邪大军。

站在匈奴单于的角度，按照常规思维，小弟浑邪王吃了败仗，应该给予安抚和鼓励。结果匈奴单于不这么想，他觉得浑邪王给他丢人了，应该杀掉。

浑邪王一看匈奴老大不但不给自己安抚，反而要趁机灭掉自己，失望至极，便带着四万多人归降了汉朝。

浑邪王的归降让汉武帝喜出望外。这不仅仅是一支队伍投靠自己的问题，更重要的是，汉朝连通西域的道路终于畅通无阻了。

张骞把这一切看在眼里，立马去找汉武帝。

张骞对汉武帝说道："乌孙部落的头领本来是听从匈奴单于调遣的，后来实力越来越强大，便想摆脱匈奴的控制。匈奴人不能彻底打败乌孙部落，只能把他们赶走。现在浑邪王的人投靠我们了，他们空出来的地方无人居住，我们可以趁此机会联系乌孙部落，给他们一些礼品，让他们迁居到浑邪王留下的旧址，他们从此之后就会和我们像兄弟一样相处了。这对匈奴而言，等同于砍断他一条胳膊，而且更利于我们以此为跳板向西边联系更多的国家。"

汉武帝对张骞的分析很赞同，道："那么你看这次由谁牵头再次出使西域呢？"

张骞道："臣愿意再跑一趟！"

汉武帝十分感动，道："这次朕给你足够的人马和物资。你一定快去快回。"

汉武帝任命张骞为中郎将，带领三百余人，每人配两匹马，另有用于送礼的牛马数万匹，还有无数黄金、丝绸。

张骞吸取了上次的教训，专门配了一个使节队伍。到了一个地方之后，这些使节们便分散出去结交别的国家，外交工作的效率大幅度提升。

张骞这一次很顺利地到达乌孙部落，见到了乌孙国的国王。让张骞出乎意料的是，乌孙国国王虽然被匈奴驱赶而流落他乡，但见到张骞时却狂得很，不但不热情接待，还要把张骞等人轰走。

张骞耐心地向乌孙国国王表示诚意："如果乌孙国可以向东迁到浑邪王的旧址，我们皇上说了，愿意把公主许配给您，两国可以结成兄弟，一起抵御匈奴人。"

乌孙国国王比较精明，首先，他觉得汉王朝距离西域太远，就算两家真的结成兄弟，一旦匈奴打过来，汉王朝的军队对他而言也是远水解不了近渴。

其次，也是最重要的，汉王朝到底有没有传说中那么强大，谁也没亲眼见过，所以乌孙国国王并不想轻易和汉王朝联姻。

张骞在乌孙国居住了很久，始终无法说服乌孙国国王。但他也没有闲着，直接派出了事先准备好的使节队伍，让大家分别出使大宛、康居、大月氏、大夏、身毒等国。

张骞见乌孙国国王始终没有诚意，便要启程回国。

这时，乌孙国国王突然表现出一副特别热情的样子，提出要派一支队伍护送张骞回国并答谢汉朝天子的诚意。

张骞一眼就看透了乌孙国国王的心思，他这是故意派人去长安，亲眼看看汉王朝的实力。

张骞微笑着答应了乌孙国国王的要求。

就这样，张骞在乌孙国护卫队的保护下，顺利返回长安。与此同时，乌孙国来的人亲眼看到了汉朝的经济繁荣、国力强盛，并给远在西域的乌孙国国王送去了第一手情报。

在接下来一年的时间里，张骞派出去的使节陆续从西域各国返回长安城复命。他们也都像张骞一样，带着所出使国家的大使来到汉朝。一时间，西域共计三十六个国家，大部分不同程度地与汉王朝建立了外交关系。

乌孙国国王确认汉王朝确实经济发达，这才同意和汉王朝建立外交关系。但他还是小心眼比较多，生怕被汉朝坑了，始终不肯按照张骞的建议搬家到浑邪王空出来的地方，非要坚持继续在原地生活。客观地说，浑邪王搬走后空出来的地方是一片沃土。乌孙国不愿意来，土地不能闲着浪费，汉武帝便在这里设置了两个新的郡，分别是酒泉郡和武威郡，把内地的平民迁过来生活。

现在我们所熟知的酒泉卫星发射基地，就在酒泉郡，连地名都沿用了下来。

这一次，张骞还为汉武帝带回来了传说中的汗血宝马，汉武帝对此马爱不释手。

张骞两次出使西域，为国家立下了汗马功劳。汉武帝直接封张骞为博望侯。

比侯级别再高的是王，但王只能封给刘姓家族的人，所以张骞得到的是当时非皇族出身的人所能得到的最高位置。

张骞从一个保安变成博望侯的经历大大刺激了人们的神经。于是，全国上下很多地方官员、保安纷纷向朝廷写自荐信，要求为国家分忧、出使西域。

当然了，这些人实际为的是封侯加爵。

023
赵破奴声震西域

此时的汉武帝有点儿被喜悦冲昏了头脑，他觉得多放点人出去没有坏处，说不定还能探索到更多未知国家的存在呢。但是他没有看到人性阴暗的一面。这一次，汉武帝在选拔人才上有所疏漏，对报名者的履历、个人能力把控得很不到位，这导致很多心怀鬼胎的人也混在特使的队伍里。

这批人由国家资助出使西域，并没有像张骞那样为国家效命，而是在张骞已经探索好的国家那里低价购买物资回国内高价卖出。

这批官员不仅仅对朝廷造成了伤害，对西域各国也造成了巨大的伤害。

不久，西域各国开始抵制汉朝来使，而汉朝来使脾气还不小，都自认为是带着皇上的使命来的，你敢抵制我，我就敢整治你，双方起了不少冲突，甚至还有把人打伤打死的事件发生。

楼兰、车师两国是汉朝人出使西域的必经之地，他们被汉王朝来使伤透了心。为了报复，两国人经常在这条路上对汉王朝人打劫。

眼见着楼兰、车师两国和汉王朝的矛盾越来越激化，汉武帝只好任命一位名叫赵破奴的将军，前去征讨这两个国家。

赵破奴认为楼兰、车师两国的武器水平不如汉王朝，所以跟他们没必要搞持久战，直接率领七百多位轻骑兵杀向楼兰城。没有任何事先防范的楼兰国很快便被赵破奴攻破，楼兰王也成了汉王朝的阶下囚。

赵破奴在楼兰国整合部队，一刻也不停歇，又直接挥师北上，剑指车师国。

搞定了楼兰、车师两国之后，赵破奴没有着急班师回朝，而是带着部队押解着楼兰、车师两个国家的国王在西域走了一圈，目的在于对其他国家给予强有力的震慑。

赵破奴因为军功卓著而被汉武帝封为浞（音zhuó）野侯。

乌孙国亲眼看着邻居楼兰国、车师国被灭，心里开始犯嘀咕。

乌孙国马上派出特使到汉王朝进行沟通，表示对汉武帝的敬重。

紧接着，乌孙国的邻居大宛、月氏也都效仿乌孙国，纷纷向汉武帝表达敬意。

眼见着西域各国在军事震慑的效应下纷纷向汉王朝示好，汉王朝的老对手匈奴有点儿坐不住了，放出消息：我们近期要攻打乌孙国！

此时的乌孙国国王是昆莫王，自认为根本不是匈奴的对手，于是派使者火速前往汉王朝，请求汉武帝出兵协助他们抵抗匈奴。与此同时，昆莫王提出与汉王朝联姻，汉武帝任命江都王刘建的女儿刘细君为公主，代表大汉王朝远赴乌孙国嫁给昆莫王，被封为右夫人。

024

显我国威

在应付乌孙国的同时,大汉王朝的特使们也没有闲着,又发现了一个新的王国叫安息王国。

安息国国王对汉王朝很感兴趣,派出使节给汉武帝送去了当地土特产鸵鸟蛋,还派过去几名魔术师,向汉武帝展示一下西域魔术的魅力。

西域各国的使者纷纷涌向长安城。眼见着如此多的外宾,汉武帝虚荣心爆棚,决定正式向他们展示一下国力。

汉武帝搞了一次巡游。巡游的地点选在东部沿海地区,巡游时带着所有西域国家的使者一起上路。

汉武帝选择在东部沿海地区巡游是有考虑的。

首先,西域国家普遍在沙漠、草原地区,没有见过大海,汉武帝带着他们见见大海,尝尝海鲜,对他们无疑是一种震撼。

其次,东部地区比较富庶,带着西域各国大使巡游一圈,可以让他们回去告诉他们的国王,汉王朝的经济发展水平是多么高。

汉武帝还给自己设计了一个特别环节,那就是,每到一个人多的地方,汉武帝就下令给当地的老百姓发钱。

前面讲过,安息王国曾经向汉王朝派了一些魔术师来展示他们的技艺水平。汉武帝也不甘示弱,在巡游结束后,给这些西域大使安排了文艺会演。

文艺会演的内容也是丰富多彩的。

首先观看的是角抵比赛,相当于摔跤或者武术比赛。西域人没见过东方功夫，一看这拳脚、这身法，立马被吸引住了。

角抵比赛结束后，又进行了才艺展示。各种民间艺人纷纷登场，献上精彩的节目。

接下来的环节则是展示奇异动物。

汉武帝故意挑了很多汉王朝独有而西域没有的动物。动物对于中国东部地区来说最不缺了，动物种类丰富，种类繁多，西域人没见过的多了。

欣赏完以上精彩的节目，就要进入盛大的宴会。

这一次，汉武帝更是下了血本，建造了酒池肉林。

酒倒在水池子里，想喝的人直接拿碗盛出来就喝，怎么喝都喝不完。肉一片一片地挂起来，像树林一样茂密，怎么吃都吃不完。

第二天参观汉王朝国库！

西域大使们排成队，挨个仓库走一遍，每个仓库里要么装满钱，要么装满粮食。直到实在走不动了，还没完整地走完一圈。

就这样，汉武帝通过以上富有心机的安排，把西域各国的使节全部镇住了。

025
再战大宛

有一天,在西域的汉朝使节向朝廷发来一封信。信中讲到,大宛国有一样国宝,是宝马。此马品相极佳,属于宝马里的宝马,但大宛国不太喜欢对外分享他们的国宝,建议朝廷从外交渠道向大宛国购买。

汉武帝一直对宝马情有独钟,便立即派出一支队伍,带着黄金一千斤和一匹纯金打造的战马出使大宛国,打算用这些巨额财富来换取一匹大宛国的宝马。

大宛国国王面对金灿灿的黄金有些心动,但也有些犹豫。最终,大宛国国王和大臣们开了一个临时会议,大家认为汉朝距离自己太遥远,如果匈奴真打过来,汉朝根本帮不上忙,所以没必要真心结交这个朋友。

于是,大宛国国王直接对汉朝来使说:"你们回去吧,我们的宝马是国宝,给多少钱都不卖!"

大宛国国王的这一做法等于公开瞧不起人。汉朝来使十分气愤,不甘示弱,直接把打造的金马当场摔碎在大宛国国王的面前。

大宛国国王震怒:"在我的地盘上,你嚣张什么?来人哪,把他们全部轰出国境!"

如果只是轰出国境倒还好,大不了相当于买卖没做成,也没什么损失。大宛国国王比较阴险,表面上是把人轰走了,但暗地里在外面安排了杀手。等汉朝大使一离开国境,立马杀死,大使所带的巨额黄金也全部落到了大宛国国王的囊中。

消息传到长安城,汉武帝震怒。

此时有人认为可以参考上次攻打楼兰、车师两个国家那样，只需用几百人就可轻松拿下大宛国。

汉武帝当时正宠爱李夫人，便把这个将来可能会建立功勋受封赏的差事交给了李夫人的哥哥李广利。

当时有个说法，大宛国的国宝级宝马都在一个叫作贰师城的地方养着，所以汉武帝任命李广利为贰师将军，征发六千骑兵和内地自愿参军的青年，共计几万人，前往征伐大宛国。

当时汉武帝和李广利的想法是，之前和沿途的西域小国都建立了不错的外交关系。就像前文讲到的，来长安城的时候各国使节也巡游了，也看节目了，也吃自助餐了，还参观了国库，这些国家只需要在李广利经过的时候给汉军补充点粮草就可以了。

但是，当李广利的大军路过西域这些小国的大门口时，他们都大门紧闭，装作没看见。

谁都没想到，这群西域小国竟然如此不讲情义。但道德谴责是无力的，李广利的人马饿肚子是眼前最大的现实。

李广利想了想：你们不仁在先，那就别怪我不义！

李广利率领大军挨个儿国家敲门，只要不开门，那就强攻！

就这样，本来的计划是对大宛国直捣黄龙，却演变为沿途一对多大混战。经过这么一场混战下来，李广利的军队由几万人锐减为几千人。

其中，有一场战役是攻打郁成城。这个城市规模远小于大宛国，但在这场战役里，汉军伤亡惨重。

郁成城战役后，李广利和他的部下坐下来开了一个总结会。

大家一致认为，我军连郁成城这样的小城都拿不下，且现在伤亡惨重，如果再去攻打大宛国，只会是全军覆没。

李广利决定及时收手，抓紧撤军。就这样，李广利带着军队撤回到了距离郁成城较近的敦煌郡。

在敦煌郡，李广利进行盘点，此时的人数只剩下当初的十分之二三。

李广利给汉武帝去了一封信，说明了沿途的情况以及眼下的局势，建议先把部队撤回玉门关以内，重新募集军队、粮草，等机会再去复仇。

汉武帝看完李广利的信，勃然大怒！

前面赵破奴带了七百人就灭了车师、楼兰两个国家，你李广利带了几万人，却连大宛国长什么样子都没见到，真让人生气！

汉武帝给李广利回了一句话："胆敢撤回玉门关者，一律杀无赦！"

李广利当时就吓蒙了，只好待在敦煌郡听候发落。

此时朝廷里有些人同情李广利上书给汉武帝："李广利也是受害者，并非他没有为国尽力。国家的头号敌人是匈奴，没必要跟大宛国太过较真。"

没想到，汉武帝听后不但不消气，反而更加暴躁，直接下令把这些上书的大臣严办。

汉武帝的观点是，如果这么小的一个大宛国都拿不下，其余西域诸国只会更加瞧不起汉朝。别说什么大宛国的宝马，就是之前的外交成果也将全部付之东流，汉朝将成为西域各国的笑料。

此时的汉武帝像个发了疯的狮子，恶狠狠地宣布："全国进入战备状态，集全国之力，攻打大宛国！"

汉武帝发动宣传攻势，鼓励广大爱国青年参与到征讨大宛国的战争中来。当时出现了一个有意思的现象，有很多年轻人不要工资，自带干粮前来参军。

同时汉武帝还把正在服刑的囚犯、全国各地的劣迹青年和痞子流氓也集合了起来，强制他们入伍。

用了一年的时间，汉武帝凑够了一支六万人的队伍，这还不包括自带干粮上前线的爱国青年。

为保证随军物资和人数成正比，汉武帝举全国之力为远征军配备了十万头牛、三万匹马以及大量的驴和骆驼，粮食和武器更是不计其数，仅仅负责指挥作战的校尉就足足派了五十多位。

为充分确保胜利，汉武帝又抽调了十八万人驻扎在酒泉等地，作为远征军的后备军。

这一次，汉武帝押上了血本，就像赌博一样，一把定输赢！

等以上准备工作都做完了，汉武帝思来想去，还是不放心，于是又下了一道命令，强制以下七种人入伍：

1. 犯过错的公职人员。

2. 曾经打过架的亡命徒。

3. 上门入赘的女婿。

4. 商人。

5. 虽然已经转行，但是曾经经过商的人。

6. 父母经过商的人。

7. 爷爷辈经过商的人。

通过这一细节我们会发现一个事实：西汉时期，商人和上门女婿都是受歧视的。

最后，汉武帝还是怕贰师将军李广利想得不够全面，又加派了一支由水利工程师组成的队伍，抢在大部队之前，提前和李广利会师。

水利工程师的作用是在大部队同大宛国开战之前，先把流入大宛国的暗河探测清楚，将其全部切断，让大宛国没有水喝。等大宛国的人渴得不行了，再对其发起攻击。

据此可知，汉武帝对这次战争是多么用心。

汉武帝其实也带有一点点私心，在队伍的最后，安置了两个擅长相马的高手，在战争胜利后进入大宛国挑出最上等的宝马，运回来让自己玩玩。

从这个角度来看，汉武帝有大男孩的一面：事情最初因宝马而起，那就要以宝马而终。

贰师将军李广利再一次率领部队向西开进，跟上次比，这一次的阵容极其庞大，任何一个西域小国都不敢与之单挑。

这些西域小国一个比一个见风使舵，他们发现再次归来的李广利是绝对惹不起的，立马变出一副温暖的笑脸，主动打开城门，带着好吃好喝的前来慰问，就好像之前的事情完全没有发生过一样。

李广利忍不住发出感慨："唉，这些人哪……"

西域还真有一个不开眼的小国，那就是轮台国。

轮台国国王眼见着汉军士兵总数比自己国民人口总数都多，不但不主动示好，还要站出来单挑一下。

李广利心想，我早就需要一场痛痛快快的胜利来为自己正名，你今天算是来成全我了。

打这种双方实力完全不在一个等级的仗，根本不需要考虑什么战略、战术，直接把大部队压上去就行了。

随着李广利一声令下，汉军玩了命一样冲向轮台国的城门。

但李广利突然感觉用力有点儿过猛，赶紧下令："攻破城门之后就要撤军，不要随便进城与轮台人起冲突！"

李广利的命令刚传下去，下面就有人来禀告了。

"禀告将军，您的命令下晚了，我们已经进攻完毕。"

李广利听完，自己都有点儿惊诧：这战斗力也太强了吧！

攻占了轮台城之后，李广利对着全体将士喊道："士兵们，现在前面就是大宛国的城池，报仇雪恨的时间到了。我们汉朝的军队永远是强盛的，我李广利的战车是永远打不垮的！"

虽然说这一次双方实力悬殊，但李广利一朝被蛇咬十年怕井绳，当大部队真的开到大宛国的时候，他反而不敢轻举妄动。

这时，汉武帝的远见充分得以体现。

水利工程师们站了出来，说道："禀告将军，来之前皇上就说了，为了安全起见，先由我们探测大宛国周边的地下水源，然后将其全部切断，让里面的人渴上十天半月，将军再攻城也不迟。"

李广利听完，眼睛放光："还是皇上英明啊！"

水利工程师拿出看家本领，很快就探测到流向大宛城的地下河，将其挖开，改了水道。

就这样，李广利的士兵可以在沙漠里每天洗好几个澡，而大宛国连做饭用的水都没有了。

李广利不着急，每天在城外吃羊肉串，喝着干净的水，但大宛国里的人却渐渐扛不住了。

再说大宛国内。

自古至今，人都有个特点，那就是不出问题的时候，大家都是你好我也好，一旦出了问题，尤其是涉及个人利益的时候，往往团队的友谊就会变得易碎。

此时大宛国的贵族们开始动起小心思了。他们凑在一起秘密开了一个小会。会上，大家进行了热烈的讨论。

有的贵族发言："现在汉军就在城外，随时都能攻进来，我们是陪着国王一起送死呢，还是另寻出路？"

"就是嘛，这件事儿跟我们有什么关系！都是国王贪心，非要杀死汉朝的来使不可，又抢夺他们的黄金。凭什么我们给他陪葬，现在连一口水都喝不上！"

"要我说，事已至此，也别谈什么感情了。直接杀了国王，提着他的脑袋去找李广利，告诉他，我们愿意和平谈判。汉朝皇帝想要宝马，随便挑，只要保证我们将来的荣华富贵就行。"

"我赞同！"

"我也赞同！"

"就这么干！"

"我亲自杀了国王！"

就这样，大家一拍即合，决定杀死国王，投降汉军。

大宛国国王在他的宫殿里还不知道怎么回事儿，突然进来几个人把自己摁倒在地上，然后……就没有然后了。

众位贵族首领亲自提着国王的头去找李广利。

李广利一看，很是意外，心想：还没等我打，你们竟然先内讧了。

李广利道："说吧，各位，有什么要求？"

贵族们说道："现在摆在汉军面前的无非两个可能，第一，接受我们的投降同时保证不杀我们，我们接下来会和汉朝做朋友，为你们提供回家的粮食等物资，宝马随便你们挑。"

李广利："第二个可能呢？"

贵族们："第二个可能就是汉军若要屠城，那我们现在就下令，杀光所有马匹。同时我们的援军也快要到了，到时候谁死在谁手里还真说不准。只不过，你李将军回去后怕是无法交差了，你连一匹马都没搞到，你们的皇帝也不会放过你。李将军，你怎么选？"

贵族们的分析一下子说到了李广利的痛处。上一次李广利就没有搞到宝马，最终连回到长安城的路都被封掉了。如果这一次再搞不到宝马，即使杀光了大宛城里的人，回去依然会被汉武帝责备。

李广利想明白利害关系之后，面带微笑地说道："各位想多了。我来这里原本就是找你们国王报仇的，现在他的脑袋都在我手上了，我也就不想再杀更多无辜的人了，就按方案一办吧。"

大宛贵族彼此相视，一齐笑出声来。

第四章　丝绸之路

大宛贵族们把所有的宝马都拿出来了，由李广利随便挑选。李广利从里面挑了几十匹顶级的，又挑选了公马、母马三千多匹带回去繁衍。

李广利从大宛贵族里，选出最亲汉的一位来当大宛国的新国王，并与之签订了和平友好协议，然后下令全面撤军。

话说当初李广利从敦煌出兵时，有一路士兵由一位名叫王申生的校尉率领，去攻打大宛国的好哥儿们——郁成国，就是之前把李广利打得惨败的那个小国家。

王申生的运气不如李广利好，虽然郁成国是一个小国，但是其国王是一位善于用兵的猛人。

结果，王申生的军队和郁成的军队展开殊死血战，非但没能攻克郁成的城门，反而全军覆没，只逃回几个送信的。

这几个人给李广利描述了郁成一战的全过程。新仇旧恨叠加在一起，李广利十分生气，派出了一位名叫上官桀的都尉带更多兵力再去攻打郁成城。

这一次，双方实力悬殊，郁成城很快便被攻破，郁成王连夜逃往隔壁的康居国。

上官桀带领部队追击至康居国的大门口，向里面喊话："如果康居王肯交出郁成王，我们立即撤军，绝不侵犯你们。如果康居王不明是非，非要袒护郁成王，那就别怪我踏平康居国！"

康居王不说是，也不说不是，双方陷入僵持。

在此期间，康居王并没有闲着，而是派人去打听汉军到底都消灭了哪些国家，当得知连大宛国国王的头都被割掉以后，开始害怕起来。

最终，康居王为自保，当即对郁成王翻脸，押解着郁成王，送到上官桀眼前。

国与国之间的友谊在现实利益面前就是这么脆弱。

上官桀派了四名武士押解着郁成王去找李广利。

在押解途中，郁成王有逃跑迹象，四名武士之中有一位名叫赵弟的人认为，只有死人才不会乱跑，便将郁成王杀了，割掉脑袋，提着去见李广利。

报仇雪恨完毕的李广利拿着战利品和大宛王、郁成王的人头耀武扬威地踏上了回乡之路。沿途的小国家见风使舵，当李广利经过自家大门时，争相派出王子跟随李广利上路，让他们代表国王去见汉朝天子。

这里有一点必要讲一下。

在李广利第二次出征过程中，死的人非常多，但战死沙场的人非常少。

这是为何？

因为部队出现了严重的腐败。

部队的中高层盯上了汉武帝配备的丰富的物资，拼命克扣一线士兵的军饷和粮食，大量士兵被硬生生地饿死在行军途中。

但因为这次战争毕竟打赢了，所以汉武帝并没有追究。

李广利回到长安城之后被封为海西侯，其他军官都被不同程度地封官。那些自带干粮随军出征的人也得到了赏赐，甚至连强制参军的罪犯也都被赦免，一线战士也每人得到四千钱赏赐。

026
角力楼兰

李广利这次动作搞得这么大,有一个汉朝的宿敌自始至终全程掌握着汉军的动态,那就是匈奴。

其实当初李广利征讨大宛国的时候,匈奴本想中间插一杠子,联合大宛攻打李广利,但是当匈奴人调查清楚这一次李广利人多势众后,打了退堂鼓,没敢出兵。

匈奴重新派人联系上已经被汉朝打服气了的楼兰国,威逼加利诱,迫使楼兰国国王答应再次背叛汉朝,协助匈奴伏击李广利队伍的队尾。

这一次,老天爷站在了李广利这一边。

当时率兵驻扎在玉门关的是一个叫任文的军官。任文刚好俘获了匈奴的骑兵,进而得知楼兰已经悄悄背叛汉朝并要帮助匈奴偷袭汉军。

任文不敢怠慢,马上向汉武帝汇报。

汉武帝命任文率领手下快速偷袭楼兰国,直接抓住楼兰国国王并将其押送到长安城。

当时,楼兰国国王还在睡觉,睡梦中觉得有人拍自己的脸,睁开眼一看,哟,这不汉军的军官吗?还没等喊出声,他就被打晕了。

等到楼兰国国王醒过来时,押解队伍已到达长安城。

汉武帝十分生气,当面质问楼兰国国王:"上次我军征讨你,你是怎么承诺的?现在你出尔反尔,试图帮着匈奴偷袭正在西征的李广利。你今天必须给朕一个说法,否则朕就给你一个说法!"

楼兰国国王面露难色,叹了一口气,道:"事已至此,我也不想说什么场面话了。我楼兰国是一个西域小国，夹在汉朝和匈奴两个大国之间，如果不左右摇摆，我们这样的小国怎么能够存活下来？要不，您给我在长安城腾块地儿，我巴不得把全国人民都搬到这里呢。反正现在这样了，要杀要剐随便您。"

汉武帝听完，觉得楼兰国国王说的也是实在话，便笑着说道："你果然是个爽快人，够实在，不掩饰。现在朕就派人护送你回去继续当你的楼兰王。朕的要求不高，你就负责给朕当个侦察兵，只要匈奴有什么风吹草动，务必第一时间向长安汇报。与此同时，我们大汉负责保护你们。"

就这样，楼兰国国王并没有被汉武帝惩罚，而是回去继续当他的国王。

汉武帝的这一手还是十分高明的。

假设汉武帝把楼兰国国王杀了或者囚禁了，那么楼兰国新的国王一定会倒向匈奴，这等于把一个朋友逼成了敌人。

汉武帝现在这样做，让匈奴不得不猜忌楼兰国同汉朝的关系，接下来匈奴也就不再找楼兰合作了。

这一手就叫杀人诛心。汉武帝没有杀楼兰国国王，但杀死了匈奴对楼兰国国王的信任。

匈奴也很精明，从楼兰国要走一个王子当人质，防止楼兰彻底倒向汉朝。

所以，大家看，匈奴作为汉朝的老对手，是非常难缠的。这体现在他们有很强的模仿和学习能力，汉朝有什么手段，他们立马跟着效仿，而且还用得非常熟练。

刚刚稳定好局面，事情又出现了转折。这之后不久，楼兰国国王去世了。

通常情况下，这是最考验匈奴和汉朝各自反应速度的时候。

无奈，匈奴距离楼兰国比较近。于是，匈奴先把手里的名叫安归的楼兰王子送回去继承了王位，成为楼兰国新国王。

汉武帝见生米已经煮成熟饭，不好强制干预楼兰国内政，便派使者前去召新楼兰王安归进京面见天子。

安归常年在匈奴生活并接受匈奴洗脑，立场上是亲匈奴、疏大汉的，所以安归直接拒绝了汉武帝的要求，并在这之后不久公然宣布与汉朝绝交。

其实楼兰国内部也不是钢板一块，安归的弟弟尉屠耆（音qí）就是亲汉派。

尉屠耆眼见着楼兰国在安归的带领下与汉朝渐行渐远，索性放弃了在楼兰的一切，带着家人和下属投奔汉武帝，长居在长安。

汉武帝不能坐视不管，决定派人前去质问一下安归。

汉武帝派了一个名叫傅介子的人出使大宛国，以顺路访问的名义，从大宛国再去楼兰国。汉武帝要表达的意思是，我可不是单独为你而来的，你并没有那么重要。

傅介子是个暴脾气，见到楼兰国国王安归后直接开骂，猛烈地抨击安归忘恩负义、不明是非。

安归不想惹麻烦，只好听由傅介子开骂，边听边点头。

傅介子骂完安归，就要上路。

安归问道："您下一站要去哪里？"

傅介子道："你们这些西域国家一个个的都不让人省心！从这里走了还要去龟兹（音qiū cí）国。龟兹国和你们楼兰国一样，也不听话。"

安归只好尴尬地赔笑。

或许是安归把傅介子的行踪向匈奴做了汇报，当傅介子来到龟兹的时候，匈奴的使者几乎同时来到了龟兹国，也要进行访问。

傅介子的暴脾气瞬间引燃，对着匈奴使者问道："你们来干什么？"

匈奴使者道："我们光明正大地出访，怎么，不行吗？"

傅介子道:"要脸不?非得我们来的时候你们也要来搅和不可吗?"

匈奴使者道:"你管得着吗?我们去哪里访问要跟你汇报吗?"

傅介子道:"我警告你,别挑衅我啊。惹急了我,直接砍了你!"

匈奴使者道:"哈哈,两国交战不杀来使,我们都在龟兹国访问,你敢动手?"

匈奴使者还没说完话,傅介子已经把随身携带的匕首插进了匈奴使者的胸口。

在场的人全都吓傻了!

傅介子拔出匕首,擦了擦还在冒热气的刀刃,对下属说道:"快,即刻出发返回长安!"

说完,几个人快速冲了出去,纵身上马,绝尘而去。

傅介子回到朝廷之后,向汉武帝汇报了事情的全部经过。汉武帝不但没有怪罪他,还拍手叫好,称赞其为大汉朝长脸了,直接将其提拔为中郎一职。

傅介子不仅仅在汉武帝时期脾气火爆,在汉武帝的儿子汉昭帝时期依然如此。

汉昭帝时期,傅介子曾经向主管军事的最高官员大将军霍光提出建议:"长久以来楼兰国、龟兹国对我大汉的态度一直是反反复复、摇摆不定,要我说,不如来个一了百了,找机会直接把这两个国家收拾了。"

霍光听后,既好奇又惊讶,道:"老傅有何真知灼见?"

傅介子:"我去过龟兹国并同他们的国王有过近距离接触。龟兹国国王性格并不强势,相比楼兰国国王而言,更好对付。我建议直接将其暗杀,这对他们的国家自上而下无疑是一种巨大的震慑。"

霍光笑道:"老傅脾气不减当年啊,还是觉得白刀子进去、红刀子出来解决问题最快捷?那你有可以推荐的杀手吗?"

傅介子理了一下头发,道:"我。"

霍光这次是真的吓了一跳,他素来听说傅介子彪悍,今天算是真的见识了。

霍光认真地对傅介子说道:"老傅,我看你这次也是认真的。既然你开口了,我就答应你向皇上申请一下,想必皇上一定会批准。不过,我倒是有个建议,你看看是否有道理。"

傅介子:"大将军请讲。"

霍光:"龟兹国同楼兰国比起来,楼兰国距离我们更近一些,而且现在的楼兰国国王安归一直同匈奴走得很近,要杀应该先杀他。一旦刺杀成功,我们就辅佐同我们关系亲密的尉屠耆回去掌权,这样楼兰就会平定。"

傅介子:"大将军所言甚是!就按您说的办。"

傅介子当晚就拿到了皇上的御批,立即踏上了去往楼兰的征途。

傅介子一行人对外宣称,他们是皇上派往西域各国做常规回访的大使。当他们来到楼兰国时,由于国王安归向来亲匈奴疏大汉,所以他对傅介子一行人的态度十分冷漠,并未搭理他们。

傅介子意识到,要想近距离接触安归,需要用点手段。

尚在楼兰国国境外的傅介子便派翻译前去求见安归并表明来意:"其实,傅介子这次来是给西域各国的国王送金币的,大王您确定不要吗?"

安归听完,心中的小算盘立马打了起来:干吗不要?不要白不要!你给我金币,我就表面装着支持汉朝,反正就是说些场面话,等你们走了,我照样和匈奴走得近,你能管得着我?安归当即口头表示永远支持汉王朝,愿意亲自前去领金币。

安归在翻译的带领下来到了傅介子的营帐,此时傅介子已经把金灿灿的黄金摆在那里恭候安归的到来。

安归一看有这么多黄金,别提有多开心,当即示意下属上去打包。

傅介子说道:"国王您先别着急,黄金早晚都是您的,我还有一件事情没有办完呢。"

安归高兴地合不拢嘴:"傅大人还有什么要吩咐的?"

傅介子:"不是我要吩咐,而是我们大汉天子要对国王说一句秘密的话。"

傅介子一边说着,一边伸出右手食指对着安归做了一个示意他上前的动作。

安归赶紧走了过来,压低嗓音:"说吧,大汉天子有什么神秘的话要您转达?"

傅介子靠在安归耳朵上,小声道:"我们皇上说,让我杀了你!"

还没等安归反应过来,事先藏在帷帐后面的两个杀手冲了出来,直接将两把尖刀从安归的前胸口刺入,自后背穿出。

安归所带的随从瞬间吓蒙,顾不得自己人多势众,撒腿就跑了。

傅介子砍下安归的人头,亲自提着来到楼兰国城门外。

楼兰国一时间自上而下沸腾了。

傅介子把安归的人头往马前一扔,大声喊道:"城内的楼兰官员都给我听清楚了:我大汉对楼兰国一向有情有义,而国王安归背叛我们,私自与匈奴交好,已经犯了死罪,他今天的下场完全是罪有应得!安归的弟弟尉屠耆将回来当你们的新国王,护送尉屠耆回国的大军也已经在开往楼兰国的路上了,希望你们能够看清形势,不要以卵击石。是支持新国王,还是为已经死去的国王复仇,相信你们都是聪明人,会做出正确的选择!"

楼兰国的官员们纷纷走出城门,表示支持大汉朝廷的决定,欢迎新国王的到来。

就这样,傅介子带着两个随从便搞定了楼兰国。自此,楼兰国改名为鄯善国,尉屠耆便是鄯善国第一任国王。

傅介子因为立下奇功而被封为义阳侯。

后人对傅介子的评价属于两个极端。有的人认为傅介子有勇有谋,凭借一己之力平定了一个国家,简直是千古奇人!可有的人,例如司马光则认为，傅介子使用了欺诈、暗杀手段，取得的仅仅是楼兰人表面的臣服，他们心里一定会特别恨汉朝，有朝一日，他们有了机会，一定会复仇，这相当于为汉王朝埋下了一个更为严重的隐患。

到底谁对谁错，还是请各位读者朋友自己裁定吧。

027
常惠复仇龟兹

前文为大家介绍过刘细君。

刘细君因为国家利益的需要,先嫁给乌孙国的爷爷国王,又嫁给孙子国王,忍辱负重,最终郁郁寡欢,客死他乡,到死也没有回到日思夜想的祖国。

刘细君去世时,她的丈夫就是乌孙王岑娶。

汉朝廷为继续巩固同乌孙的关系,又任命一位新的公主嫁给岑娶。新公主名叫刘解忧,名字本身也诠释了主人的命运——此生为替国家解忧而来。

岑娶娶了刘解忧之后不久,身体状况也开始恶化,不久便卧床不起,被迫开始考虑身后之事。

这里首先要明确一件事,那就是,岑娶绝对不会立与汉人公主生的孩子为接班人。

换言之,汉人公主的使命是负责乌孙国王与汉朝天子的沟通和交流,顺便监督他,以防其背叛汉朝,倒向匈奴。

此时岑娶只有一个与本地血统的老婆所生的儿子,名叫泥靡,但是泥靡年龄很小,还是个孩子,尚不足以掌权。

鉴于此,岑娶临死前把王位传给了他的堂兄弟(叔叔的儿子)翁归靡。

岑娶很严肃地对翁归靡说:"我把王位传给你,是因为我相信你将来一定不会贪恋王权,一定会在我儿子泥靡长大成人后将王位还给他。"

翁归靡发誓，一定好好培养泥靡长大成人，王位一定会还给泥靡。

得到承诺后的岑娶大气一舒，撒手人寰。

翁归靡继位后，给自己立的王号比较特别，叫作肥王。

就这样，刘解忧以寡妇身份又嫁给了肥王翁归靡。

肥王翁归靡和岑娶有一点不同。岑娶娶了刘解忧之后并不怎么碰她，这导致刘解忧从没为岑娶怀过孕。而肥王翁归靡则思想开放，兼容并包，娶了刘解忧之后，一点都没闲着，没几年就让刘解忧为他生了三个儿子、两个女儿。

这三个儿子的名字也有点绕口，老大叫作元贵靡，老二叫万年，老三叫大乐。只是看取名的规律，完全看不出这是亲兄弟。

话说，这个时候汉朝的天子已经变成了汉宣帝。

因为刘解忧刚为肥王翁归靡生完五个孩子，乌孙国和汉朝的关系也进入了蜜月期，当汉朝提出联合乌孙国一起攻打匈奴时，肥王翁归靡欣然应许。

或许是因为汉军与乌孙军配合默契，这一次还真打了胜仗。

汉宣帝作为一个大国帝王，自然要表示一下，便派出一位名叫常惠的官员代表朝廷去乌孙国嘉奖立功的贵族、将领。

这个常惠，也不是个简单人，他一直把前文讲到的砍掉楼兰国国王脑袋的傅介子作为偶像。

傅介子一直想要暗杀两个国家的国王，这两个国家分别是楼兰国和龟兹国。傅介子解决掉了楼兰国，但还剩下一个龟兹国的国王开心生活每一天。

常惠临出发前向汉宣帝建议道："我想趁着去乌孙国发嘉奖的时候，顺便带一支队伍去攻打龟兹国。龟兹国一直对我大汉不尊重，收拾它是早晚的事儿，倒不如趁着我们刚刚打败匈奴的好势头，直接灭了它！"

汉宣帝则认为，让你去干什么你就去干什么。其次，龟兹国也不是那么容易打的，万一失败了，更丢人，此事还是应该从长计议。

常惠不甘心，又找到了当时的大将军霍光。

霍光赞同常惠的观点，便对他说道："你也别完全放弃攻打龟兹国的想法。你到那里之后观察一下局势，要是适合呢，就狠狠地揍他们一下，要是不适合呢，就别轻举妄动，只干皇上交代你的事就行了。"

常惠："那万一我打了但是打败了，到时候大将军您可得为我撑腰啊！要知道，这可是欺君之罪。"

霍光："放心吧，到时候我在皇上那里替你求个情。"

常惠："只是这样还不够，恐怕还要请大将军给我点兵力上的支持。"

霍光笑道："不用你说，早给你准备好了。因为毕竟皇上不同意攻打龟兹，所以我不能给你调配太多的军队，只能给你五百精兵。"

常惠皱了皱眉，说道："五百？您可别跟我开玩笑了。五百管什么用啊？"

霍光："你别着急啊，先听我说完嘛。你不是去乌孙国给他们发奖吗？借机向他们借点人，沿途还有一些和我们关系特别好的国家，你也顺便访问一下，然后挨个借点。这样一来，你一定能凑不少人。这样做还有一个好处，你想啊，你用的不是朝廷的军队，万一吃了败仗，皇上也不会过分怪罪你。"

常惠听完，笑容满面，道："还是大将军厉害啊！佩服，佩服！小的就这么办。"

常惠带着五百精兵先来到乌孙国，同肥王翁归靡进行了友好的会晤，对立功的乌孙将士和贵族给予了隆重的嘉奖。

临走时，常惠握着肥王翁归靡的手说道："大王，我有件事儿求你，不知道大王能不能屈尊帮我一下？"

肥王翁归靡道："喊大王就见外了，咱们是好兄弟。有什么事儿你说，哥哥我就是上刀山下火海也要帮助弟弟！你说吧，怎么了？"

常惠道:"龟兹国一直对我大汉不敬。你看,弟弟我大老远来一趟也不容易,我也是个爱国人士,所以想烦请你借给我两千士兵,让我去攻打龟兹国……"

还没等常惠说完,肥王翁归靡直接打断了他的话,瞪着眼睛大声说道:"什么?两千?!"

常惠心想:坏了,这是要多了,我自己出门才带了五百,我直接跟人家要两千,确实有点不合适。

常惠刚要解释,肥王翁归靡继续说道:"你瞧不起当哥哥的,是吗?我弟弟要带人去打仗,两千人让我这个当哥哥的怎么放心。这样吧,我给你七千精兵,如何?常惠连忙握着肥王翁归靡的手说道:"谢谢大王,谢谢哥哥。等我打了胜仗,咱哥儿俩一定一醉方休!"

就这样,常惠从乌孙国借了七千精兵。

常惠按照霍光的建议,离开乌孙国之后又陆续访问了好多别的国家,分别向他们借兵,最后凑来凑去竟然凑了四万人!

常惠把队伍进行了重新编制,兵分三路,从东、西、北三个方向包围了龟兹国,随时向龟兹国发起进攻。

龟兹国的人早上醒来,往城外一看,吓了一跳,怎么一夜之间被人包围了?

常惠派人进城给龟兹国国王送了一个口信:"你们龟兹国过去曾经杀害汉朝的使者,现在我代表大汉天子讨伐你们!你们还有什么要交代的吗?"

龟兹国国王仔细观察了一下四周,发现这些部队的士兵分别来自不同的地方,便暗自揣测:难道是好多国家联合起来一起攻打我吗?看来我这次是真要完蛋了!

龟兹国国王连忙回复常惠:"常大人啊,您误会了!杀害大汉使者的不是我,而是我国的一个贵族,名叫姑翼。"

常惠回复："把事情说明白了就好。冤有头，债有主，只要你把姑翼交出来，我就撤军，绝不伤害贵国人民。"

龟兹国国王一听，那当然好啊，牺牲他一个，幸福千万家，于是便果断地出卖了姑翼，将其五花大绑送到了常惠的手中。

常惠见到姑翼，心想：你们龟兹国国王真"仗义"！自己家的人说卖就卖。

常惠在阵前将姑翼斩首，而后撤军。就这样，常惠没有废一兵一卒，便为朝廷报了仇，挽回了大汉天子的面子，回国后被封为常罗侯。

028
刘解忧刺杀乌孙王

前面讲到，刘解忧先嫁乌孙国的岑娶，又嫁翁归靡并生下多个孩子，其中最小的儿子叫万年。

话说西域还有一个小国家叫莎车国。莎车国和乌孙国走得很近，莎车国国王对刘解忧生的万年非常喜欢，见到他仿佛就像见到亲儿子一样。

莎车国国王为何有这种情结呢？

因为莎车国国王虽贵为一国之王，却不能生育，终生无子，所以他见到可爱的小男生就会莫名地喜欢。

后来莎车国国王突然得病去世，这为莎车国的贵族们留下了一个难题：到底找谁当接班人呢？

大家讨论来讨论去，最终决定，遵从国王生前的喜好，请隔壁乌孙国的小王子万年来当莎车国的新国王。

莎车国贵族这么决定，其实还有更长远的考虑。

万年的身份比较特殊，父亲是乌孙国的国王翁归靡，母亲是汉朝的公主刘解忧。如果莎车国拥立万年当国王，就可以同时结交乌孙国和汉朝，一旦有别的国家来侵犯，莎车国将会得到双方的保护和支援。

莎车国的贵族们向汉王朝天子提交了一份申请，希望汉朝天子可以批准万年担任莎车国的新国王。

汉朝当局当然乐意让亲汉的人当莎车国的国王，当即表示同意，并派了一个名叫奚充国的人担任大使护送万年前去履职。

对于万年而言，这简直是天上掉下来的馅饼。一方面，莎车国的贵族呼唤着他去当国王；另一方面，汉朝和乌孙国还是他坚强的后盾。

万年起手一把绝佳的牌，可惜他不争气。上任后，他不能励精图治，相反，处处表现出残暴嗜杀，这让莎车国自上而下很是失望。

这时候，有一个人坐不住了，他决定站出来做点什么。此人不是旁人，正是莎车国前国王的弟弟，名叫呼屠徵（音zhēng）。

莎车国国王去世的时候，呼屠徵就觉得，哥哥去世，又没有后代，当弟弟的理应坐上王位，没想到，大家宁可去外面找人也不让他这个亲弟弟当国王。

对此，呼屠徵意见很大，只不过是暂时忍了。

万年当上国王之后，眼见着搞起了暴政，国家自上而下一片混乱，呼屠徵意识到，他夺权的时机成熟了。

呼屠徵没有采取和平手段让万年退位，而是以暴力政变的方式将万年杀死，自立为莎车王。最倒霉的是汉朝派过来辅佐万年的大使奚充国，跟着万年一起被杀害。

至此，远在异国他乡的刘解忧不得不承受丧子之痛。

丧子仅仅是刘解忧痛苦的开始。

万年被杀后不久，刘解忧的丈夫、乌孙王翁归靡也卧床不起，突然病危。

翁归靡不得不考虑接班人的问题。

按照当年他对岑陬发下的誓言，翁归靡死后应该把王位归还给岑陬的儿子泥靡。翁归靡当年发誓时也确实是这么想的，是真的想辅佐泥靡长大成人后，把王位还给他。

可是，翁归靡想不到，他后来娶了刘解忧并生下多个孩子，尤其是长子元贵靡，他颇为喜欢。

有了老婆、孩子后的翁归靡心态发生了变化，开始产生私心：为什么非要把王位还回去不可呢？这些年都是我在治理这个国家，要是没有我，这个国家早就垮了。我把王位传给自己的儿子,不算过分。

翁归靡就给汉王朝天子写了一份密信,信中写道:"请求大汉朝廷支持我立元贵靡为乌孙国接班人。元贵靡是我和汉家公主刘解忧所生,他登基后一定会从政治上亲近汉王朝,疏远匈奴。我还希望汉王朝政府能够再派一位年轻的公主来嫁给元贵靡,成为他的王后。这样乌孙国便可与汉朝世世友好、友谊长存。"

翁归靡这封信并没有把话说得那么明确,他要表达的真实意图是:我立元贵靡当接班人需要汉朝的支持才行。

当时汉朝的皇帝已经变成了汉宣帝。汉宣帝当即召集文武百官开会讨论该如何答复翁归靡。

朝堂之上,君臣进行了激烈的争论,很多大臣认为不应该答应翁归靡的要求。而汉宣帝则认为,难得翁归靡如此坦诚,如果不答应他,未来的乌孙国就会被匈奴拉拢,失去一个朋友的同时还多了一个敌人,实在不划算。

汉宣帝力排众议,封刘解忧的侄女刘相夫为新的公主,送刘相夫去乌孙国嫁给翁归靡的儿子元贵靡。

为了保险起见,汉宣帝让常惠亲自护送刘相夫出使西域。

此时乌孙国国内分成了两派:一派支持翁归靡把王位交由儿子元贵靡继承;另一派则认为翁归靡必须兑现承诺,把王位还给泥靡。

两派剑拔弩张,随时都有可能擦枪走火。

事情往往就是怕赶巧。

就在常惠保护元贵靡的未婚妻、公主刘相夫赶往乌孙国的路上,翁归靡竟然撒手人寰了。

翁归靡的去世让他的反对派们如得天助。于是,他们果断立岑娶的儿子泥靡为新的国王。就这样,翁归靡的儿子元贵靡不得不惨痛出局。

翁归靡去世和泥靡登基的消息很快传到了还在路上的常惠这里,这下，常惠就尴尬了。

刘相夫本来是要去当新王后的，这下倒好，新的王后当不上了，就连国王都变了。刘相夫如果到了乌孙国，岂不成了笑话？

常惠一方面向朝廷汇报情况，一方面安排刘相夫暂时在敦煌的驿站停下来休息，自己则快马加鞭赶往乌孙国一探究竟。

常惠来到乌孙国之后，指责乌孙国的贵族为何不立元贵靡为新的国王。

此时生米已经煮成熟饭，而且翁归靡当年确实公开承诺过，他确实不占理，所以常惠的指责并不能解决任何问题。

就这样，汉朝廷碰了一鼻子灰，只好尴尬地让刘相夫从敦煌回家。

翁归靡的突然去世对刘解忧无疑又是一个重创。沉浸在丧子之痛尚未心灵痊愈的她，又不得不承受中年丧夫之痛。

因为翁归靡是泥靡的叔叔，所以泥靡当上新的乌孙王之后，刘解忧本应当一个王太后，颐养天年就可以了。

岂料，泥靡有一天突然来找刘解忧说："婶子，我叔叔去世也有些日子了，不瞒您说，我一直对您有感觉，所以本王决定把您娶了。注意，这是本王的命令，不是跟您商量哟！"

刘解忧听后，肺都要气炸了，但考虑到自己肩负着国家的历史使命，只好忍着屈辱，嫁给了泥靡。

这是刘解忧第三次嫁给乌孙国国王。

泥靡娶了刘解忧之后没多久，刘解忧便为他生下了儿子鸱（chī）靡。

泥靡当初娶刘解忧并不是因为真心喜欢她，纯粹是因为青春期的骚动。当他得到刘解忧之后，便对她失去了兴趣，所以两个人并没有什么感情，甚至经常吵架，还一度剑拔弩张。

泥靡这个人治理国家的能力很差，而且性格凶狠残暴，动辄靠杀人来解决问题，这让他越来越失去民心。

刘解忧从心里更愿意支持她与第二任丈夫翁归靡所生的元贵靡来当国王。面对泥靡的嚣张气焰和飞扬跋扈，她决定走一步险棋。

当时，汉朝派了两个使者魏和意、任昌来定期访问乌孙国，刘解忧把二位叫到自己家里，单独会见他们。

刘解忧说道："二位大人想必已经和乌孙国的新国王泥靡接触过了，估计你们也看出这个国王是个什么货色了。"

魏和意、任昌听后连连摇头。

刘解忧继续说道："此人虽然名义上是我的丈夫，但他当年是强行将我占有的。最关键的是，此人倒行逆施，不具备治国理政的能力。照这样下去，乌孙国一定会大乱，届时匈奴便会捷足先登，到时候咱们汉王朝就彻底失去对乌孙国的控制权了。"

魏和意问道："那依照公主您的意思，我们该怎么做呢？"

刘解忧环顾了一下四周，压低声音，道："我们杀了泥靡！"

二位大使有些吃惊，他们绝对没有想到刘解忧找他们来商量的是如何杀死自己的丈夫。

任昌停顿了一下，道："怎么杀？"

刘解忧道："依照外交礼节，明天泥靡会设宴款待二位大使，到时候我会安排一个杀手混入现场，趁泥靡喝酒时直接捅死他。"

魏和意道："公主，您觉得此事是不是应该先向咱们大汉天子请示一下？"

刘解忧道："路途遥远，请示已经来不及了。再说了，这也是为国家的长远利益考虑，杀死泥靡，辅佐元贵靡上位，一定会得到天子同意的。将在外，军令有所不受，我们只能先斩后奏了。"

二位大使表示同意。

第二天，泥靡设宴招待二位大使。酒宴之上，刘解忧事先安排好的杀手悄悄潜入了会场。

泥靡端起酒杯，说道："我，新一任乌孙王，欢迎汉王朝大使来访！来，我先敬二位一杯。"

泥靡故意把"新一任"三个字说得特别响亮。

就在泥靡端起酒杯痛饮之时，杀手抽出匕首一个健步冲向前去，照着泥靡的喉咙狠狠地刺了过去。

此时的泥靡正值年富力强，反应迅速，看到有人冲过来，出于本能的反应躲了一下，结果利刃刺中了泥靡的肩膀。

泥靡意识到，这是一个陷阱，此地不宜久留，扔下酒杯，直接向外跑去，来到营帐外，快马加鞭离开了。

泥靡还有一个儿子名叫细沈瘦。细沈瘦一直以来主张亲匈奴、远汉朝，听说父王被刘解忧设局暗杀未遂，当即调派军队将刘解忧和二位汉朝大使魏和意、任昌团团包围，只要泥靡一声令下，便可进去杀个精光。

泥靡对刘解忧恨得牙痒痒，他万万没想到这个女人竟然如此大胆和薄情，要知道，她还跟自己生过孩子呢！

泥靡终究不是莽夫，他知道，杀掉刘解忧图一时之快倒是简单，可这意味着乌孙国将和汉王朝正式决裂，汉王朝的大军如果开过来，自己的军队根本不是对手。

泥靡要求细沈瘦对刘解忧等人围而不攻。

为什么要这样呢？

泥靡就是要做给汉王朝天子看，留出充足的时间等着汉王朝天子给一个说法。

这就好比一个人被打了，这个被打的人并不还手，而是坐着被大家围观并等着警察来评理。他的目的不是不还手，是因为他知道还手只会被揍得更狠，他要装可怜、造势，以求获得更多的赔偿。

汉王朝天子得到消息后，十分吃惊，万万没想到，刘解忧作为一个女子，人到晚年竟然如此彪悍。

首先，从汉王朝政府的立场来讲，这次事变并没有事先得到汉王朝天子的许可，刘解忧的做法是不合规矩的。

其次，刘解忧的刺杀行动并未成功，这意味着泥靡作为乌孙国国王的事实并未改变。

汉王朝从大局考虑，只能选择继续支持泥靡，并于第一时间向泥靡派去最好的医生并带去最好的药材，帮助泥靡治疗外伤。

与此同时，汉王朝并不想让泥靡因此而嚣张，马上调集军队驻扎在大宛国国外，这对泥靡是一种震慑，告诫他，你不要太过分哟，否则的话，你懂的。

汉王朝终究是要拿个态度出来的，毕竟不占理，便让两位大使魏和意、任昌当了替罪羊，将其装上囚车，押解回长安后斩首，以给泥靡一个说法。

刘解忧则继续当他的乌孙夫人，只不过流于形式而已。从此，刘解忧和泥靡彻底形同陌路，泥靡再也不敢踏进刘解忧的房间半步。

对于刘解忧，经过这次事件，泥靡势必会处处提防她、限制她，让她无法施展手段。

可是，泥靡没有想到，刘解忧高瞻远瞩，给自己留了一个后手。

029

冯夫人星耀乌孙

刘解忧这个人厉害就厉害在，作为一个女子，其布局未来的眼光恐怕连很多男人都比不上。

话说当年刘解忧被朝廷任命为公主嫁到西域时，允许她挑一个随身的丫鬟。

刘解忧唯独挑了一个名叫冯嫽（liáo）的丫鬟跟着自己远行。

冯嫽无任何家庭出身可查，甚至连出生年月在历史上都没有记载，她就是一个普普通通的来自老百姓家庭的女孩儿。

刘解忧为何偏要选中她呢？

接下来发生的事情证明了刘解忧看人识人眼光之独到。

刘解忧在挑选丫鬟时发现，那么多丫鬟平时都把精力放在女红、梳妆打扮上，唯独冯嫽与众不同，平时爱好书法，尤其是擅长隶书。

刘解忧一眼就看出来，这个女孩儿不简单，决定把她带上。

刘解忧来到西域之后，并没有拿冯嫽当一个普通丫鬟使用，而是默默地培养她，锻炼她。

刘解忧私下里让冯嫽学会了骑马，同西域各国的来使进行交谈时，也要冯嫽在场学习各国语言。经过多年的积累，外加刘解忧的细心调教，冯嫽对各国的语言和文化习俗掌握得一清二楚，在同别人进行交流时，更是懂得拿捏，深得各国友人称赞。

再后来，凡是需要刘解忧去例行访问西域各国的时候，索性冯嫽就全权代理了。

大家过去从没见过女大使，现如今来了这么一个，还年轻漂亮，关键是能把当地语言说得跟她的母语一样熟练，谈吐不卑不亢，这让各国的国王、外交官们都很佩服她。时间久了，大家便尊称冯嫽为冯夫人。

像冯嫽这样的年轻女孩，又有大汉和刘解忧公主为背景，一定少不了西域的优秀男子示爱。

远的不说，仅乌孙国内就有不少将军、贵族对冯嫽展开疯狂的追求。

冯嫽是由刘解忧一手培养起来的，深知自己肩负着家国使命，也就是说，选择丈夫不能只凭借自己是否喜欢，更要考虑到国家的长远利益和政治需要。

鉴于此，在征得刘解忧同意之后，冯嫽选择嫁给乌孙国的右大将。

右大将是个官职，历史上也没有记载冯嫽丈夫的具体姓名。但是我们知道，冯嫽和刘解忧选择这个人，绝对不是出于偶然。

问题来了：有那么多追求者，都是将军、贵族级的，为何偏偏选中这个右大将呢？

不得不说，这再次体现了刘解忧的远见。

前文讲过，乌孙国国王在娶汉王朝公主的同时，通常也会娶一个匈奴派过来的公主，目的就是要告诉汉王朝和匈奴：我两边都得罪不起，我愿意同你们两边都交好。

当年的翁归靡就是这样，在娶刘解忧的同时也娶了匈奴公主，这个匈奴公主为他生下的儿子叫乌就屠。

通常来说，如果格局比较小的话，刘解忧和这个匈奴公主应该上演一场宫斗大戏。

但刘解忧不是那种小肚鸡肠的女人，她心里想着的是如何团结、拉拢匈奴公主，一致对付乌孙国的各种政治势力。

如果刘解忧放到现在，也像大家一样，被人推荐了几部宫斗电视剧，相信她看不了几集就会直接关掉，然后很鄙视地对剧中斗来斗去的那些女人们说:"你们好无聊啊,斗来斗去,还不是自己吃亏、皇上占便宜?为什么不联合起来一致对付皇上呢?"

我想,读到这里的读者,尤其是女性读者,应该好好品一品刘解忧这个人,尤其是她宏大的格局、长远的眼光,很值得大家学习。

回归到刚才的问题,为什么冯嫽要选择那位右将军呢?

因为这个右将军是匈奴公主所生的儿子乌就屠最好的朋友。

这意味着,冯嫽和右将军结婚后,匈奴公主一方的政治势力也就和刘解忧一方有了密切的关联。

汉朝和匈奴越是对立,作为双方都要拉拢的对象,乌孙国就会同时向两方索取利益。

如果刘解忧和匈奴公主不搞内斗,那么乌孙国的国王就不会占据主动,最终受益的还是大汉王朝。

刘解忧还有一番考虑,那就是,如果将来自己的儿子当乌孙国国王的话,至少可以保证匈奴公主一方代表的政治势力不会成为拦路石。

历史证明,刘解忧的深谋远虑发挥了作用。

前文说到,刘解忧暗杀泥靡未果,此事事发突然,这让匈奴公主所生的儿子乌就屠产生了一个误判:难道刘解忧要搞政变,清洗各方势力?

乌就屠听说泥靡被刺伤后逃走,神经比较敏感,在没来得及多了解事情真相的情况下,如同惊弓之鸟,带领兵马逃到山中躲藏起来了。

乌就屠对外放出狠话给自己壮大声势:我母亲娘家可是匈奴,不会坐视不管,要是有人敢杀我,匈奴的大军就会过来复仇!

与此同时,乌就屠开始招兵买马,纠集兵力,决定择机杀回乌孙国。

乌就屠杀回去容易,但有一个问题需要先弄清楚:他的敌人到底应该是刘解忧代表的汉王朝势力,还是昏君泥靡呢?

要论祖上的仇恨,匈奴和汉王朝一直是宿敌。要论眼前最讨厌谁,乌就屠最讨厌的是泥靡，他对泥靡上位以来的暴政意见很大，而且乌就屠最想要的是当乌孙国的国王。

就在乌就屠迟疑之时，手下前来禀告："禀告王子，您的好朋友求见！"

来者不是旁人，正是冯嫽的丈夫、乌孙国的右将军。

哥儿俩见面分外热情。

乌就屠道："我就知道，关键时刻你一定会来帮我。"

右将军道："我就知道，关键时刻你一定需要我的帮助。"

"哈哈哈！"两人击掌，大笑起来。

右将军道："咱俩不是外人，你就跟我直说吧，下一步你是怎么打算的？"

乌就屠道："不瞒你说，我现在不了解刘解忧公主的想法。我母亲是匈奴人，刘解忧会不会因此而杀我？你老婆那边儿有什么消息吗？"

右将军道："我正是为此事而来。我老婆说了，刘解忧公主非但对你没有敌意，还要邀请你回去一同治理乌孙国呢！"

听完这句话，乌就屠悬着的心终于落地，慢慢说道："从国家利益角度出发，我更讨厌泥靡。自从他当国王以来，国家上下一片乌烟瘴气，如此下去，乌孙国早晚要亡国。抛开汉朝与匈奴的历史仇恨不谈，我是支持刘解忧公主暗杀泥靡的。"

右将军道："既然如此，那就请王子重整旗鼓，杀回乌孙，消灭泥靡，与刘解忧公主会师！"

乌就屠道："就这么办！"

当晚，乌就屠调集军队向泥靡发起猛攻。

刚刚经历了被暗杀的泥靡惊魂未定，一直防范着刘解忧和汉王朝的部队，万万没想到乌就屠先杀了过来。

泥靡不论是治国还是带兵，能力都很差，完全不是乌就屠的对手。就这样，泥靡被乌就屠轻松手刃。

乌就屠杀死泥靡后，自立为新的乌孙国国王。

没有了泥靡威胁的刘解忧并没有闲下来，而是为乌孙国未来的立场开始担忧。

在面对泥靡这样一个共同的敌人时，刘解忧和乌就屠是可以联手合作的。而考虑到未来，乌就屠毕竟是匈奴公主所生，他当上乌孙王，乌孙国势必会和匈奴越走越近，和汉王朝越走越远。

鉴于此，刘解忧向朝廷汇报了这一顾虑。

汉宣帝认为刘解忧看得长远，马上派遣一支一万五千人的队伍进驻到现在的甘肃敦煌地区，名义上是开田种粮，实际则是虎视乌孙，一旦有变，随时杀入。

乌就屠瞬间感受到了刘解忧的厉害。面对着驻扎在大门口的汉王朝大军，乌就屠开始焦躁起来。

乌就屠在想，要不要去找匈奴来支援自己呢？可是一旦这样，就意味着乌孙国和汉王朝彻底决裂了。

就算与汉王朝决裂，现在去找匈奴帮忙也是远水解不了近渴呀。

可是如果汉朝军队明天就打过来呢，难道坐以待毙吗？

就在这时，有人来报："报告大王，您的好朋友求见！"

来者正是冯嫽的丈夫右将军。

乌就屠心想，每到关键时刻他就出现，他的点儿怎么就踩得这么准？

右将军进门后直奔主题："大王，看你一副焦虑的样子，是不是为敦煌的一万五千汉军发愁呢？"

乌就屠道："你简直就是我肚子里的蛔虫！想必你是带着建议来的，说吧，我该何去何从？"

右将军道："我听我老婆说了，汉王朝皇帝脾气不好，想要直接杀进来灭了你。"

乌就屠一脸铁青，道："哎呀，果然如此！他们这是因为我有一半的匈奴血统，所以不放心啊！我现在去找匈奴搬救兵也来不及。难道我注定要当阶下囚了？"

右将军道："大王把问题想得过于严重了。你想啊，汉王朝军队如果真想杀进来，早就动手了，为什么还要驻扎在敦煌观望呢？你觉得他们在观望什么？"

乌就屠道："对啊，他们好像并不想动武。"

右将军道："我又听我老婆说了……"

乌就屠道："你能不能把你老婆说的话一次性说完啊？"

右将军道："嘿嘿，这就说完了。汉王朝皇帝的意思是，只要你让出王位，可以让你当乌孙国最大的贵族。否则，你就只能当阶下囚了。"

乌就屠陷入了沉思。

右将军继续说道："恕我直言，就算没有汉王朝插手，仅仅乌孙国内部的这些贵族们就有很多反对你的，尤其是泥靡的后代，一定不会轻易放过你，你照样随时随地会被暗杀。还不如就此答应汉王朝，还能获得汉王朝的支持，这样国内各个山头的人就不敢轻易加害于你了，你反而落得一个善终。"

乌就屠叹了一口气，道："唉，好吧。看来我注定不是当国王的命。那就拜托你回去转告你老婆和刘解忧公主，我愿意与汉朝天子交朋友，同时让出王位给汉王朝天子更放心的人。"

右将军把该消息告诉了老婆冯嫽，冯嫽向汉宣帝做了汇报。

汉宣帝任命冯嫽代表朝廷全权处理此事。

到了正式召见乌就屠那天，冯嫽坐着豪华的锦车，手持汉宣帝赐予的汉节，召乌就屠在赤谷城见面。

冯夫人宣布，将乌孙国拆分为两个国家，分别是大乌孙国和小乌孙国，由刘解忧的儿子元贵靡任大乌孙王，由乌就屠任小乌孙王。

元贵靡拥有民众六万余户，乌就屠拥有民众四万余户。

就这样，刘解忧让儿子当乌孙王的愿望最终还是实现了，汉朝政府也实现了对乌孙国的绝对控制。

人算不如天算。

元贵靡当上大乌孙王后没多久得了重病，不久便离世了。这对年事已高的刘解忧是一个巨大的打击。

刘解忧的爷爷是汉朝的诸侯王刘戊，是当年"七王之乱"的参与者之一。

"七王之乱"被镇压后，刘戊的后代没落了。所以当需要汉朝的公主乌孙王和亲时，刘解忧便被挑选前去，毕竟得势的诸侯王的公主当中，没有人愿意去。

刘解忧来到乌孙国后，为了国家利益的考虑，先后嫁了三位乌孙王并先后丧夫。如今，儿子元贵靡又先于自己离世，白发人送黑发人，令人唏嘘感慨。

中国人常说，女人有三大悲剧，分别是幼年丧父、中年丧夫、晚年丧子，刘解忧都赶上了，这一切的背后，都源自她对国家的热爱和忠诚。

此时的刘解忧，自认为再也无心更无力为国家"解忧"了。她目前还有最后一个愿望，就是临死之前可以回到阔别将近一生的大汉，看看曾经熟悉的街头，听听久别的乡音，吃一口回忆了几十年的家乡口味的热饭，最后可以死在故乡，埋入故土。

刘解忧从未向汉朝天子提过个人的需求，如今她向汉宣帝写了一封信，信里写道："我已经年迈，日日思念故土，恳请皇上允许我死在故乡。"

汉宣帝和文武百官无不被刘解忧的信所打动，纷纷流下热泪。

汉宣帝当即派专人前去接刘解忧回家。当年冬天，在冯嫽的陪同下，刘解忧终于踏上了长安城的土地。

朝廷按照皇帝女儿的待遇来对待刘解忧。两年后，刘解忧安详地离开了人世。

元贵靡去世后，他的儿子星靡继承王位。

星靡这个人性格软弱，能力不足，镇不住乌孙国混乱的局势。远在长安的冯嫽一直心系乌孙，她知道，如果星靡有个三长两短，刘解忧的在天之灵也不会安息。

基于对刘解忧的栽培之恩，更基于对祖国的忠诚，冯嫽主动提出申请，要求再次回到乌孙国辅佐刘解忧的孙子星靡。

朝廷批准了冯嫽的申请，派出一百多名士兵护送冯嫽重返乌孙国。

就这样，冯嫽把自己的余生完完全全地奉献给了国家的边疆守护事业，为丝绸之路的繁荣稳定做出了彪炳史册的功绩。

第五章 角力匈奴

030
卫子夫家族的崛起

自高祖刘邦起，匈奴就是汉朝一大边患。新朝刚刚建立，国力有限，外加匈奴在千里之外，居无定所，刘邦无法消灭匈奴，只能与之一边和亲，一边斗争。

汉武帝上位后，匈奴问题是重点工作之一。

公元前133年，雁门郡有一个大地主名叫聂壹，给时任大行令一职的王恢上书，建议道："匈奴人和我们刚刚和亲，双方处于短暂的蜜月期，我们可以下个套，用利益和物质诱惑他们，然后打一场伏击战，一定可以重创匈奴。"

聂壹常年居住在汉朝边境，对匈奴的侵犯深恶痛绝，同时对他们了解得也较为详细，故而提出此计。

王恢把聂壹的信转给了汉武帝，汉武帝召集群臣商议此事。

此时的大臣分为主战派和主和派两派。主战派代表人物是王恢，主张对匈奴主动出击，主和派代表人物是韩安国，认为不远千里攻击匈奴，劳民伤财，还不一定能取胜。

人的立场，常常是位置决定观点。

先说王恢。

王恢是燕国（今河北）人，从驻守边疆的基层职员一点一点做起，最后做到大行令一职。

大行令就是负责朝廷和诸侯国之间沟通、交流的一个职位，影响力相当大。

王恢从地方边疆一步步晋升而来，目睹了匈奴给老百姓造成的伤害，所以他主张痛击匈奴。

再说韩安国。

韩安国是梁国成安县（今河南商丘市）人，年轻时系统学习《韩非子》以及各家学说，后来凭借出众的才华得到梁孝王刘武的重用。韩安国属于标准的文官集团成员，文官要想有用武之地，一定是在和平环境下。

如果汉武帝采纳了王恢的意见，文官集团的政治地位便会降低，而王恢这样的主战者，将会因为战功而使自己的地位得到提升。

自古至今，军官和文官之间的矛盾一直存在，像廉颇与蔺相如这两个人都能顾全大局的组合，少之又少。

王恢与韩安国吵得不可开交。

此时汉武帝新君登基，野心勃勃，一心想要建功以名垂青史，外加韩安国是刚刚晋升上来的官员，说服力不足，汉武帝便采纳了王恢的意见，对匈奴发起伏击战。

这年夏天，汉武帝火力全开，一下任命了五位将军来负责北伐匈奴。这五位将军分别是王恢、韩安国、公孙贺、李广和李息，率领三十万大军，浩浩荡荡向雁门郡马邑城进发。

马邑城有一个特点，匈奴要想进入，需要经过一段峡谷。汉军埋伏在山谷两侧，只等匈奴大军进入，两边自上而下伏击，便可利用地形优势取胜。

汉军安置妥当后，前面提到的聂壹假装成投降匈奴的汉人，引诱匈奴上钩。

此时匈奴的头领是军臣单于。

聂壹见到军臣单于后，说道："我可以替您杀死马邑的县令，献出马邑城作为见面礼。城里巨额的财富都归您了！"

这对军臣单于而言，属于一本万利的买卖。聂壹如果刺杀县令失败，军臣单于无任何损失，一旦成功，匈奴大军便可直接杀入马邑城，掠夺海量财富。

聂壹回到马邑城之后，杀掉了两个死刑犯，将其头颅悬挂于城门之上。

事先安排好的群众演员也跟着喊："啊！县令、县丞被杀了啊！"

消息很快传到军臣单于那里，军臣单于大喜过望，立马亲自带领十万骑兵主力杀向马邑城。

快到马邑城的时候，军臣单于发现漫山遍野都是牛羊，唯独不见放羊的人，感觉很奇怪。

军臣单于不是普通人，作为首领的军事敏感性还是有的。他下令先不着急去马邑城，先攻打附近的堡垒，结果活捉了一个汉朝官员。这个家伙为了活命，主动向匈奴人说出实情：前方汉朝大军已经设好埋伏，就等你前去中招。

匈奴大军赶紧撤回长城以外。

此时，王恢率领的汉朝大军左等右等，发现匈奴军就是不来，便派人刺探，这才知道，原来匈奴人刚刚撤回。等汉军再去追赶时，已经不见匈奴人的影子。王恢怕继续追赶下去，极有可能中匈奴人的埋伏，只好下令撤军。

就这样，作为主战派王恢极力主导的这场马邑伏击战，劳民伤财一场空，最后什么都没有得到。

汉武帝震怒！直接将王恢交由廷尉处理。

廷尉看到皇上生气，便投其所好，建议将王恢斩首。

王恢连夜拿出重金贿赂皇上身边的红人丞相田蚡。田蚡找到汉武帝的母亲王娡。

田蚡在王娡那里替王恢说好话："马邑伏击失败了，王将军虽然没有立下军功，但是也没有什么罪过。眼下国家正是用人之际，如果杀掉王恢，那就长了匈奴人的志气。希望您跟皇上求求情，让王将军戴罪立功，岂不更好？"

王娡找到汉武帝，转达了田蚡的话。

汉武帝听后，愤怒地说道："当初主张攻打匈奴的就是王恢，后来带兵打仗的也是他，最后却这样收场，全天下人都在耻笑朕！此人不杀，何以堵天下人的嘴？"

王恢听了汉武帝的话后，彻底绝望，在朝廷的人抓他之前，先行自杀了。

马邑伏击事件以后，匈奴和汉朝的关系迅速恶化。匈奴兵经常对汉朝边郡进行骚扰掠夺，而汉朝只能选择忍耐。

汉朝讨伐匈奴，与一个女人息息相关，那就是汉武帝的第二任皇后卫子夫。

卫子夫是河东郡平阳县（今山西临汾市）人，出身贫民，以至于后来都贵为皇后了，史书里都没有记录她的父亲是谁。

卫子夫的母亲卫媪（音ǎo），是西汉第二任丞相曹参家里的仆人。

卫媪生下三女一男。因孩子都跟母亲姓，三个女儿分别取名卫君孺、卫少儿、卫子夫，儿子取名卫长君。

卫媪身为丞相府的人，难免和各种大小官吏接触。时间一久，她又和一个名叫郑季的基层小吏好上了，生了三个儿子。但是老郑有家室，不想和她结婚，所以卫媪的三个儿子只好跟母姓，分别取名卫青、卫步、卫广。

随着女儿们渐渐长大，卫媪就把她们送到丞相府里学习歌舞。自幼就有童子功的卫子夫，唱功了得，最终成为丞相府里的一名讴者。讴者就是唱歌的人，歌者。

卫子夫的职业就是丞相府的女歌手。

到了汉武帝时期，当年的丞相曹参已经去世多年，曹参的曾孙曹时继承了平阳侯的身份，成为这硕大丞相府的主人。

这个曹时可不是一般人。

话说汉武帝的母亲王娡与汉景帝生过一个女儿，是汉武帝的姐姐，史称平阳公主。平阳公主长大后便嫁给了曹时。所以，曹时除了是西汉开国元老直系后代外，还是汉武帝的亲姐夫。

曹时在汉武帝时期的影响力是很大的，此时的卫子夫还只是曹时家的歌女，甚至曹时都不知道还有这么一个人存在。

前文说到汉武帝的父亲汉景帝有个姐姐叫刘嫖。

当初，汉景帝听信刘嫖的挑拨，废掉了太子刘荣，转立刘彻（汉武帝）为接班人。作为回报，汉武帝娶了刘嫖的女儿陈阿娇并将其立为皇后。但陈阿娇嫁给刘彻之后，始终不能生育。而作为皇上，又不可能没有后代。所以朝廷上下所有人都心知肚明，刘彻同别的女人生孩子是一种必然，无非时间早晚而已。

平阳公主作为汉武帝的姐姐，把这一切看在眼里。她意识到，当年刘嫖这么干，我也应该这么干，这是让下一代走向更加富贵的捷径。

就这样，平阳公主也开始在汉武帝这里打起了主意。

公元前139年春，汉武帝去霸上扫墓祭祖，回来的时候拐了个弯，顺便去曹时家做客，探望一下姐姐平阳公主，结果在平阳公主那里看上了卫子夫。

第二天，平阳侯曹时与平阳公主送汉武帝回宫，临别之时，平阳公主趁卫子夫上车之际，摸着她的背，说道："没想到，你跟我这么久，今日就要远行了。到了宫里，吃好饭，身体健康是第一位的。再就是要努力，你懂的。如果哪天你真的富贵了，别忘了这些年我和平阳侯对你们一家人的恩情就行了！"①卫子夫红着眼圈与平阳公主作别。

卫子夫入宫之后，本以为皇上对她一见倾心。其实，汉武帝当时只是一时冲动，回宫之后，就把卫子夫给忘了。

整整一年，卫子夫独守空房，一直都没有见到汉武帝。卫子夫做了一个大胆的决定，她鼓起勇气，找到汉武帝，申请和一批老宫女一起，被遣回原籍。

汉武帝见到卫子夫时，这才想起，一年之前两个人曾有过一次鱼水之欢。

卫子夫说明自己的想法后，汉武帝的内心受到了不小的冲击。

对汉武帝而言，眼前的卫子夫像一股清泉流过心田。汉武帝看着眼前这位哭得楚楚可怜的美女，梨花带雨，越发让人产生想要宠爱她的冲动。

结果，卫子夫没有得到汉武帝的应允，反而被他一把拉过去，揽入怀中……

这一次，卫子夫怀孕了。

朝廷上下为之震撼，汉武帝登基这么久，终于有了龙种。

皇后陈阿娇得知此事，瞬间暴怒，但又只能忍。

阿娇的母亲刘嫖一直飞扬跋扈，眼见着平民出身的卫子夫的地位要超过自家女儿，岂能忍下这口气？

刘嫖决定，派人抓走卫子夫的弟弟卫青并将其暗杀，以震慑和威胁卫子夫。

刘嫖派来的杀手被卫青的朋友公孙敖一行人打败。公孙敖从对方口中得知，派他们来的正是当今圣上的亲姑姑——馆陶公主刘嫖！

卫青立马将此事告知卫子夫，卫子夫又将此事告知汉武帝。人证物证

---

① 《史记》："主因奏子夫奉送入宫。子夫上车，平阳主拊其背曰：'行矣，彊饭，勉之！即贵，无相忘。'"

俱在，刘嫖无法抵赖。

本来自家女儿只是不得宠而已，刘嫖这么一折腾，则完全变成了汉武帝的敌人。

在这里不得不说到外戚集团。西汉建立之后，汉高祖刘邦的皇后吕雉强势且毒辣，汉高祖怕自己死后吕雉乱政，便想在临终前彻底解决这个问题。

跟着刘邦一起打江山，尤其是在鸿门宴上立下护主奇功的悍将樊哙，娶的是吕雉的妹妹，所以樊哙就是吕雉外戚集团里很难对付的一个代表。

汉高祖让陈平不容分说直接杀掉樊哙。岂料，陈平在去杀樊哙的路上，刘邦咽气了。

陈平非常狡猾，知道刘邦死后，杀了樊哙，吕雉一定会杀自己全家，索性就改变立场，给樊哙留了一条命。

事实证明，刘邦是多么富有远见啊！

刘邦尸骨未寒，吕雉翻脸，大肆打压屠杀刘氏子弟。当然，陈平因为见风使舵送了吕雉一个人情，得以平安度过这一劫难。

吕雉是汉朝外戚集团的始作俑者，可以说是开了一个坏头。虽然最后被周勃、陈平为代表的元老派集团所镇压，但终究还是给汉朝带来了巨大伤害。

幸运的是，文景二帝对外戚集团始终有所打压。但文景二帝活的时间不如老婆长，所以到了汉武帝时期，他要面对的外戚集团是强大的。

外戚集团最大的特点就是挟持皇帝，让国家的政策向自己的家族倾斜。

汉武帝天生性格强势，深知自己要想坐稳龙椅，必须剪除既有外戚集团的势力。这就需要扶持新的属于自己的政治势力，来与旧有的外戚集团抗衡。比较直接的方式，便是培养自己的外戚集团。

首先，卫子夫背后的政治势力是曹参家族，代表的是非皇族的开国元老的后代。汉武帝想要利用这一股政治势力，宠爱卫子夫是拉拢他们的手段。

其次，汉武帝一旦确立了卫子夫的地位之后，就会直升机式地提拔卫子夫的娘家人，培养听命于自己的外戚集团。

那么，这里有一个问题：为什么汉武帝不争取陈阿娇背后的外戚集团呢？

很简单，因为刘嫖是跟汉武帝的奶奶搅和在一起的。

前文说到，类似梁孝王刘武这种封王，一旦有问题，还要通过韩安国找刘嫖、窦太后来解决。由此可见，刘嫖、窦太后是一股政治势力，而且力量强大，四处插手。

汉武帝如果宠爱陈阿娇，就意味着他向以窦太后为首的外戚集团低头了。但汉武帝偏偏不想当傀儡皇帝，这就是矛盾所在。

综合以上，表面上看，陈阿娇和卫子夫之争是两个女人抢男人的狗血戏码，实际上是汉武帝时期各方政治势力的博弈和洗牌。

这也就是为什么刘嫖在卫子夫怀孕后，想先杀掉卫子夫的弟弟。因为刘嫖知道，卫子夫的娘家人将成为新的外戚集团，索性先下手为强，把他们杀个精光。

刘嫖暗杀卫青事件表明，旧外戚集团与汉武帝的政治斗争全面升级。

要想让以卫青为代表的新外戚站得住脚，就需要有战功，加上之前马邑伏击计划失败，让匈奴占尽便宜。汉武帝决定，举全国之力攻打匈奴，而重用的军官都是以卫青为代表的新外戚集团成员。

即便卫青没有作战经验，那也要去。打赢了，就能稳坐权力中枢，打输了，要么死在战场，要么回来大家一起死在窦太后和刘嫖的刀下。

就这样，汉武帝拉开了北伐匈奴的大幕！

既然汉武帝要扶持新的外戚集团来对抗旧外戚集团，那就要火速提拔卫氏家族的人。

卫子夫兄妹七人，除了弟弟卫步没有史料可查外，其余五个同胞手足都得到从天而降的富贵。

大哥卫长君从平民直接升为侍中。

大姐卫君孺直接被汉武帝指定嫁给了心腹公孙贺。

汉武帝在还没有登基的时候，公孙贺就已经是他的心腹了。汉武帝登基后，公孙贺晋升为九卿之位的太仆，享有二千石的俸禄，掌管天子出行的车辆马匹。

汉武帝指定卫君孺嫁给公孙贺，就是要把公孙家族和卫氏家族合并在一起，形成更大的政治力量。

卫子夫的二姐叫卫少儿。

还在平阳侯曹时府内的时候，卫少儿与经常来平阳侯府里办公务的小吏霍仲孺私通，未婚先孕生下了一个男孩，取名霍去病。

西汉名将霍去病就是这么来的。

卫少儿不久又勾搭上了汉朝开国元老陈平的曾孙陈掌。

卫子夫得到汉武帝宠爱之后，陈掌赶紧娶了卫少儿。

于是，汉武帝封陈掌为詹事，协助卫子夫管理家事。陈掌从没落的汉四代，重新进入权力中枢。

再说卫子夫的弟弟卫广。

卫广被提拔为将军，在汉武帝开拓西南时，就已经参与其中了。只不过卫广的表现不如他的哥哥卫青优秀，所以后人知之甚少。

卫青在姐姐得宠之后，被汉武帝提拔为侍中，跟在皇帝身边，学习政事。

卫青非常聪明，很快就熟悉了上流社会的日常工作和生活。汉武帝也非常喜欢他，寄希望于有机会让他带兵打仗，立下战功。

只要有了战功，卫氏家族的地位就算彻底巩固了。

公元前129年，匈奴大军进攻上谷郡（今河北怀来县），对当地居民、官员大肆屠杀掠夺。

汉武帝大胆起用三个没有作战经验的年轻人为将军。

这三个人分别是车骑将军卫青，骑将军公孙敖，轻车将军公孙贺。

卫青是头儿，公孙敖是卫青的好哥们儿，曾在刘嫖企图绑架暗杀卫青时，将卫青救下。公孙贺是卫青的大姐夫。

汉武帝的人事安排，意图非常明显，就是要让卫家人立下战功。

当然了，毕竟这三个人初出茅庐没什么作战经验，汉武帝又给他们配了一个老将，骁骑将军李广。

李广的祖先可以追溯到秦朝名将李信。

李信曾率军击败燕国的太子丹。李广家族世代居仆射（音yè）这一官职，他们家还有一个祖传的绝活儿，那就是箭法一流。

汉文帝时代，匈奴大举入侵萧关（今宁夏固原市附近），李广以普通百姓的身份参军入伍。凭借超一流的箭法和骑术，斩杀匈奴无数，凭借战功晋升为汉中郎。

李广被汉文帝接见。汉文帝对李广说道："可惜啊，你生不逢时。假设你早生几年，生在高祖刘邦时代，凭你的本事，封个万户侯根本不在话下啊！"①汉景帝继位后，爆发了七国之乱。

李广以骁骑都尉的身份跟着当时的太尉周亚夫，一起反击叛军。

李广有个特点，就是胆子大。敢一个人冲到敌人窝里肉搏，而且功夫了得，经常杀得敌人屁滚尿流。在昌邑城一战中，李广竟然独自一人冲入叛军营内，徒手夺取了敌人的战旗！

---

①《史记》："惜乎，子不遇时！如令子当高帝时，万户侯岂足道哉！"

李广自此名扬天下。

但李广不受汉景帝喜欢，被发配到上谷郡任太守，天天和匈奴干仗。

没多久，匈奴大军攻击上谷郡。

汉景帝再讨厌李广，但此时朝廷正用人，唯独李广可以肩负重任。于是便派亲近的宦官作为李广的副手，命令李广带领士兵，抗击匈奴。

很明显，没有军事指挥能力的宦官的任务就是监督李广。

有一天，这位宦官自带几十名骑兵在边境考察，不料，正好和三个匈奴人撞个正着，双方立马交手。

宦官自认为有人数优势，带着大家直接冲向那三个匈奴人，企图将其活捉。

出人意料的是，那三个匈奴人连续射箭，竟然把宦官所带的几十个人全部射杀，连他本人也被射中，幸运的是，没有射到要害。

宦官大惊，扭头便跑，多亏所骑的是一匹好马，得以逃回军营。

听完宦官的描述，李广冷静地说道："这三个人一定是射雕的职业猎人。能够以快箭连续射杀我们几十人，一定是猎人里的顶级高手。让我去会会他们！"

李广立马带上一百名骑兵去追那三个人。

那三个人没有马匹，只能徒步行走，李广的队伍很快便追了上来。

李广命令骑兵散开，分左右两面包抄，他自己在最中间亲自迎敌。

那三人见到这阵势，一下子就认出中间的这个人一定是头领，对着李广拉弓便射。

岂料，还没等三个人的弓箭拉满，只听得噗噗两声，其中两个人的喉咙已经被李广射过来的快箭穿透，鲜血喷射，倒地身亡。

剩下的这个人瞬间被吓傻，立马扔掉弓箭，趴在地上投降。

两边的骑兵目睹了全过程，纷纷在马上叫好。

李广把匈奴人捆了，绑在马上，正要回去，只见不远处灰尘腾起，匈奴的旗杆渐渐露了出来。原来，就在他射杀那两个匈奴人的时候，几千匈奴骑兵已经发现他们并布好了作战队形。

一场人数悬殊的厮杀即将拉开序幕。

李广所带的一百骑兵非常恐慌，想调转马头赶紧逃走。

李广道："我们离军营几十里，现在就这样逃跑的话，匈奴一定会追击我们。如果他们从我们背后放箭，我们就全死了。依我看，倒不如赌一把，我们原地不动，匈奴一定以为我们是派过来的诱兵，反而不敢来袭击我们。"

于是，李广命令骑兵说："离他们更近点，才更像诱兵。"

李广带领众人不但不撤回，反而慢慢地迎着匈奴大军走过去。

距离匈奴不到二里时，大家停了下来。

李广又下令道："下马解鞍！"

众人有点蒙了，小声问李广："头儿，距离敌人这么近，万一他们突然杀过来，我们下马解鞍，岂不等死？"

李广微微一笑，道："匈奴以为我们会走，现在我们反而解鞍，敌人会更加坚信我们是来诱敌的，他们反而不敢轻举妄动，我们也就越安全！"

众人心里虽然担忧，但李广的能力大家心知肚明，所以就跟着李广一起下马解鞍。

二里地外的匈奴目睹了李广等人的举动，有点蒙，没见过这么奇怪的士兵，所以他们也不敢轻举妄动。

李广发现匈奴阵前有个骑白马的将军在监护他的兵卒，便立即上马，带了十几名骑兵冲了过去，一箭将这个匈奴将军爆头，然后又快速返回到他的骑兵中间，解下马鞍，命令士兵把马放开，躺在地上睡觉。

匈奴更坚信，这是故意挑起战争，引诱他们前去追击，进而上当。

于是，匈奴更加坚定地原地不动。

就这样，所有匈奴人盯着前面的这一百多个汉人，从白天盯到夜晚。

夜半时分，匈奴兵心里越来越毛，认为这些汉兵之所以不走，是因为等着大军前来攻打自己，索性全部撤走。

天一亮，李广看到匈奴兵一个人影都没有了，便带领大伙毫发无损地回到大军驻地。

这件事让李广的威名更加传播开来。

汉景帝死后，汉武帝上位，李广也迎来了职业生涯的第二春。

汉武帝知道李广是个人才，被排挤到边境实属不妥，便一纸调令将其调回朝廷担任未央宫禁卫军长官。

汉武帝这么做，就是要近距离考察李广，同时对李广也是一种改造。

和李广一起从地方调回朝廷的还有一个人，也是名将，叫程不识。

提到程不识，很多人一定感觉很陌生。李广的名字是那么响亮，而程不识的名字却没多少人知道。

事实上，在汉武帝时期，程不识和李广齐名，只不过，程不识的带兵风格不具备传播的故事性。

李广带兵有个特点，就是天马行空，不按套路出牌，而程不识则刚好相反，讲究稳扎稳打。

李广不喜欢繁冗的事务性工作，而程不识则事无巨细，大小事情安排得井井有条。

李广喜欢靠兄弟感情与下属打成一片，而程不识则依靠纪律和原则来规范士兵。

李广打仗时经常出奇制胜，出乎敌人预料，但是有输有赢。程不识则注重防御，一生中没有打过几次出名的胜仗，但也没有打过一次败仗。

换言之，李广可能打过很多胜仗，但是他的士兵会有很多牺牲，而程不识未必打过多少胜仗，但是他从不吃亏。

士兵们都乐意跟着李广，但付出的代价是容易战死沙场。而大家都不乐意跟着程不识，觉得跟着他太枯燥、太压抑，但是跟着程不识的人却极少丢命。

戏剧性的是，李广和程不识分属两个极端，又都那么优秀，却恰巧生活在同一个时代。

李、程是老天爷同时送给汉武帝的两份礼物。

汉武帝识人用人，不忍心将两个奇才放到一线战场磨损掉，而是将他们调回朝廷，直接负责未央宫的安全，可见其对二位的重视与信任。

前面提到，公元前129年冬，匈奴大军攻入上谷郡，屠掠当地的官吏和居民。汉武帝任命卫青、公孙敖、公孙贺、李广四人为将军，各自带兵出边塞反击匈奴。

汉武帝需要卫氏家族立下战功，进而卫氏家族才会有政治话语权。而此时的卫青在汉武帝身边已经潜心学习多年，也正摩拳擦掌，等待大干一场。

卫青不负众望，带兵一直打到龙城（今蒙古柴达木湖），斩杀匈奴七百人。

卫青的姐夫公孙贺运气就没有那么好了，无任何战果，只好空手而归。

卫青的好哥们儿公孙敖则吃了败仗，共计七千人伤亡。

对于李广而言，这是新皇帝对他的第一次起用，这次的表现对于他在汉武帝心目中的印象至关重要，但是偏偏天不作美，李广吃了败仗，负了重伤，还被匈奴俘虏。负伤的李广一直装死，匈奴人便把李广的"尸体"放在两匹马拉着的网里，拖着往回走。后来，李广终于找到机会，趁敌人不备，突然跃起，干翻一个匈奴骑兵，夺过弓箭和战马，飞驰而去。

四位将军回到长安后，汉武帝将卫青封为关内侯，对公孙贺不赏不罚，下令将公孙敖、李广论罪斩首。

在其余大臣的求情下，汉武帝允许公孙敖、李广缴纳赎金免死，并将他们俩降为平民。

经过此事，汉武帝意识到，提拔年轻将领不能拔苗助长，还是要兼顾一些老臣。

这时候，汉武帝把目光锁定在了韩安国身上。

韩安国最早是刘武的人，后来一度与刘嫖、窦太后走得很近。这决定了汉武帝对韩安国是绝对不会重用的，但是鉴于此人确实能力很强，很有政治意识，外加前期不能和窦太后、刘嫖搞得太僵，于是就任命其担任御史大夫一职，一干就是四年。

这期间，担任丞相的是汉武帝的大舅哥田蚡，但田蚡身体不佳，死在任内。韩安国便临时代理丞相一职。

刚刚当上代理丞相的韩安国不小心从车上摔了下来，把腿给摔断了，不能下床，汉武帝只好改用开国元老广平侯薛欧的孙子薛泽担任丞相。

就这样，韩安国到手的丞相位子因为不小心被葬送了。

几个月后，已经变成瘸子的韩安国终于可以复出，汉武帝只好让他担任卫尉，负责皇宫的保卫工作。韩安国心里有着一万分的不忿。

匈奴大举入侵时，卫青等四人分别带兵出击。但韩安国也没有有闲着，又被汉武帝安排了新任务，负责驻守渔阳（今北京密云区）。

这期间，韩安国偶然抓到一个匈奴人。这个匈奴人供说他们的大军已经远去，短期内不会再杀回来。

韩安国立即上书汉武帝汇报这一情况，并提出建议现在正是农耕时节，请求暂时停止屯兵，缩减士兵数量，大力发展农耕，储备粮草。

汉武帝当即批准。

韩安国万万没想到的是，这个被俘虏的匈奴兵提供的是假情报，就在汉军停止屯兵刚刚一个多月，匈奴突然杀了回来，大举入侵上谷、渔阳二郡。

此时，因为屯兵政策的执行，韩安国的军营只有七百多个士兵，不得不硬着头皮与匈奴交战，但双方实力悬殊，韩安国吃了败仗。

匈奴在这场突袭中俘虏并掠夺一千多人和无数牲畜财物，而后大笑着离去。

汉武帝听到这个消息后，当即震怒，派使者前去向韩安国问罪。

汉武帝让韩安国戴罪立功，将其调到东边的右北平（今辽宁凌源市）驻守边境。

此时汉武帝身边的卫青开始展露锋芒，而韩安国因为与刘武、刘嫖、窦太后有着千丝万缕的关系，外加最近吃了败仗，汉武帝对其更加排斥。

从担任丞相被排挤到边境戴罪立功，韩安国无法接受这样巨大的落差，自认为再也不可能被调回朝廷了，每日郁郁寡欢，几个月后吐血身亡。

韩安国去世后，汉武帝重新起用已经被贬为庶民的李广担任右北平太守。

李广被贬为庶民期间，有一件小事倒是可以反映出其性格特征。

赋闲在家的李广结识了同样退隐在家的前颖阴侯灌婴的孙子灌强。

灌婴是高祖刘邦开朝时的元老。到了灌强这一代，其家族已经没落，灌强只好每日靠打猎打发时光。

李广箭法一流，认识了灌强以后，便跟着他一起去打猎。

有一天夜里，李广带着一名手下外出，跟别人在城外喝了很多酒，直到深夜才往城里赶。

李广来到霸陵亭时，亭尉恰巧也喝醉了。于是，醉汉李广要求进城，另一个醉汉亭尉偏就不让他进，两边起了冲突。

李广对守卫说道："睁大你的狗眼看看我是谁？我可是大名鼎鼎的李广！"

亭尉道："今天我就把话放在这里了，就是在任的将军也不能夜间通过,何况被贬为庶民呢!"

李广听完,默不作声,只好强忍着羞辱,等到天亮才进城。

这之后不久,匈奴打败韩安国,韩安国转到右北平后,郁郁寡欢而死。汉武帝后重新起用李广接替韩安国,镇守右北平。

李广临走时,托人告诉之前阻挠他进霸陵亭的亭尉,很欣赏他严格按照规定办事的精神,希望他跟自己一起去右北平赴任。

霸陵亭尉欣然赴约。结果,亭尉刚见到李广,李广拉弓就射,近距离将其秒杀。

李广杀人后,主动向上面请罪。可此时韩安国刚死,朝廷正是用人之际,便没有治他的罪。但敏感多疑的汉武帝将这件事记在心里。

后人多替李广"难封"打抱不平,但事实上,如果多了解一些细节便知,李广的"难封"很大程度上是他自己造成的。

李广在右北平连续多次阻击过匈奴的入侵,匈奴对他非常害怕,给他起了个外号,叫作"飞将军"。

李广担任小小的右北平太守的时候,卫青则迎来了人生中的高光时刻。

同年,车骑将军卫青率领三万士兵从雁门郡(今山西右玉县)主动出击,长驱直入,斩杀并俘虏匈奴数千人。

卫青再次立下赫赫战功。

公元前127年,匈奴第二次大举入侵上谷、渔阳两郡。

匈奴上次攻打上谷郡时,遇到了初出茅庐的卫青,结果吃了败仗。匈奴这一次为复仇而来,准备十分充分。

汉武帝任命一位名叫李息的人从代郡出击,卫青则率大军进攻匈奴盘踞的河南地(今黄河河套地区)。

卫青采用了大纵深的迂回侧击战术,绕了一个大圈,一直绕到匈奴军的后方,发起攻击,一举切断了驻守在河南地的匈奴白羊王、楼烦王同匈奴王庭的联系。

而后,卫青自北向南飞奔南下,形成包围圈,将白羊、楼烦二王包了饺子。

这一仗打得非常精彩,战果丰硕,汉军共活捉敌兵数千人,夺取牲畜数百万之多,牢牢控制了河套地区。

河套地区不同于那些荒漠地带,这里水草肥美,形势险要,是一片有巨大经济发展潜力的处女地。

汉武帝立即下令在此修筑朔方城,从内地迁徙十万人前来定居,还修复了当年秦朝大将蒙恬留下的防御工事。

朔方一战,彻底解除了匈奴骑兵对汉朝首都长安的直接威胁,朔方城也成为反击匈奴的重要军事基地。

卫青建下的可谓是奇功,被封为长平侯,食邑三千八百户。

卫青的铁杆部下苏建被封平陵侯,张次公被封岸头侯。这标志着,卫青已经从一枝独秀过渡到形成自己的政治系统。

汉武帝的新外戚集团日渐形成规模,以窦太后、刘嫖为代表的旧外戚集团,只能眼睁睁地看着卫氏家族渐渐做大而无可奈何。

一个国家对外的军事战争和国内的政治博弈密不可分,战争是政治的延续,是政治的表现形式,政治才是战争产生的本质。

这期间,窦太后驾崩,与汉文帝合葬霸陵。

窦太后留下遗诏,将自己所有金钱财富全部赐予长公主刘嫖,并封了刘嫖一个"窦太主"的称号(相当于刘嫖改姓窦),向满朝文武表明,她们娘儿俩是一个阵营的,这股政治势力的大旗要交给刘嫖扛下去。

这意味着,窦氏外戚开始做覆亡前最后的挣扎。

汉武帝打败窦氏外戚集团所采用的策略就是一个字:熬。

熬到她们都老死了,也就自然消亡了,毕竟卫子夫、卫青都很年轻,完全耗得起。

要说起来，刘嫖的阵营里人还真有一个年轻的成员，正是那位妒火中烧的皇后陈阿娇。

陈阿娇并没有闲着，每日在后宫搞巫术，企图用诅咒的方式（现在看是迷信，在那个时代却很有市场）谋害卫子夫，可惜没有做好保密工作，被汉武帝发现，直接被废了皇后之位。

陈阿娇被废，标志着窦氏外戚作为汉武帝时期的重要政治力量，正式退出历史舞台。

汉武帝对陈阿娇相对仁慈，只是废掉其皇后位，却没有杀她。

面对女儿的失势，六十多岁的刘嫖并没有太难过。没过几年，刘嫖也死了。

031
霍去病横空出世

公元前126年,匈奴的头领军臣单于去世,他的弟弟伊稚斜继承了单于位。

军臣单于的儿子叫於丹,本以为自己应该是继承人,结果却大失所望。

於丹不想活在叔叔伊稚斜的阴影下,索性带兵投降了汉朝。汉武帝大喜,将其封为陟(zhì)安侯。

伊稚斜听说侄子於丹当了叛徒,更丢人的是,汉朝竟然接纳了他并封侯。伊稚斜气不打一处来,遂于公元前124年春,派右贤王带兵侵袭汉朝刚刚建好的军事基地朔方郡。

汉武帝命车骑将军卫青率领三万骑兵,从高阙(今内蒙古潮格旗)出兵,反击匈奴。

这一次跟随卫青出兵的还有其他几位将军,分别是苏建、李沮、公孙贺、李蔡,他们归卫青统一领导。

朝廷又命令李息、张次公为将军,从右北平出兵,协助卫青。

匈奴右贤王认为卫青距离自己遥远,不可能那么快到达,天天喝酒,疏于防范。

岂料,卫青采取了急行军战术,一夜之间来到右贤王的军营,一举将其包围。

右贤王被属下从睡梦中叫醒,吓得连夜逃跑,逃出去的只有他的一个爱妾和几百个骑兵。

这一次，卫青几乎没有费一兵一卒，俘虏了右贤王下面的小王共计十余人，活捉了一万五千匈奴人，收获的牲畜数量高达百万头。

战报送回长安，汉武帝拍案叫好！

汉武帝派特使把大将军印送至边塞，在军营内授予卫青大将军一职，其余所有将军都归卫青一人调遣。

至此，卫青掌握了汉朝的军事指挥权。

卫青回到长安以后，汉武帝再次封赏，增加食邑八千七百户，将卫青的三个儿子卫伉、卫不疑、卫登封为列侯。

公元前123年，大将军卫青再次率军出征。跟随卫青出征的将军分别是公孙敖、公孙贺、赵信、苏建、李沮，还有雪藏多年再次被起用的李广。

赵信，拥有汉人的名字，其实他原本是匈奴人，而且级别还不低，是一个匈奴的小王，在一次战争中被汉军俘虏，投降汉朝，改名为赵信，被封为翕侯。

赵信投降汉朝以后，对朝廷非常忠诚，在多次针对匈奴的战争中立下战功。

不是冤家不聚头。这一次，赵信和苏建的队伍混编在一起，向北推进，刚好撞上了匈奴单于伊稚斜亲自率领的主力大军，双方立马展开厮杀。

双方人数悬殊，赵信、苏建吃了败仗。

伊稚斜动起了歪心思，派人过去给赵信做思想工作：你本来就是匈奴人，现在替汉人卖命，又吃了败仗，回去以后汉朝天子肯定不会轻饶你。与其这样，不如重新回来，过去的事情我可以既往不咎。

赵信也担心回去之后被汉武帝责罚，便带着八百多名骑兵又回到了匈奴。

苏建一看，大事不妙，赵信竟然再次叛变，便独自一人连夜逃回卫青那里告状，这导致苏建的军队全军覆没。

卫青身边的议郎说道:"自从大将军出征以来,从没杀过副将。现在苏建全军覆没,作为将军的他却苟且逃命,应当把他处死,以示大将军的权威。"

另外一批人则反对杀掉苏建:"苏建吃败仗是因为双方人数差异巨大,而且苏建尽了全力。如果杀掉苏建,将来再有将军打了败仗,就会选择投降匈奴而不会回来,这等于开了一个非常坏的头!"

双方吵得不可开交。

最后,大家请大将军卫青做出决断。

卫青接下来的表现体现了他比较滑头的一面。

卫青对大伙说道:"苏建是皇上任命的将军,我临走的时候,皇上只给我调派他的权力,并没有给我杀他的权力。既然如此,我们就把苏建押回长安城,让皇上来定夺。这样也可以向皇上表明,我卫青是一个绝不敢越权的忠君之人!"

卫青说完,众人都说妙。

就这样,苏建被押送回汉武帝处,交由圣上决断。

汉武帝没有杀苏建,而是让他缴纳罚金后贬其为庶民。

卫青本次出击没有立功,反而失去两名副将,一名副将叛变,一名副将被贬,所以他没有获赠食邑,仅仅获赏一千两黄金作为安慰。

要说这一次出击也不是完全没有收获,有一个人横空出世,惊艳亮相,引起汉武帝的关注。此人正是卫青的外甥霍去病。

霍去病是卫青的姐姐卫少儿与霍仲孺私通所生。霍仲孺不认这个孩子,另娶妻并生下霍光。

卫青带兵打仗时,经常带着年轻的霍去病,让他跟着学习。

在这次出击匈奴的过程中,霍去病以校尉的身份带了八百骑兵,远离汉朝军营数百里,直接插入匈奴腹地展开厮杀,杀掉匈奴兵的数量是损失掉的汉兵的好几倍。

霍去病就像一支利箭，直接射在敌人的脑门上。

更牛的是，霍去病竟然活捉了匈奴的相国等高官，斩杀匈奴单于的叔祖父若侯栾提产，生擒了单于的叔父栾提罗姑比。

就这一次，霍去病立下的功劳比他舅舅卫青还要多。要知道，此时的他仅仅是一个十八岁的少年！

霍去病的第一次出手就惊艳了世人。

汉武帝得知此事后，激动地喊起来："好一个霍去病！立下的功劳乃全军之冠，就封他为冠军侯！"

霍去病创造了十八岁封侯的神话。

此时，大家还不知道的是，霍去病灿烂的人生才刚刚开始……

话说，赵信回归匈奴之后，匈奴单于十分器重他，封他为自次王，还把姐姐嫁给了他。自此，赵信成了单于的姐夫。

赵信在汉军作战多年，已经熟悉汉军的用兵策略，建议匈奴单于撤回大沙漠以北，以此引诱汉军深入北上，将汉军拖死在异国他乡，再乘势出击，便能以少胜多。

赵信带着我方的情报去敌人那里，敌人便可有针对性地打击我方，何况赵信还是汉军的高级将领。

匈奴单于听完，连连称赞赵信并果断采纳他的建议。

再说汉军。

此时汉朝有一个严酷的问题摆在汉武帝面前。

从开始攻打匈奴至今，汉朝动辄调集军队十多万人，用于奖赏有军功的将军的黄金至少二十万斤，加上伤亡的士兵，还有损失的军马，以及转运粮草的经费和其他损耗等，导致国库亏空。

但汉武帝最终决定：继续打！

汉武帝做了一个对国家伤害极大的错误决策，那就是卖官筹钱。允许有钱人购买爵位，允许犯罪的人可以花钱免罪，这意味着有钱人可以肆意践踏法律，为所欲为，只要肯出钱。

与此同时，朝廷设置了一个单独的官员体系，叫作赏官，又叫武功爵。

武功爵分十一个层级，分别是：一级造士，二级闲舆卫，三级良士，四级元戎士，五级官首，六秉铎，七级千夫，八级乐卿，九级执戎，十级政戾庶长，十一级军卫。

每一级公开定价为十七万钱，有钱人依据个人财力买自己想要的级别。

凡是购买武功爵到千夫（第七级）的，可以平调为政府的官员。

从此后，官场风气非常恶劣，贪官污吏横行，老百姓苦不堪言。

公元前121年春，筹到钱的汉武帝任命十九岁的霍去病为骠骑将军，率领一万骑兵从陇西郡出发，主动进攻匈奴。

霍去病再次采用在军事教科书看来等于作死的打法，孤军长驱直入，完全不考虑什么战略战术，遇到一个匈奴王国就硬打，竟然连续端了五个匈奴王国！

霍去病觉得不过瘾，率领军队仅仅用了六天时间就翻越了一千余里的焉支山脉（祁连山脉的分支）。

焉支山脉的另一边，还有两个匈奴王国，国王分别是折兰王和卢侯王。这两位国王做梦都不会想到，从焉支山上竟然飞下来一支汉军，结果被杀了个措手不及。

此次北伐，霍去病活捉了匈奴浑邪王的王子、相国、都尉，杀敌八千九百余人，还收取了休屠王的祭天金人。

祭天金人是匈奴用黄金打造出的人形神像，是他们祈求上天保护的国宝。

霍去病把匈奴的祭天金人拿走，对匈奴人是一种精神重创，狠狠地打击了匈奴的士气，对于汉武帝而言，则是大大的有面儿。

远在长安的汉武帝与群臣听完战报，高兴得连连叫好。汉武帝当即下诏，增加霍去病封邑二千户。

这一年夏，霍去病再次奉命与合骑侯公孙敖率领数万骑兵从北地郡（今甘肃庆阳市西北）出发，兵分两路进攻匈奴。

这一次，有个特殊人物也跟着带兵上阵，此人就是桀骜不驯的李广。

李广用兵与霍去病类似，都是天马行空的打法。

李广率领骑兵直插匈奴腹地数百里，但他的运气不如霍去病，遇到了匈奴左贤王亲自率领的四万骑兵。

双方人数相差悬殊，李广的将士们心中非常害怕。

接下来，李广使出了也就只有他才敢使的一招。

李广有个儿子叫李敢，这一次也跟着出征。李广命令李敢只带领几十名骑兵，直接向匈奴左贤王的四万大军冲去。

只见李敢在众目睽睽之下，直接冲进匈奴军阵。

匈奴左贤王看到对方有几十个人骑马过来，以为是来和谈的，可是随着他们越跑越近，完全不减速，还拿出军刀要拼命。

匈奴兵拿出武器，准备将李敢击落马下。结果，竟然没有人可以靠近李敢的战马。凡是接近李敢的人，全部被李敢近距离砍杀。

就这样，李敢硬生生地一边冲，一边砍，直接从匈奴兵的军营里穿了过去！

穿完以后，李敢又秀了一把，让这几十个人分成两小队，从匈奴大军的左右两边绕着骑行，最终一齐回到了李广的军营。

匈奴左贤王目睹了这一切，对着苍天无语：这是怎么回事？这还是人类吗？！

李敢回到军营，向父亲报告说："匈奴没什么大不了的，小意思！"

众将士军心振奋！

恼羞成怒的匈奴左贤王命令匈奴兵全面出击,誓要踏平李广的汉军。

李广让大家摆开环形阵,兵锋向外,指向四面八方,原地等待匈奴兵的到来。

匈奴骑兵来势汹汹,伴随着箭雨,李广军奋起反击,很快便死伤过半,但没有人逃走,始终坚守阵地。

渐渐地,汉军的箭放完了,即将陷入全军覆没的境地。

只见李广大喊一声:"拿我的大黄强弓来!"

几个小兵抬来大黄强弓,李广一把拿过强弓,向匈奴军营稍稍一看,搭箭便射,嗖嗖嗖几支快箭飞了出去。

匈奴左贤王正在高头大马上观战,几个副将左右排开。突然,只见对面飞过来几支快箭,还没来得及躲闪,几位副将各中一箭,全部落马身亡。

匈奴左贤王再次对着苍天无语:这是怎么回事?这还是人类吗?!

此时天渐渐转黑,匈奴左贤王暂时收兵,准备下一轮攻击。

李广的官兵们都吓得不行,而李广镇定自若,重新调整军阵准备再战,大家无不佩服他的英勇镇定。

第二天一早,匈奴大军发起第二轮猛攻,李广带领将士再次迎战,杀死敌军的人数大大超过汉军死伤的人数。

终于汉军的援军到来,匈奴左贤王不敢继续硬拼,只好撤走。

汉军也已经疲惫不堪,实在没有力气追击了,也只得撤退。

战报送到汉武帝处,汉武帝道:"李广虽然杀敌较多,但汉军也死伤众多,功过相当,不予赏赐。"

和李广同时出征的还有骠骑将军霍去病与合骑侯公孙敖。

话说霍去病与公孙敖各自带一支军队向匈奴进发,随着向匈奴腹地深入,霍去病与公孙敖军失去了联系。

霍去病率军越过居延泽（现在叫居延海，是我国第二大内陆河黑河的尾闾湖），经过小月氏王国，到达祁连山。

霍去病一路向前，所向披靡。直接活捉了匈奴的单桓王、酋涂王以及相国、都尉，降服两千五百多人，斩杀三万零二百人，捕获其他的副王、小王共计七十余人。

霍去病再次刷新活捉匈奴高层人数的历史新高。

战报送到汉武帝那里，汉武帝新增霍去病封邑五千户，并对他的部下赵破奴、高不识等人分别封侯。

这一次，公孙敖因为迷路，未能按期与霍去病会师，被判死刑，而后缴纳赎金，被降为庶民。

鉴于霍去病表现十分突出，汉武帝把最精良的士兵和武器都配备给了他，并允许霍去病从别的部队里随便挑选精兵。自此，霍去病越发彪悍。

此时匈奴负责驻扎在西方抵抗汉军的是浑邪王和休屠王。因为连续吃败仗，他们的人员伤亡数以万计，这让匈奴单于伊稚斜暴怒。伊稚斜想要假装召回二王商讨军情，实际埋伏好杀手，等他们到了便将其杀掉。

天下没有不透风的墙，浑邪王、休屠王得到了真实的情报，思来想去，决定一起投降汉朝。

他们在边境线上拦截了几个汉人，要他们转告汉朝皇帝，愿意投奔。

接到报告后，汉武帝怀疑二王想利用诈降袭击汉军，便命令霍去病亲自率领大军前往迎接。因为只有霍去病负责这件事汉武帝才能放心。

就在霍去病带兵前去迎接二王的路上，果然生变。

这期间，休屠王变卦，不想投降汉朝，想回去找单于谢罪。

浑邪王一看，说好了的，你怎么说反悔就反悔，索性直接杀了休屠王，吞并了他的部众。

浑邪王忽略掉一件事情，那就是，他可以杀死休屠王，但休屠王的副将未必听他的。

霍去病渡过黄河以后，遥遥望见浑邪王的部众。

休屠王的副将很多，本来就不想投降，发现汉军到来，索性撒丫子往回逃跑。

霍去病见此情形，策马奔驰来到匈奴军前，与浑邪王交谈，道："我派一支队伍护送你去见我们的皇帝，那些要逃跑的人，一旦回去，将来就是我们的敌人，绝不能让他们得逞！"

就这样，浑邪王被护送着渡过黄河去见汉武帝，霍去病则带兵追击逃跑的匈奴兵，共降服四万余匈奴兵。

浑邪王来到长安，汉武帝赏赐给他数十亿钱、一万户封邑，封漯阴侯，封地就在现在的山东德州。

霍去病交接有功，并对叛乱的匈奴斩草除根，再次获增封邑一千七百户。

汉武帝这个人好面子，讲排场，浑邪王进长安城时，汉朝出动车辆二万乘前往迎接。

其实此时官府已经没有钱了，只好向民众租用马匹。

有的人担心私人财产有去无回，便把马藏了起来，汉武帝听说以后很生气，想要处死长安城的县令。

这时大臣汲黯站了出来，说道："长安县令没有罪！要杀就杀我汲黯！浑邪王前来投降，各县只要按次序慢慢接送就可以，何必劳民伤财，让汉人吃亏，给匈奴面子呢？"

汉武帝听后默不作声。

浑邪王带来很多物件，很多商人和市民便悄悄和匈奴人做买卖。这在当时是违法的。

汉武帝下令抓了五百多个典型，判处死刑。

汲黯听说以后，再一次来找汉武帝，说道："我们和匈奴连年征战，耗费钱财无数，很多老百姓家的儿子战死沙场。本来我愚蠢地认为，陛下会把这些匈奴人作为奴婢赏赐给烈士的家属，缴获的财物也赏赐给老百姓，用来抚慰民众。今天陛下并没有这样做，那也无妨，但是我们不至于继续牺牲老百姓的利益来供着他们吧？百姓跟匈奴做买卖，无非就是想赚点小钱贴补家用，陛下怎么能直接把他们抓起来杀掉呢？"

汉武帝听了只好说道："好你个汲黯，我好久听不到你讲话了，想不到今天一张嘴就开始胡说八道了。"

别看汉武帝在怼汲黯，最终还是采纳了汲黯的意见。

这就是汉武帝跟别的皇帝不一样的地方，他不排斥别人给自己泼冷水，具备一定的自我反省能力。这一点对于一个国家的臣民来说，简直是一种福报。

汉武帝的这种性格为将来下"罪己诏"埋下了伏笔。是为后话。

汉武帝把降服的匈奴人分别安置在北部五个边郡（主要在今甘肃省境内），改封为五个匈奴附属国，允许保留其生活习俗。

自此，这片地区极少有匈奴侵犯的事情发生。

第五章　角力匈奴

032
李广之死

公元前120年，匈奴数万骑兵侵略右北平郡和定襄郡，掳走和杀死共计一千多汉人。

公元前119年，汉武帝与诸位大臣商议，再次反击匈奴。

汉武帝对大家说道："叛贼赵信现在是匈奴单于的智囊，他一定认为我大汉军队不敢越过大沙漠。这一次，我们就是要派大军远征沙漠以北，彻底端了匈奴的老巢！"

这一次，汉武帝有备而来。之前，他命令专门用人吃的粮食喂养了十万匹战马，这样喂出来的战马长得壮，跑得快。

卫青、霍去病各率领五万精锐，其他副将率领四万多匹战马，外加数万步兵，更有大量运输粮草辎重的车辆紧跟其后。

鉴于霍去病的战斗力，卫青把最彪悍的士兵都调到霍去病的队伍里，让他担任主攻任务。

就在这时，汉军捕获一名匈奴人，通过审讯得知匈奴单于伊稚斜正在东部地区活动。于是，大家临时改变战略，由霍去病向东部出兵，大将军卫青由定襄（今山西省定襄县）出兵，东西两线，同时出征。

汉武帝排兵布阵时，有一个人被边缘化了，这人是李广。

汉武帝一直对李广有意见，想让他在家养老，岂料李广多次找汉武帝，强烈要求再上前线立功。

汉武帝实在受不了李广的纠缠，便任命他为前将军，归卫青调遣。

卫青任命公孙贺为左将军，赵食其（音yì jī）为右将军，曹襄为后将军。曹襄是汉朝开国元老曹参的后代，也就是前面讲到的平阳侯曹时的儿子。

也就是说，卫青这边的阵营是，李广打前锋，公孙贺、赵食其分居左右，曹襄作为后援。

可以说，这一次汉武帝押上了全部兵力，要同匈奴来一个大决战。

匈奴单于伊稚斜听说，汉军这一回集结了几乎全部的军事力量北伐，连忙征询赵信的意见。

赵信道："既然他们这么不自量力非要越过沙漠不可，那就让他们尝尝沙漠的滋味。等他们到了漠北，一定人困马乏，我们再出兵，打他个落花流水！"

伊稚斜听从赵信的建议，把部队和辎重全部撤回漠北，严阵以待，等待迎击越过沙漠的汉军。

等到卫青的大军出了边塞以后，捕获了一名匈奴士兵，得知伊稚斜单于的藏身之处，卫青便下令："前将军李广与右将军赵食其的部队合并，向东部进发。我与校尉公孙敖作为先头部队，迎击伊稚斜的主力！"

卫青的这个决策与当初汉武帝的安排有所不同。

当初汉武帝任命李广为前将军，是要让李广的部队作为前头主力部队。现在眼见着李广就要立下军功，卫青却把他支开了。

那么，卫青为什么要这么做呢？

因为卫青有私心。

卫青的死党公孙敖前面因为吃了败仗被贬为庶民，本次出征，卫青让他担任校尉一职，跟着自己出征。

眼见着前方就是伊稚斜单于，这次调集的又是精锐部队，所以卫青想要把活捉匈奴单于的旷世奇功留给自己的嫡系公孙敖。

李广作为老将，一眼就识破了卫青的心思，而且东部缺少水草，路途遥远，一旦去了，就根本不可能立下战功。

李广亲自向卫青请求道:"大将军,我部本为前将军,是全军的先锋部队,现在您却调我充当右翼,我将如何杀敌?我从刚刚成年就与匈奴作战,直到今天才得到机会与匈奴的单于对战,我这辈子等的就是这个机会啊!我希望大将军让我继续担当全军的前锋,与匈奴单于伊稚斜决一死战!"

卫青坚持把李广调到右路军。

李广暴怒,在没有向大将军卫青打招呼的情况下,带兵启程,向东开去。

不久,右将军赵食其追上了李广的军队,二人向东边进发。

得知李广最终还是去了东边,卫青窃喜,对着公孙敖道:"走,咱们去会会匈奴单于的主力!这次的头等战功,一定是你公孙敖的!"

大将军卫青带着公孙敖向北外行进一千余里,越过大沙漠后,发现匈奴伊稚斜单于的军队果然严阵以待,等候多时。

卫青下令将战车原地环绕,迅速结成临时军营,而后出动五千骑兵向匈奴军发起攻击。

伊稚斜不甘示弱,出动一万骑兵迎战。

双方的厮杀异常惨烈,从白天一直杀到黄昏,难分胜负。

或许双方的杀气太猛,眼见就要天黑的时候,突然吹来一阵暴风,瞬间飞沙走石,天昏地暗,全场陷入一片令人恐惧的黑暗。汉兵与匈奴兵面对面都分不清是敌是友。

卫青利用黑暗,趁势出动两翼部队向左右方扩展,想要对伊稚斜来个两面包抄。

伊稚斜隐隐约约感觉到,左右两侧汉军骑兵的马蹄声越来越响,知道大事不好,果断骑上战马,在数百名精锐骑兵的保护之下,突破汉军的包围,向西北方向逃去。

转眼已到深夜,汉军与匈奴兵还在狂风与黑暗中厮杀,双方伤亡数量相当，各自遭遇重创。

这时汉军抓到一个匈奴兵，交代说单于在傍晚时分已经逃走。卫青立马派出一支轻骑兵连夜追击，自己则亲率大军紧随其后。

双方厮杀了整整一个夜晚，天渐渐亮了，匈奴兵发现自己的老大竟然先开溜了，一时失去斗志，四散而逃。

汉军追赶了二百余里，仍然不见单于的影子。

这次大战共捕杀匈奴一万九千人，端了赵信的封城，夺取城内粮仓，充分补给军需。汉军停留一天稍事休整后，烧毁了赵信的封城和全部剩余的粮食，班师回朝。

东边的李广与赵食其因为向导不给力，在大沙漠中迷了路，始终未能见到一个匈奴的影子，只好原路返回。

当卫青的胜利之师返回到沙漠以南时，刚好遇到正在撤军的李广和赵食其的大军。

打了胜仗的卫青要对毫无战功的李广算一下"旧账"。

卫青命令李广与他的幕僚到大将军处听候审讯。

卫青见到李广后，斥责道："我们在沙漠以北与匈奴主力厮杀，你可立下什么功劳？"

李广道："整个东边没有水，也没有草，不论人还是牲口，都不会从那里出现的，所以我李广没有立下任何功劳！"

卫青道："你当初不听指挥，擅自带兵离开，按照律法，你和你的下属需要先接受审讯，再交由皇上处置。"

李广道："我的校尉们没有罪过，是我这个带队的将军迷了路，我愿一个人承担罪名。"

李广扭过头，含着眼泪对他的部下说："我从刚刚成年开始便与匈奴作战，至今共计大小交锋七十多次，如今才幸运地得以跟随大将军与匈奴单于的主力大军作战。本想在此次战争中亲手活捉单于，岂料，我偏偏在一生中最重要的一场战争中迷了路。大家谁也不要怪，要怪就怪上天不容我！"

卫青恶狠狠地看着李广，道："行了，别说废话了。来人哪，把李广押下去，即刻展开审讯！"

突然，李广一个箭步冲了上去，来到卫青身边，抽出其随身携带的佩刀，高举着，一脸杀气。

现场的将士们立马紧张起来，纷纷喊道："李广，你难道要杀害大将军谋反吗？"

李广看了一眼全场惊慌失措的众人，哈哈笑道："看把你们吓得！哈哈！老夫已经六十多岁了，绝不会受此羞辱！"

说完，将刀刃横在喉咙，自刎而亡。

李广对这次北伐非常重视，出征时特意带上了儿子李敢。李广自杀时，李敢就在现场。

李敢瞬间失控，对着卫青骂道："卫青！我饶不了你！"

李敢拉满弓，近距离对着卫青就是一箭。

卫青一个前滚翻躲了过去，但李家箭法天下第一，绝非浪得虚名，卫青还是被射中了，只不过没有被射中要害。

卫青本不想往死里整李广，只不过李广之前过于嚣张任性，不打招呼带兵就走，让自己很没有面子，想趁机打压他一下。可万万没想到，李广的脾气这么大，竟然当场自杀。

众将领一起上前，把李敢摁在地上。

大家一起高声喊道："宰了他！"

卫青摸着伤口的血，道："算了，李敢也是一时冲动，放了他吧。"

送走李敢之后，卫青对现场的人说道："谁都不能把今天的事情告诉霍去病。我那个外甥，脾气火爆，一定会找李敢麻烦的！都听到了吗？"

众人异口同声："是！"

李广非常爱护士兵，得到赏赐就分给部下，只要他带兵打仗，饮食标准与一线士兵相同。他带兵陷入困境时，一旦发现水源，先让士兵们喝，士兵们不喝够，他绝对不肯靠近水边。士兵们不吃饱，他绝不吃饭。因此，士兵们都甘心情愿为他效力。

　　李广做官清廉，身为二千石俸禄的高级官员四十多年，死后家中没有多余的财产。

　　李广双臂粗长有力，善于骑射，又有一流的技术，箭不虚发，这让大家都非常崇拜他。

　　李广死讯传出以后，全军上下痛哭不止。老百姓听说以后，也都纷纷为他落泪。

033
霍去病之死

话说，匈奴伊稚斜单于逃跑用力过猛，导致其去向成为一个谜。不仅汉朝想知道他的行踪，匈奴人更想知道他们的领袖逃到哪里去了。

国不能一日无君，匈奴人不能这样一直等下去，便拥立右谷蠡（音lí）王为新单于。

比较搞笑的是，右谷蠡王刚过了十几天单于瘾，伊稚斜单于突然跑了回来，出现在大伙面前。于是，伊稚斜继续当他的单于。

此时的霍去病，虽然已经知道李敢打伤了舅舅卫青，但他急于立功，便将李敢提拔为自己的副将。

霍去病的想法是，先充分发挥李敢的战斗力，为自己所用，等到抗击完匈奴之后，再找机会杀死他。后来打完仗，霍去病果然将李敢暗杀了。

霍去病带兵从右北平郡出塞，向北挺进二千余里，越过大沙漠后与匈奴左翼大军相遇。

双方立即展开厮杀。

霍去病直接俘获了匈奴三位亲王以及将军、相国、当户、都尉等八十三位高官，捕获和斩杀匈奴七万零四百四十三人。

这一次，霍去病的战果比上次还多！

霍去病带兵登上狼居胥山（今蒙古国乌兰巴托东侧）祭祀天神，又登上姑衍山（也在乌兰巴托附近）祭祀地神。

年仅二十岁的霍去病，站在山峰之巅，极目远眺，眼前是无尽的沙漠，寒风袭来，带血的战刀瑟瑟鸣叫。

众将士望去，霍去病独立风中，气冲霄汉！

战报发回朝廷，举国震动！

汉武帝对霍去病再次追加五千八百户，并将他的几位嫡系部下全部封侯，军中下级官员和士兵得赏、升官的不计其数。

特别值得一提的是，霍去病的舅舅大将军卫青的战功明显不如外甥高，这次没有得到封赏，部将中也没有人受封侯爵。

至此，霍去病的风头已经全面超越卫青，成为汉武帝麾下第一战将。

这次漠北远征虽然重创匈奴，但汉朝也付出了巨大代价。

汉军刚出征时共有十四万马匹，战后剩余不足三万。

漠北大决战以后，全部匈奴逃往更北的地方，大漠以南再也没有匈奴的踪影。

汉朝迎来了时间较长的和平期。汉军士兵渡过黄河，在广阔的土地上开挖沟渠，开垦农田，设置田官，大力发展生产，全面恢复经济。

卫青、霍去病回到长安以后，汉武帝新设立了大司马一职，两个位置，分别由卫青、霍去病担任，二人俸禄相同。

各路文武大臣一个比一个精明，都知道皇上更喜欢霍去病，便纷纷远离卫青，去拍霍去病的马屁。

霍去病与卫青虽然是舅舅和外甥的关系，但两个人的风格有所不同。

霍去病年轻气盛，初生牛犊不怕虎，有气魄，有胆略，敢作敢为。

汉武帝很喜欢霍去病，曾想教他学习一些兵法。

霍去病听后，直接怼了汉武帝："打仗需要具体问题具体分析，学习兵法容易被束缚。我不学！"

全天下，唯一一个敢怼汉武帝的恐怕就是霍去病。

全天下，唯一一个让汉武帝被怼了也高兴的恐怕也只有霍去病。

有一次，汉武帝给霍去病建了一所特别豪华的府邸，让他去查看。

霍去病到场以后，直接对汉武帝说道："匈奴还没有被消灭，我无心顾及房子的事情！"

岂料，汉武帝不但不生气，还特别高兴。私下里，汉武帝跟在场的人说："你们看看，这就是忠臣，只想着国家，不想自己。好，好啊！"

在场的所有人点头称是，但心里在说：哼，你偏心！

卫青则不同，沉稳、干练，不敢在皇上面前造次。

卫青、霍去病的带兵风格也体现出两人性格之不同。

霍去病少年得志，带兵打仗时只顾冲锋，不知体恤士兵。

按照史书记载，霍去病率兵出征时，对其偏爱有加的汉武帝刻意派人给他的部队多装载几十车食物，目的是让他的士兵吃得好一些。而霍去病带兵返回时，一方面他的部队里有大量的士兵饿死，另一方面车中还剩余大量的食物。

再比如，大军在塞外打仗，本就条件艰苦，霍去病还下令修建球场，供他踢球娱乐。

霍去病虽然天分极高，但依然是一个没有长大的孩子。

卫青刚好相反，体恤士兵，比较敬重人才，在皇上和其余大臣面前谦逊有礼，深得大家尊重。

前文提到的大臣汲黯，在卫青成为大将军后，就不像其他人一样对他点头哈腰拍马屁。

对此，有人劝汲黯："您得想想皇上的心思。皇上其实就想让大家居于大将军之下，您对大将军行跪拜之礼，不算丢人。满朝文武不都这样？"

汲黯道："多一位对卫青行普通拱手之礼的人，就表明他不受敬重了吗？"

这个人出了汲黯家，直奔卫青的大将军府而去，见到卫青后，便把汲黯的话告诉了卫青。

卫青听完，不仅不生气，反而夸赞汲黯贤良。

在公开场合，卫青遇到汲黯时，都会主动向他打招呼，并多次虚心向他请教疑难之事，对他的尊重胜过其他所有人。

卫青就是这么会做人，圆润融通，从不仗着自己有功而飞扬跋扈。

对此，汉武帝虽然特别偏爱霍去病，但也非常欣赏卫青。

话说，漠北大战之后，汉武帝重新召集大臣商讨下一步该怎么对待匈奴。

长史任敞提议道："现在匈奴元气大伤，我们应该乘胜追击，让他们的单于当我们的藩臣。"

汉武帝爱听这话，道："你觉得伊稚斜会俯首称臣吗？"

任敞道："臣愿意亲自去一趟，试着谈一下。"

汉武帝道："即刻出发。不管是否谈成，都要安全归来。"

任敞便以汉朝特使的身份不远万里来到匈奴的根据地，见到了伊稚斜单于，表明了汉武帝的意图。

伊稚斜当即暴怒："我与汉朝势不两立，怎么能向你们称臣？！"

伊稚斜直接扣押任敞，以表示对汉武帝的侮辱。

收到任敞被扣押的消息后，汉武帝震怒。

就在汉武帝怒气未消之时，匈奴的赵信又动起坏心思，向单于建议，派使节去汉朝，请求和亲。

和亲，意味着双方是平等关系，而不是君臣关系。

就汉武帝本人心里的想法来讲，他是反对和亲的，但是朝廷里有相当多的官员强烈赞成和亲。

前文讲到，战争时期武将们往往能够因为立战功而被加官进爵，文官集团就会被冷落。所以武将总是盼着打仗，而文官总是盼着和平。

汉武帝把所有大臣叫到一起，就是否与匈奴和亲的问题，进行一场公开辩论。

主张和亲的一方与反对和亲的另一方争得面红耳赤。

主和派里以一位名叫狄山的文官声音最大，反对派里声音最大的则是大臣张汤。

汉武帝坐在中间，看着大家表演。

狄山道："和亲对我们有利。"

汉武帝道："理由？"

狄山道："武器是凶器，不应多次动用。当年高祖就想征伐匈奴，结果在平城陷入困境，最终通过与匈奴结亲全身而退。惠帝、高皇后时，天下因和亲而得以享受和平。文帝时，我朝对匈奴采取了军事行动，导致北部边境苦于战事。景帝时，吴楚七国反叛，景帝无暇顾及匈奴，叛乱平定后，景帝不想谈论关于军事的任何事情，一时国家富裕充实，百姓和乐安康。陛下临政后，全力攻击匈奴，目前我国国库空虚，边境地区百姓贫穷不堪。由此看来，讨伐匈奴不如与之和亲。"

汉武帝扭头问张汤："你怎么看？"

张汤道："这家伙就是个愚蠢的儒生，没有什么真本事。"

大家注意，张汤转移了话题，不再纠结于论点的争辩，而是质疑狄山个人的能力。

此时的狄山已经犯了两个错误。

其一，汉武帝并不是真的要通过正反双方的讨论来选择一个结论。他心里已经有了结论，那就是反对和亲。

明白了这一点的人，即使心里赞同和亲也不会发表意见，而是选择默默观望。

其二，汉武帝召集大家搞这场辩论的目的，就是为了找一个机会，打压一下和亲派。

汉武帝特别想杀鸡给猴看。

偏偏狄山没有意识到这些，还自动充当了反面典型。

狄山听到张汤在质疑自己的能力，反驳道："我就算是愚，也是愚忠的愚，不是愚蠢的愚。你张汤则不同，是诈忠！"

张汤道:"我怎么诈忠了?"

狄山道:"当年你审理淮南王谋反一案时,以恶毒的文辞诋毁诸侯王,离间诸侯王与皇上骨肉之亲的关系。这不是诈忠是什么?"

汉武帝一听,这样辩论下去,陈芝麻烂谷子都翻出来了,赶紧对狄山说道:"刚才张汤说你能力不行,你可以证明一下嘛!如果让你担任一个郡的长官,你能不能做到阻止匈奴入境?"

狄山听完,愣了一下,他万万没有想到汉武帝会出这么一手。

狄山在一瞬间内完成了快速而复杂的心理活动,他知道,如果答应了汉武帝,就意味着他要被发配到边疆了。

狄山马上说道:"不能。"

张汤面露喜色。

其余的围观者,私下里支持狄山的人心里也开始默默说道:"老狄要完了。"

汉武帝微微一笑,道:"负责一个县呢?能阻挡匈奴吗?"

狄山硬着头皮回答:"不能。"

汉武帝又问:"负责一个烽障呢?"

狄山这才意识到自己进套了,如果再说不能,实在说不过去了,只好说:"我……能。"

汉武帝道:"好,你现在就回家收拾一下赴任吧。如果你挡不住匈奴,那就是欺君之罪。"

当天晚上狄山就哭着上路了。

狄山这种只会读书和玩嘴皮子的人,完全不懂军事,去镇守边疆,和送死没两样。

果然,一个多月之后,匈奴人入侵狄山防守的烽障,不费吹灰之力便砍掉了狄山的人头,扬长而去。

狄山的无头尸体被运回到朝廷以后,汉武帝给众位大臣做了一个展览。从此以后，再也没有人敢提和亲的事情。

让匈奴臣属于汉朝，匈奴不乐意；匈奴提出和亲，汉朝又不乐意。

汉武帝下定决心，再次重整旗鼓，北伐匈奴。

就在汉武帝想要召霍去病、卫青前来商讨北伐大计时，突然有人来报："禀陛下，大司马霍去病去世了。"

汉武帝瞬间惊呆，他完全不相信自己的耳朵……

霍去病才二十三岁啊（一说是二十四岁）！

霍去病的突然离世让汉武帝无心再同匈奴作战，再次北伐匈奴的计划便搁浅了。

霍去病死后谥"景桓侯"。

汉武帝悲痛欲绝，调遣河西五郡的铁甲军一字排开，沿着长安一直排到霍去病墓。

汉武帝下令将霍去病的坟墓修成祁连山的模样，彰显他力克匈奴的奇功。

一代将星，就此陨落。

034
卫青之死

霍去病去世后,汉朝与匈奴各自安于本国,没有任何军事上的交锋。

三年后,匈奴的伊稚斜单于去世,他的儿子乌维单于即位。

又过了三年,汉武帝颁布诏书,决定巡游北方边境,以彰显国威。

汉武帝离开长安城后,从云阳(今陕西淳化)向北出发,经过上郡(今陕西绥德)、西河郡(今内蒙古准格尔旗西南部)、五原郡(今内蒙古包头市西北),出长城,登上单于台(今内蒙古呼和浩特市西),然后到达朔方城,抵达黄河河套地区。

汉武帝此行统率十八万骑兵,仅仅飘扬的旌旗就有一千余里,场面十分宏大!

汉武帝铺这么大的场面,目的就是做给北边的匈奴单于看。

汉武帝派出一位名叫郭吉的特使,前去告知匈奴乌维单于:"我大汉天子正亲自率领十八万大军驻扎在边境上,你如果敢作战,就立即前去决战。如果不敢出战,就应该立即臣服于大汉天子,何必迁徙到遥远的北方当缩头乌龟呢?"

乌维单于一看,汉朝分明就是在挑衅,立即斩杀了引见郭吉的礼宾官并把郭吉扣留,将其押送到北海(今贝加尔湖)边,让其求生不能,求死不得。

别看乌维单于窝里横,他终究还是没有胆量出战。

眼见着乌维单于做了缩头乌龟,汉武帝便从边塞打道回府。

在接下来的几年里,匈奴人很少敢来侵略,只是多次派遣使者,假装甜言蜜语地向汉朝请求和亲。

鉴于匈奴一而再的请求，汉武帝决定派一个熟悉北方生活习俗的人，名叫王乌，前去窥探虚实。

王乌来到匈奴境内，改从当地风俗，放下符节，进入单于大帐求见。

乌维单于一看这人很上道，非常喜欢他，对他的态度也很友善。

乌维单于道："我这次是真心要与汉朝结交。"

王乌道："您得拿出点儿诚意来才行。"

乌维单于道："我愿意让我的太子去汉朝做人质，够表现我的诚意了吧？"

王乌道："如果真是这样，那太好了！"

王乌回去向汉武帝汇报了情况，汉武帝立即又派了一位名叫杨信的特使，前去洽谈迎接匈奴太子来长安的事情。

杨信是标准的汉人，性格刚直，不肯随从匈奴的风俗，乌维单于对此很生气。

乌维单于说道："依照以前的约定，汉朝总是把藩王的女儿嫁给匈奴，还要附赠丝绸、美食作为嫁妆。你说吧，这次打算把哪个藩王的女儿嫁过来呀？"

杨信道："不对吧？之前不是说，您要送太子去长安当人质吗？"

乌维单于道："呸！你们汉人真不讲诚信，怎么说变就变？还想要我的太子去当人质，你们想瞎了心了。"

杨信道："你堂堂一个匈奴单于，不讲诚信，还血口喷人，成何体统？"

杨信回去向汉武帝汇报，汉武帝心想，难道是杨信这个人不会说话，把对方惹恼了？

于是，汉武帝再次派王乌出使匈奴。

乌维单于见到王乌后，重新变回甜言蜜语的样子，说道："我日思夜想去长安朝见大汉天子，当面聊聊天，喝喝酒，结成兄弟！"

乌维单于说到这里，眼泪都下来了。

王乌立马向汉武帝回报所见所闻。汉武帝信以为真，专门为乌维单于在长安建造了一所豪华无比的官邸，然后给他送去请帖：长安欢迎你！

乌维单于回复汉武帝："为充分表达我的诚意，我派我最信任的一位贵族先去拜见您！"

于是，乌维单于派了一个贵族，代表他先行来到长安。

特别奇怪的是，这位贵族来到长安之后，突然重病。汉武帝组织名医为他诊断治疗，最终不治身亡。

汉朝把匈奴贵族突然离世的消息传回匈奴，乌维单于表示，汉朝应该派一位高级别的大使过来，向他汇报此事，以体现诚意。

汉武帝觉得这个要求也算合理，毕竟匈奴贵族死在了自己的地盘上，也应该给对方一个有诚意的交代。

汉武帝派了一位名叫路充国的大使出使匈奴，护送匈奴贵族的棺柩回国，并携带千斤黄金用于为其举行葬礼。

为了证明汉朝派去的是一位高级别的官员，路充国还随身佩戴了二千石级官员的大印。

乌维单于等的就是这一天。

乌维单于见到路充国以后，当即翻脸，指责汉朝谋杀他的贵族，将路充国无限期扣留，以示报复。

乌维单于终于找到理由可以挑起战争，屡次派遣游击骑兵侵犯汉朝边境。

汉武帝此时已经失去了霍去病，便想找卫青商议，再次北伐匈奴。

就在这时，噩耗传来：大将军卫青去世！

为纪念卫青的赫赫战功，汉武帝专门为其修建了一座阴山形状的墓冢，谥号为"烈"，取《谥法》中"以武立功，秉德尊业曰烈"之意。

卫青是历史上比较少见的战绩卓越、一人之下、万人之上，却不被皇帝猜忌，也不被文官集团构陷抹黑的将军。

一方面是汉武帝确实对卫青比较信任，更重要的是，卫青这个人非常会做人。

前文也讲到，没有什么战功的文臣汲黯对卫青不服，卫青完全可以利用自己的权势对汲黯予以报复。但他没有这么做，而是放低姿态，主动向汲黯请教问题，与汲黯和平相处。

还有一件事情也能体现卫青的做人之道。

有一段时间，汉武帝特别宠爱后宫的王夫人。卫青立下战功后，被赐千金，这时有个叫宁乘的人对卫青建议："大将军之所以能有今天，主要还是因为卫皇后。可是现在皇上很宠爱王夫人，可以料想，下一步王夫人家族的人也会得到重用。大将军应该有先见之明，把皇帝所赐的千金送给王夫人，提前和她搞好关系。"

问题来了：宁乘仅仅是提供一个建议，还是他原本就是王夫人的人呢？

二者皆有可能。

如果真的是王夫人主动向卫青示好，希望在政治上结盟，卫青如果拒绝，就会给自己树敌。

如果王夫人没有这个意思，卫青主动送那么多黄金过去，也很唐突。

最后，卫青思考了一下，还是中庸点儿好，便打了个对折，送去了五百斤黄金。

五百斤黄金不多也不少，属于正常礼尚往来的范畴。

王夫人当天就把此事告诉了汉武帝。

汉武帝亲自询问卫青，为何突然要给王夫人送礼？

卫青实话实说。

汉武帝立马把宁乘平调为东海都尉，即刻履职。

表面看宁乘官职级别没有变化，实际是被调出长安，驻守边疆。汉武帝这么做，就是为了防止王夫人私下里搞小动作，与文臣武将们拉帮结派。

整个过程，卫青既没得罪王夫人，又顺手清除了一个佞臣，做得可谓滴水不漏。

卫青地位显耀以后，他的老部下苏建曾经提建议："您应该多多养一批门客，他们拿了你的钱，就会到处传播你的好名声。"

卫青道："你这是捧杀我！当年窦婴和田蚡为了让自己有好名声，没少养门客。据我所知，皇上对此深恶痛绝。低调点，没错。"

卫青还把这一观点灌输给外甥霍去病，所以两位大司马到死都没有养门客。

正是因为卫青拥有赫赫战功，外加极其会做人，主动藏锋，所以没有人可以找到他的把柄来构陷抹黑他。

只不过，卫青想不到的是，他和霍去病活着的时候，没人敢对卫氏家族动手，他们一旦不在了，将会有一群人露出獠牙，一拥而上，是为后话。

035
苏武牧羊

公元前105年，匈奴乌维单于还没干出什么惊天伟业便早早去世了，他的儿子乌师庐继位。

乌师庐此时年纪幼小，大家喜欢称之为儿单于。

儿单于心智不成熟，上位之后喜欢到处杀人放火，匈奴内部人心惶惶，恰逢自然灾害，牲畜多冻死、饿死，这对牧民是致命的打击。

内乱通常在这种环境下产生。

匈奴的左大都尉无法忍受儿单于的肆意妄为，派人秘密告知汉武帝："我准备杀死儿单于，投降汉朝，请派大军前来接应。大军一到，我就动手。"

此时汉武帝手里的老将只有赵破奴拿得出手，便让他在塞外修筑了一个专门的受降城，作为接应匈奴左大都尉的中转站。

公元前103年，汉武帝派将军赵破奴率领二万余骑兵出朔方郡向西北挺进，连续行军二千余里，前去接应左大都尉。

赵破奴到那里后，静等左大都尉在城内发起战争的讯号，结果左等右等就是没动静，早就超过了双方事先约定的时间。

原来，匈奴左大都尉虽然有心投降，但业务能力不过关，还没动手就被儿单于识破，反而先被杀掉。

被激怒的儿单于，命匈奴左贤王带领军队攻击正在不远处等着的赵破奴。

赵破奴等了半天，没等来友军，反而迎来敌军，双方展开了一场恶战。

因为是在匈奴的大本营，赵破奴不敢恋战，捕获斩杀几千敌军后，立即撤军返回。

岂料，在赵破奴返回受降城的路上，匈奴八万骑兵赶了上来，将其团团包围。

匈奴不敢轻易攻击赵破奴，企图用围困的方式，等他粮草耗尽，再发起攻击。

赵破奴眼下急需的是饮用水，晚上亲自出营寻找水源，结果不小心被匈奴侦察兵活捉。

匈奴抓了汉军的头领，喜出望外，知道汉军群龙无首，便趁机发起猛攻。

这时候，赵破奴的手下们开始犯难。

如果他们强力反击匈奴，领导赵破奴极有可能被杀害；如果他们投降匈奴，又不甘心。

最后，几个副将商议一下，还是投降，这样可以近距离接触赵破奴，说不定将来还有逃跑的机会。

于是，汉军集体投降了匈奴。

儿单于大获全胜，非常高兴，带着大伙到受降城附近掳掠了一番，然后开心地返回了老巢。

公元前102年，匈奴儿单于仅仅上位三年便因病猝死，他的儿子实在幼小，匈奴只好拥立右贤王为单于。

但这位右贤王单于仅仅干了一年，也因病猝死，匈奴只好拥立他的弟弟且鞮（音dī）侯为单于。

汉武帝想利用匈奴政局不稳的机会，再次攻打匈奴。

且鞮侯单于刚刚上位，根基不稳，没有信心迎战汉军，便写信给汉武帝说："跟陛下比，我相当于您的儿子辈。晚辈怎敢与前辈交手？我愿与陛下交好。"

为表诚意，且鞮侯送回很多扣留在匈奴的汉朝使者，这其中就有前文提到被扣押的路充国。

汉武帝对且鞮侯释放汉朝使者的诚意非常满意，作为礼尚往来，也要回赠一些扣留在汉朝的匈奴使者。

担当此次护送任务的便是中郎将苏武，随行的还有两个副手，分别是张胜、常惠。

苏武、张胜、常惠三人团见到且鞮侯单于后，献上扣押的使者。岂料，且鞮侯单于不但不表示感谢，还一副傲慢无礼的样子。

苏、张、常三人同时意识到，且鞮侯单于和之前的单于没什么两样，也是一个善变的戏精。

苏武当时的想法是，完成任务以后赶紧回去复命，把且鞮侯单于的真实嘴脸汇报给汉武帝。

这里有一个问题需要交代，那就是，此时此刻，在匈奴那里依然还有很多被扣留的汉军将士，而且这些人鱼龙混杂，背景各不相同。

这些人见到苏武以后，备感亲切，也想利用这次交换战俘的机会，回到祖国。

在这里举几个例子。

首先要说的是匈奴的缑（音gōu）王。

缑王是匈奴的一个小王，但早年投降了汉王朝，后来跟着汉军攻打匈奴时，又被俘虏，被软禁于匈奴老家。

缑王不想在匈奴等死，盼着有一天可以重新回到汉王朝，立下功劳，享受富贵。苏武的到来，让缑王看到了希望，所以缑王决定有所行动，跟着苏武一起回去。

还有一个代表人物叫虞常。

虞常是汉人。这次匈奴本来没有让虞常回汉王朝的打算，虞常知道，如果这次不跟着苏武回去，就再也回不去了。所以虞常便去联合緱王。

还有一个人，更有代表性，叫卫律。

卫律的父亲是匈奴人，但卫律却是从小在汉朝长大的，接受的是汉人的教育。

卫律有个好朋友，叫李延年。李延年是汉武帝李夫人的弟弟，也就是汉武帝的小舅子。

李延年在李夫人得宠时，向汉武帝举荐了卫律，利用他拥有匈奴血统的优势，让他代表汉王朝出使匈奴。

卫律坚定地效忠于汉武帝，一心一意做好外交工作。

天有不测风云。卫律的靠山李延年在此期间犯了淫乱罪，被汉武帝灭全族。

卫律意识到，如果回去，一定会被牵连，索性就直接投降了匈奴，成为单于的智囊。

卫律对汉王朝的事情非常熟悉，所以总能提出有效的建议，这让匈奴单于十分器重，将他封为丁灵王。

此时的卫律坚定地拿自己当匈奴人，排斥汉人，这让汉武帝十分痛恨他。

虞常和緱王碰了碰意见，两人觉得，只是偷着回去的话，恐怕会被汉武帝轻视，应该带着战果回去。所以两人计划杀掉汉武帝最恨的卫律，顺便把且鞮侯单于的母亲绑架回长安。

有了单于的亲妈当人质，一定可以控制匈奴，这将为汉朝立下旷世奇功，两个人回去以后一定可以加官进爵。

两人合计好以后，便找到苏武的副手张胜，把这个计划告诉了他。

机会终于来了。

这一天，且鞮侯单于外出打猎，緱王、虞常带领七十余人，直接进入

第五章　角力匈奴

单于母亲的家里，想要将其绑架。

他们来到营帐内，竟然空无一人。

就在这时，一群手持利刃的匈奴兵冲了进来，将他们团团围住。

缑王、虞常瞬间蒙了。

此时的张胜正等着缑王、虞常的胜利消息。结果，等来的却是两人中计的消息。

对于张胜而言，如果虞常也像缑王一样被当场杀死，反而是好事，这样就不用担心虞常把自己供出来了。

现在虞常落在卫律手里，不知道能否受得住酷刑折磨，万一把他咬出来，他也小命不保。

张胜越想越焦虑，最后实在受不了了，就壮起胆子主动找到苏武，交代了事情的来龙去脉。

苏武听后，震怒：" 浑蛋！这么大的事情你怎么能瞒着不报呢？如果因为此事两国开战，你负得起责任吗？到时候我跟你一起脑袋搬家！"

苏武渐渐冷静下来，道："事已至此，只能寄希望于虞常不会咬出你来了。"

怕啥来啥。虞常为自保，第一时间咬出了张胜。

且鞮侯单于震怒：原来是你苏武撺掇的！竟然敢绑架我亲妈！

且鞮侯单于亲自率领士兵包围了苏武的住处。

苏武对营帐外的且鞮侯单于道："说实话，此事确实不关我苏武什么事儿。但我毕竟是张胜的上司，我要对他负责。我愿意听从单于的处罚。"

且鞮侯单于道："按照我们的法律，你和张胜都应该是死罪。按照你们汉朝的法律，我即便放你们回去，你们也是死罪。你还有什么可选的吗？"

苏武道："既然如此，我苏武无话可说，愿意一人赴死。请单于给我的属下留个活口。我不想看到两个国家为此事再起战火。"

且鞮侯单于道："别动不动就提死，多不吉利。苏先生也有办法可以不死的，不是吗？"

苏武道："请单于明示。"

且鞮侯单于给旁边的卫律使了一个眼色，卫律瞬间懂了单于的意思。

卫律道："单于的母亲并没有受到任何伤害，所以你们其实对我们也没有造成多大的负面影响，还暴露了两个隐藏至深的坏人。从这个角度讲，我们应该感激您苏先生才对。人嘛，应该往前看。这么说吧，如果苏先生愿意投到我们单于的麾下，非但既往不咎，还给您封赏。不知意下如何？"

卫律万万没想到，他的话一说完，苏武直接将刀横在喉咙前，大声说道："单于小瞧我苏武了。生为汉臣，不能为国立功，反而闯下大祸，有何脸面苟存于世！"

苏武说完，刀刃一横，倒在血泊之中。

卫律赶忙冲了上去，抱住苏武，派人快马请来医生抢救。

匈奴的医生治疗方法比较特殊，在地上挖一个坑，点起炭火，把苏武放在火上烤，同时让人踩他的后背，挤出体内瘀血。

没想到，苏武竟然慢慢醒了过来。

且鞮侯单于更加佩服苏武的硬骨头，派人朝夕侍侯，仅仅逮捕了张胜。

在单于的悉心照料下，苏武的伤势一天天好转。这期间，且鞮侯单于多次派人劝他归降，苏武都予以回绝。

卫律又想出一个馊主意。

到了处决虞常的日子，卫律故意让苏武、张胜去观看。

卫律手起剑落，虞常人头落地。

卫律大喊："汉使张胜谋杀单于未果，罪该万死。但单于仁慈，对于归降者可赦免死罪。"

卫律突然举剑对准张胜，正要砍下，张胜立马跪下磕头："我投降，从此我就是匈奴人！"

苏武骂道："你这畜生！简直是我的耻辱！"

卫律又把剑指向苏武，道："副使有死罪，正使当连坐。"

苏武道："我本就没有参与这个计划，又非张胜亲属，你懂什么叫连坐吗？"

卫律没想到苏武这个时候还敢怼自己。

卫律故意举剑装作要砍苏武的样子，结果苏武威严不动，决不投降。

卫律见苏武终究不能被动摇，只得禀告单于，单于便更改策略，把苏武关在地窖中，断绝他的饮食。

苏武渴了吃冰雪，饿了吞吃皮衣上的羊毛，几天过去仍然活着。

匈奴人这时候开始有点怕苏武了，觉得苏武这个人太强大了，怀疑他是神的化身，不敢轻易将他杀死，便把他送到北海（今贝加尔湖）边荒无人烟的地方，让他放牧一群公羊。

卫律告诉他说："只有两种情况才可以回来：要么你想投降了，要么公羊哪天产出乳汁了。"

苏武的另一位部下常惠也坚决拒绝投降，被软禁在别的场所。

以上便是"苏武牧羊"典故的由来。

036

李陵蒙冤

公元前99年夏,汉武帝派贰师将军李广利率三万骑兵从酒泉郡出塞攻打在天山的匈奴右贤王,共斩杀匈奴一万多人后返回。

岂料,在返回途中,李广利中了匈奴的埋伏,陷入包围圈。

此时,李广利的部队粮食所剩无多,又有大量士兵伤亡,如果不能尽早突围,必将全军覆没。

这时,李广利的手下赵充国站了出来,说道:"禀告将军,我愿意带领一支一百人组成的敢死队前去突围!"

李广利没想到,此时竟然还有这等勇士主动挑起突围的大任,便挑选一百位最勇猛的士兵,随赵充国而去。

赵充国带领敢死队员打前锋,李广利率领其余的士兵紧随其后,向匈奴大军冲去。

战争打得非常惨烈,汉兵阵亡百分之七十,其余少部分人勉强得以逃脱,赵充国受伤二十多处。

突围成功后的李广利将此事汇报给汉武帝,汉武帝大喜,点名要见一下赵充国,看看是何等人物,竟然如此骁勇!

赵充国带伤觐见汉武帝,汉武帝一一察看他身上的伤口,边看边忍不住赞叹:"太厉害了,太厉害了!"

赵充国当即被封中郎。

话接前文。

名将李广自杀后,儿子李敢被霍去病暗杀,李广还剩下一个孙子,名叫李陵。

虎父无犬子，李陵箭法堪比爷爷李广，带兵也很爱惜部下，大家都喜欢把他比作年轻时的李广。

李敢被杀后，汉武帝由于偏袒杀人凶手霍去病，觉得自己有愧于李家，恰逢李陵是个人才，便提拔他为骑都尉，率五千人在酒泉郡、张掖郡一带教习箭术，相当于一位专门培训弓箭手的教官。

李广利出击匈奴时，汉武帝一方面想让李陵出力，一方面又怕他像李广、李敢一样不服从管理，临时生变，便让李陵负责为李广利护送辎重，但不允许其杀敌。

也就是说，李陵只负责运输工作。

李陵意识到汉武帝受李广、李敢影响，对自己有所防备，便亲自找到汉武帝，叩头请求道："臣所培训的都是难得的勇士，力气大得敢和老虎搏斗，弓箭手人人做到百发百中。只让这些人运输粮草，岂不浪费？"

汉武帝道："你果然和你爷爷一样，不愿屈居人下啊！男人嘛，有这种想法不算错，只是眼下我没有多余的马匹供你使用了。"

李陵道："我不需要战马，只要让我带领五千步兵，我便能对匈奴单于直捣黄龙！"

汉武帝最欣赏李陵的这种霸气，当即准了李陵的要求。

接下来，汉武帝不经意犯了一个错误，那就是，命令将军路博德率部队在中途接应李陵的部队，命其会师后听从李陵调遣。

路博德是霍去病的铁杆死忠！路博德最早只是一个太守，后来得霍去病赏识，追随其北伐匈奴并立下战功，被封符离侯。

霍去病和李家的矛盾，路博德当然心知肚明，所以路博德打心眼儿里不想听从李陵领导。

路博德得知汉武帝的安排后，给汉武帝上了一份奏章。汉武帝读完奏章后勃然大怒，认为李陵之前是在骗他，装作一副豪情满怀的样子，其实李陵不敢和匈奴作战。

说白了，路博德玩阴的，给汉武帝洗了脑。

汉武帝更改了之前的命令，让路博德独自率军攻打匈奴，不再听从李陵领导，同时命令李陵即刻出发，到浚稽山（今阿尔泰山脉的中段）以南观察敌人的动静，但不能出兵。如果没有敌情，李陵便要返回到受降城休息。

李陵吃了一个哑巴亏，只好率领五千步兵出发，到浚稽山安营扎寨。

李陵将沿途将所经过的山川地形绘制成图，派骑兵陈步乐送回长安上呈汉武帝。汉武帝亲自召见了陈步乐，并当场查看李陵绘制的地图。

陈步乐在汉武帝面前各种猛夸李陵如何卖力、如何效忠朝廷，汉武帝非常高兴，当即封陈步乐为郎官。

本来李陵在浚稽山的任务仅仅是侦察，万万没想到，匈奴单于率领三万主力部队刚好路过，与李陵撞了个正着。

匈奴快速将李陵包围，李陵被夹在两山之间，只好把大车围起来，形成临时营寨。

李陵把士兵分成前后两排，前排的手持戟和盾，后排的手持弓箭。

匈奴单于见汉军数量如此之少，带兵直奔李陵营前阵地而来，他还不知道，前方等待他的是李家箭法调教出来的神箭手。

李陵命神箭手们万箭齐发，对面的匈奴兵顷刻间应声倒地。

匈奴单于大惊！只好命令大军向山上撤去。

李陵趁机带兵乘胜追击，前后共斩杀匈奴数千人。

匈奴单于有点害怕，自己的三万人竟然被对方的五千人打成这样，顿时感到，对方将领绝非一般人。于是，匈奴又集结周边地区的士兵前来支援，很快便组织起八万人，对李陵的五千人发起第二轮攻击。

双方人数过于悬殊，李陵只能边战边向南撤退进山谷中。

在第二轮交锋中，李陵的士卒多数受伤。

李陵下令，有三处及以上创伤的士兵坐在车上，有两处受伤的负责驾车，有一处受伤的继续坚持作战！

就这样，李陵带领这群伤兵再次出击，又斩杀了三千多匈奴兵。

匈奴单于开始佩服起对面带兵的将领，简直是神人！真想知道他姓何名谁。

匈奴单于下令，全军继续向前强压，李陵只好率军继续向南撤退，最终来到大片沼泽芦苇当中。

匈奴单于见势，果断下令放火。

此时正刮北风，大火自北向南烧向李陵。

李陵镇定自若，也命令士兵放火烧掉身边的芦苇，形成无火地带以自救。

李陵借助浓烟，继续南撤到山下的树林里躲藏起来。

匈奴单于派他的儿子率领骑兵，进入树林，攻打李陵军。

李陵率军在树林中徒步迎敌，借助地形优势，再次杀死匈奴数千人。

这期间，李陵拿过连弩，对着山上的单于射出一箭，箭头从单于头上呼啸而过，差点取其性命。

匈奴单于吓了一跳，赶紧逃到更安全的地方。

心有余悸的单于开始自己吓唬自己，对部下说道："这支汉朝的军队也太猛了，我们怎么打都打不过，他们每一次都反杀我们好几千人。难道他们故意引诱我们向南，等待我们的是南边埋伏好的大军？"

单于的手下说道："单于亲自率领八万精兵攻打对方几千人，如果就这么认输，一定影响威望，以后就不容易命令官兵奋勇杀敌。汉廷从此以后也会轻视您。所以我们一定要继续作战。"

单于道："如果汉军一直南撤，我们也要一直追击吗？"

单于的手下道："前面还有四五十里的路才到平原地区，如果到达平原地区之前还不能消灭这几千人，我们就返回，这是我们的底线。您看这样可以吗？"

单于道："就这么办！传令，继续攻打汉军！我倒要看看，率领这支队伍的人，到底长了几个脑袋、几条胳膊。"

匈奴这次豁出去了，一天里向李陵发起十几个回合的冲击。结果，李陵硬是扛住了，顺手又杀了两千多匈奴兵。

"我受不了啦！"匈奴单于彻底精神崩溃。

单于的手下也觉得太无奈了，一度怀疑跟自己作战的是不是老天爷派来的天兵天将。

最终，大家一致决定：撤。

本来，匈奴一撤军，李陵就可以带着大伙返回内地。李陵这是第一次指挥战斗，凭借李陵如此出色的战绩和半神一样的表现，回去以后一定可以得到汉武帝的重用。

可是人算不如天算。

这期间，李陵的队伍里有个军人名叫管敢，他的上司经常侮辱他。在大伙和匈奴厮杀的过程中，管敢的上司依然不忘记欺负他，这导致管敢叛逃，他偷偷溜到匈奴那里。

被捆了去见单于，把李陵残军情况报告了。

单于大喜，立马调集全部骑兵箭射汉军，并让士兵大声呼叫："李陵、韩延年快快投降！"

李陵瞬间明白，有叛徒告密了。

匈奴知道汉军人数不多，不再有顾虑，直接阻断汉军后路，前后夹击。

李陵被逼入山谷中，匈奴的部队则在山上，四面八方的箭矢如雨点般射下来。

第五章 角力匈奴

李陵此行共携带五十万支箭，至此已全都用完，只好让士兵把战车拆掉，砍下车轮的辐条拿在手中当武器，所有军官拿起短刀，与士兵一起做好近身肉搏的准备。

狡猾的单于不会和李陵近距离肉搏，而是率领大军堵住后路，令一支小分队爬到山顶，向山谷里的李陵军扔石头。

汉军很多人被活活砸死，直到天黑，匈奴实在看不清石头在哪里，才停止投掷。

李陵道："大家都是我手把手教出来的，我拿大家当亲人一般。如果大家就这么被擒，太便宜匈奴了，不如各自逃命，只要有能逃回去的，就向天子报告这里的战况。我李陵第一次带兵打仗就打成这样，无怨无悔！"

于是，军中每人各带一升干粮，一片冰块（用于路上解渴），约定逃到居延城的遮虏障集合。

李陵与韩延年一起上马，十几名壮士跟随其后，大家嘶喊着一起向峡谷口冲去。

无奈，寡不敌众，韩延年战死，李陵被活捉。

幸运的是，有四百多人逃回了边塞。

李家原本得罪了卫氏家族的卫青、霍去病两大军头，朝廷文武百官都以攀附卫氏家族为能，李陵注定要被大家攻击、抹黑。

只有一个人，《史记》的作者司马迁为李陵说话。

司马迁指着各位大臣，大声说道："众所周知，李陵平时孝顺父母，对待将士注重信义，奋不顾身以赴国家急难。第一次带兵便以少击多，能够杀那么多匈奴兵，已经非常厉害了！有些人为保全自己的富贵前程，就昧着良心诬陷英雄，这还是人吗？换作你们，给你们五千人，深入匈奴腹地，抵挡数万敌军，你们能做到像李陵一样，打得匈奴单于都精神崩溃吗？李陵之所以最后没有自杀，一定是想寻求机会逃回来，再次报效朝迁！英雄在前方流血，你们却忙着诋毁，何等可笑？！"

此时汉武帝已经认定李陵是个汉奸，司马迁的陈述让汉武帝觉得脸面全失，当即下令：对司马迁处以宫刑，即刻执行！

这件事情过去一段时间之后，汉武帝渐渐冷静下来，思前想后，反复梳理事情的来龙去脉，终于明白了事情的关键。

李陵之所以战败，就在于后方没有援军。

倘若当初没有采纳路博德的建议，按照最初的设定执行，李陵就能以少胜多，大获全胜。

按照《资治通鉴》记载，汉武帝非常懊悔地说了这么一句话："陵当发出塞，乃诏强弩都尉令迎军；坐预诏之，得令老将生奸诈。"

这句话翻译成白话文就是：应当在李陵率军出塞后，再下诏派强弩都尉路博德作为后援接应，而我却预先下诏书，成全了路博德老将的奸诈心思。"

自此以后，汉武帝再也不允许路博德回朝，让他终身在外面戍边，路博德最终病死在居延城。

作为弥补，汉武帝派使臣去慰劳、赏赐逃回来的李陵余部。

公元前97年春季，汉武帝征发全国犯了罪的官吏、杀人犯、入赘的女婿、商贾及其直系亲属，与自告奋勇的群众混编在一起，另加骑兵六万、步兵七万，由贰师将军李广利率领从朔方郡出发，再次征讨匈奴。

匈奴不敢正面迎敌，把民众、资产直接撤到余吾水（今蒙古国图拉河）以北，单于则亲自率领十万大军在余吾水以南，迎战李广利。

李广利的军事指挥能力与霍去病、李陵完全不在同一个层次，与匈奴军连续战斗十几天，始终不能取胜，只好撤退。

公孙敖临行前，汉武帝曾经交给他一个秘密任务：能打胜仗最好，如果打不赢，就直接深入匈奴腹地，一定找到李陵并把他接回来。

第五章 角力匈奴

当初，刘嫖要杀卫青，公孙敖及时赶到救下卫青，自此成为卫青的铁杆嫡系。

李广被卫青逼得自杀，李敢又伤了卫青，霍去病又暗杀李敢，这一系列事情的发生，让卫氏家族与李广家族水火不容。

大家可以想象，公孙敖会竭尽全力寻找李陵并迎接他回朝吗？

公孙敖果然"无功"而返，还告诉汉武帝："没有找到李陵。我抓到几个匈奴俘虏，都说李陵正在帮着匈奴单于训练军队，攻打汉军！"

汉武帝这次又失去了理性，瞬间燃炸，当即下令将李陵留在长安的家人全部杀光！

公孙敖把李陵帮助匈奴单于练兵的消息放了出去，一段时间内，老百姓一提到李陵的名字，就恨得咬牙切齿。

后来，汉朝派了特使出使匈奴，恰巧碰到了李陵。

汉使私下里问李陵："李将军，我有一事不解，您为何这么亲近匈奴？"

李陵听后，非常激动，大声说道："我也有一事不解。我为了汉朝，仅仅率五千人横扫匈奴主力，因无人肯救援而失败，这有什么大罪，非要杀我全家老小？"

使者道："公孙敖跟皇上说，您已经当了汉奸，为匈奴练兵，随时攻打汉朝。"

李陵道："胡说！那是一个叫李绪的汉人，不是我！"

这位李绪，本来是汉朝的一个都尉，后来被匈奴打败，便投降了。

汉使非常有心，特意做了调查。事实是，李绪来到匈奴以后表现积极，帮着匈奴练兵，大大提升了匈奴的战斗力。反观李陵，仅仅在匈奴这里待着，从未向单于效忠，而是等待机会逃走，重新回到汉朝。

所以单于对李绪优礼有加，座次在李陵之上。

后来，李陵全家被杀的消息传来，这让李陵大为恼怒，本来是李绪干的事，却让自己家人成了替罪羊。于是乎，李陵便找机会派人刺杀了李绪。

单于的母亲非常喜欢李绪，得知李陵将其杀死后，非要杀掉李陵为李绪报仇不可。但单于非常敬佩李陵威武不屈的精神，舍不得将其杀掉，便找了个借口把他藏到北方去了，直到单于的母亲去世后才将其放回来。

李陵的家人已经被汉武帝杀光，对自己一度效忠的祖国彻底绝望，外加单于又救了他一命，便不再那么抗拒匈奴。

单于实在是太欣赏李陵的才华了，便放下身架，将心爱的女儿嫁给李陵为妻，并立其为右校王，地位与前面提到的卫律相同。

卫律作为文官，活跃在单于身边，为其出谋划策，治理内政。而李陵则常驻守在外地，有大事时回王庭商议。

李陵就这样在匈奴稳定下来，直到汉武帝驾崩，他依然在匈奴生活。

汉武帝去世后，汉昭帝即位，由大将军霍光、左将军上官桀辅政。

霍光是霍去病同父异母的兄弟，为人豁达，在李陵的问题上并没有揪着历史仇恨不放，反而一心想让李陵回来。

汉昭帝也觉得当年汉武帝做得太过绝情，在没有调查清楚真相的情况下便贸然杀了李陵全族，是说不过去的，也想找机会召回李陵。

朝廷派李陵的昔日好友任立政带队，假借出使匈奴，尝试召李陵归汉。

任立政一行人来到匈奴后，匈奴单于置酒款待，李陵、卫律陪同在座。

任立政虽然见到了李陵，但不能同他讲话，便找机会在酒桌上用目光向李陵示意。

李陵把这一切都看在眼里，知道任立政有话要说，但又不敢确定。

任立政很机智，喝酒时故意把佩刀上的环弄掉，趁低头捡环时用手握了一下李陵的脚。

李陵这才确信，任立政想找自己谈点在这不方便谈的事情。

几天以后，匈奴责成李陵、卫律置办酒席慰问汉使。任立政知道，这是他和李陵近距离接触的最后机会。

李陵、卫律都穿着匈奴的服装，留着匈奴发式来参加酒席。

酒过三巡，任立政故意聊起国内的话题，说道："现在汉朝换了新皇帝，对过去的罪人一律大赦。陛下年少，由霍光、上官桀辅政。对了，这二位是不是和你关系不错啊？"

任立政故意用话打动李陵。

因为卫律持有坚定的反汉立场，所以李陵不敢多说话，故意摸着头发说给卫律听："我已经不是汉人啦！"

任立政只好不再说话。

过了一会儿，卫律起身，道："酒喝多了，去撒个尿。"

趁卫律不在，任立政赶紧小声对李陵说道："李大人，你受苦了，霍光、上官桀让我向你问好。"

那一瞬间，李陵眼泪掉了下来，道："霍公与上官大人可好？"

任立政道："我这次来，就是要告诉你，皇上想让你回故乡。之前的罪全免，更不用担心富贵。"

李陵道："凭借我的身手，想回去的话谁能拦得住？伴君如伴虎，皇上说翻脸就翻脸，何况我全家都已经死光，回去又能怎样？"

原来，狡猾的卫律早就看出任立政和李陵挤眉弄眼，故意假装出去上厕所，实际在旁边偷听。

听到二人聊到这里，卫律便从幕后走了出来，对李陵说道："李大人是有真本事的人，真想走，没人拦得住。只是卫律有句话要说，那就是，李大人大可不必被'故国'的概念困住。想当年范蠡遍游天下，从西戎到秦国，帮助秦穆公位列春秋五霸，都是不拘泥于国籍的典范。李大人的才华不比他们差，还谈什么'故国'的虚妄概念？"

说罢，卫律起身告辞。

任立政对李陵说道："你也这么想吗？"

李陵坚定地说道："大丈夫不能反复无常，更不能再次蒙羞！"

就这样，李陵坚决拒绝了汉昭帝的邀请，余生在匈奴度过，直到病死。

037
李广利玩火自焚

公元前96年，匈奴且鞮侯单于去世。

且鞮侯有两个儿子，长子为左贤王，次子为左大将。

单于去世时，左贤王在外驻守，没能及时赶回王庭。匈奴的各个贵族认为左贤王可能病了，身体不好，即便回来也难当大任，便一致拥立左大将为新单于。

左大将当上单于以后，得知左贤王身体并不差，只不过当时没能及时赶回朝廷而已，便提出把单于的位子归还给左贤王。

左贤王坚决不肯接受。

左大将说道："这本来就是你的。如果将来我死在你后面，到时候我再接过单于的位子。"

左贤王感动之至，这才同意当单于，史称狐鹿姑单于。

左大将则晋升为新左贤王。

结果，数年之后，新左贤王竟然因病比单于先死，他的儿子不能即位左贤王，改任日逐王。狐鹿姑单于封自己的儿子为左贤王，也就是将来单于的接班人。

公元前91年，匈奴入侵上谷、五原二郡，对当地百姓、官吏大肆屠杀掳掠。

公元前90年春，匈奴再次侵入五原、酒泉二郡，杀死两郡都尉。

当年三月，汉武帝分别派贰师将军李广利率七万人，御史大夫商丘成率两万人，将军马通率四万骑兵，反击匈奴。

匈奴单于收到汉军大举进攻的情报，便把部众、辎重向北撤去。

首先到达匈奴腹地的是商丘成。

商丘成到达时，匈奴已经撤走，找不到匈奴踪迹的他只好撤军而回。

匈奴听说商丘成撤退，派出刚刚投降不久的李陵率三万多骑兵追击。李陵连追九日，最终没再继续追击，退兵而去。多亏没有追上，否则商丘成必死无疑，也有可能是李陵故意放人。

贰师将军李广利率军出塞后，匈奴派右大都尉、卫律共同率五千骑兵在夫羊句山（今蒙古国达兰扎达嘎德市西部）的狭道上截击李广利。

李广利不负众望，迅速击败匈奴军，乘胜向北追击，右大都尉、卫律败逃。

李广利除了将军这个身份，还有一个特殊身份，就是汉武帝的大舅哥。

李广利的妹妹是汉武帝的李夫人，一度非常得宠，生下一位皇子，被立为昌邑王。

当时的丞相名叫刘屈氂（音máo），李广利的女儿嫁给了刘屈氂的儿子，两家结为亲家。

所以，这就意味着，皇子昌邑王如果能够成为皇位接班人，刘、李两家将成为未来汉朝的第一实权家族。

李广利这次出塞，丞相刘屈氂为他祭祀路神并设宴饯行。

李广利把刘屈氂叫到一边儿，低声说道："亲家公，我不在的日子里，你要尽早上奏皇上立昌邑王为太子，只要他能即皇帝位，以后你我两家还有什么可担忧的呢？"

刘屈氂连连称是。

让李广利万万没想到的是，就在他征讨匈奴时，内者令郭穰（音ráng）给汉武帝上奏说："丞相刘屈氂的夫人搞巫术诅咒皇上，他的亲家贰师将军李广利也参与祈祷神灵！"

汉武帝："祈祷什么？"

郭穰："祈祷皇上立昌邑王为太子，祈祷皇上早死好让昌邑王早登基。"

汉武帝暴怒："彻查！"

查来查去，竟然情况属实！

刘屈氂当即被免职，先被装在车上游街示众，然后被腰斩于东市，他的妻子被当众斩首。

汉武帝对正在征讨匈奴的李广利还是区别对待的，李广利的妻子儿女全部被捕，但没有判死刑。

远在塞外的李广利听到国内发生的事情后，一时乱了方寸，不知如何是好。

李广利有个副官名叫胡亚夫，对李广利说道："您的妻子儿女已经被逮捕入狱，现在皇上为什么不杀他们？就是制造假象，给你留个希望，让你觉得回去以后可以将功抵过。事实上，等你回去以后一定被灭全族！"

李广利骇然，道："我应该怎么做呢？"

胡亚夫道："你没得选，只有一条路，投降匈奴。"

李广利思来想去，决定继续深入匈奴腹地，寄希望于立下战功，回去以后可以让汉武帝回心转意。

李广利率军继续北进，与匈奴左大将率领的两万骑兵相遇，双方陷入厮杀。

两军打了整整一天，李广利将左大将杀死，匈奴军伤亡惨重。

李广利决定继续向北推进立功，功劳越大，回去以后被免罪的可能性越高。

李广利想继续北进，以求立下更大的功劳，这对李广利有好处，但是对于他的下属而言，就不是好事了。

为什么这么讲？

李广利的军队刚刚杀了匈奴的二把手左大将,凭借此战功,李广利的下属都可以得到大大的封赏,可现在李广利不想就此打住,而是要继续北上,极有可能碰上匈奴的主力大军,届时大家命丧大漠的可能性会大大增加。

届时,李广利回去领功了,这些当下属的都战死沙场,凭什么?

持有这种想法的有两个代表人物,分别是李广利军队里的长史和都尉。

长史道:"听说李将军家人被抓,他这是想以牺牲咱们兄弟们的性命来谋取大功!这样打下去,咱们谁都别想活着回去。"

都尉道:"我也发现了,凭什么让我们当牺牲品。你说,我们该怎么办?"

长史道:"眼下只能出险招!我们把李广利抓了,逼着他撤军。如果不撤,我们就押着他投降匈奴,凭借一个这么大的见面礼,匈奴一定会给我们重赏!"

都尉道:"就这么办!豁出去了!"

李广利何许人也?那可是大将军,久经考验,阅人无数,何况这又是在他自己的军队里。

李广利很快识破了长史与都尉的计谋,先下手为强,杀死长史,缉拿都尉,将一场政变扼杀在萌芽状态。

经此一事,李广利意识到,长史、都尉代表的是相当多将士的真实想法,强行命令他们玩命,一定会引发内讧,只好面对现实,不再北上,而是率军撤退。

匈奴单于得到汉军即将撤退的消息,知道汉军一定是已经粮草不足了,便亲率五万骑兵拦击李广利大军。

这一次匈奴换了战术,没有从后面被动追击,而是先行绕到汉军的前方,挖好深达数尺的壕沟,然后又绕到汉军背后发起猛烈追击。

李广利无心恋战，下令大军极速回撤，岂料大部分人掉进了匈奴挖好的壕沟里。

汉军阵脚大乱，全军覆没，李广利被活捉。

李广利来到匈奴以后，单于以贵宾待遇对他，劝他投降。

此时的李广利已经没得选，回去以后一定会被汉武帝治罪，只好投降匈奴。

匈奴单于当即表示愿意把女儿嫁给李广利，其地位在卫律之上。

对于汉武帝来讲，李广利的叛变和李陵的叛变比起来，意义大不同。

李陵地位低，权力小，和汉武帝是单纯的君臣关系。李广利则不同，除了是将军之外，还是汉武帝的大舅哥。

皇上的大舅哥投降了匈奴，这对汉武帝而言简直是奇耻大辱。

汉武帝当即下令，杀光李广利全家！

单于尊崇李广利，让卫律非常不爽。

卫律从心里佩服李陵，因为李陵在战场上证明过自己的能力，李广利则不同，出道以来也有战功，但是跟卫青、李广、霍去病、李陵比，完全不在一个层次上。

李陵来到匈奴后，与卫律地位平等，卫律一个字：服！让李广利地位在自己之上，卫律当然不服。

卫律决定，慢慢寻找机会干掉李广利。

李广利投降一年多后，卫律的机会终于来了。

话说，这一年单于的母亲生病，怎么治都治不好。

卫律花钱买通了当地最具权威的巫师，让巫师谎称，单于母亲的病因是去世的老单于在发怒。

单于听完，很是惊讶，道："老单于的在天之灵为什么生气？"

巫师："我……我能说实话吗？"

单于让下人全部退下，道："实话实说，不必多虑。"

巫师："当年老单于带兵伐汉时，曾经发誓，一定要捉住贰师将军李广利，用他的人头祭天。可老单于到死都没能实现这一梦想。现在李广利就在我们这里，还活蹦乱跳享受荣华富贵，老单于的在天之灵能不生气吗？"

单于："那怎么做才能让老单于消气？"

巫师："杀李广利，用他的头告慰老单于在天之灵，一定可以让您的母亲痊愈。"

单于是一个非常迷信的人，同时又是个大孝子，当即下令，将李广利杀掉，祭祀老单于。

李广利万万没想到，这一辈子没有死在战场上，也没有死在汉王朝刽子手的刀下，而是死在曾经的老朋友手里。

李广利被杀时，只说了一句话："我死后，匈奴必灭！"

据史书记载，李广利死后，匈奴确实发生了很多诡异的事情。

首先，匈奴接连数月雨雪不断，大量牲畜死亡。

其次，匈奴暴发了瘟疫，大量老百姓死去，导致种植的农作物都不能及时收割。

本来就迷信的单于，越想李广利临死前说的话越害怕，只好又为李广利修建了祠堂，对其隆重祭祀，以慰亡灵。

这就是汉朝二线名将李广利戏剧性的人生结局。

038
轮台诏

汉武帝去世于公元前87年,在他生命的最后两年里,对多年征讨匈奴的做法进行了反思,并将反思的结果以诏令的形式通告天下,史称"轮台诏"。

轮台诏被记录在《资治通鉴》里,我们可以通过其内容窥察汉武帝晚年的内心世界。

轮台诏是这么说的:

以前曾有官员奏请,对每一位百姓增收赋税三十钱,以接济讨伐匈奴费用的不足。我知道,这会让那些贫穷的家庭更加困苦。

最近又有人要求派兵到轮台屯田。

轮台在车师以西一千多里。当年攻打车师时,危须、尉犁、楼兰等六国留在京城的子弟都回到本国,征集牲畜、食物来支援汉军,还主动征发几万名士兵,由各国国王亲自率领,合围车师,最终打败了车师国王。

胜利的代价是,各国士兵精疲力竭,就连到路上为汉军提供食物的力气都没有了。

虽然汉军在攻破城邑后会得到很多食物,但是士兵们即使每人装得满满的,这些食物仍然不足以支撑持久作战。士兵们吃完粮食,又吃牲畜,最后死在路上的竟有数千人。

朕调用酒泉郡的驴子、骆驼驮运粮食到玉门关,迎候军队。官兵们从张掖郡出发,路途不算很远,却还是前后人马分散,很多人因此滞留不前。

过去,朕不明智,因为军侯弘曾上书说"匈奴人捆住马的前后足,放在城下，骑着快马说'秦人，我把这些马送给你们'"，这让我们上了当，决定攻击匈奴。

又因为我们很多的官员在匈奴久留不回，所以朕就更加坚定了发兵的想法，并派出贰师将军李广利，打算借此壮威。

古时候，卿大夫们一起讨论国家大事时，先要用蓍（音shī）草、龟壳占卜。如果占卜的结果不吉利，便不实行。

以前，朕将捆马书展示给丞相、御史、二千石级朝官、大夫和郎官中学问渊博的人，并拿给地方的郡、属国的都尉们，让大家一起讨论，要不要攻打匈奴。

结果他们都认为："敌寇自己捆住自己的马，再没有比这更为不祥的啊！"

甚至还有人提出："匈奴人是想借此显示强大，用我们不足的东西显示他们绰绰有余。"

查阅《周易》，找到《大过》卦的九五爻（音yáo），从中得出推断，匈奴将要衰亡。

后来又请来方士和太史观星望气，还有太卜用龟壳、蓍草占卜，都认为很吉利，匈奴必败。

朕还请他们为每一位将领算卦，结果是，贰师将军李广利的卦象最吉利。

因此，朕最后让李广利北伐，告诉他取胜后绝不要再深入。

现在看来，当初谋划、占卜的结果全都与事实背离很远。

重合侯马通俘获了匈奴人，刺探到情报说："匈奴听说汉军将要到来，派巫师在汉军所经过的各条道上和水中预先埋下牛羊，用来诅咒汉军。单于向天神祭祀马皮衣服时，往往叫巫师进行诅咒。把马捆住，是用来诅咒汉军的出兵行动。"

另外，匈奴也占卜，结论是汉军有个将军不吉利。

第五章 角力匈奴

果然，贰师将军李广利战败，士兵们或死或被俘或逃散，损失重大。此悲此痛时常萦绕在朕的心中。

最近，又有人请求在遥远的轮台屯田，重建烽火台，这是使天下人受惊和劳累，而不是优待百姓啊！

现在朕不想再听这种话了。

大鸿胪等人又商议着企图招募囚徒去陪送匈奴使者，还要把他们封为侯爵，以安抚愤怒的匈奴。恐怕连当年的春秋五霸也不会这样做吧。

匈奴又是怎么对待汉朝的投降者呢？他们往往对汉人搜身、盘问，一点都不尊重。

我听说，现在边塞涣散，有人擅自逃出塞外也没人管。有的军队的长官竟然派士兵出去猎捕野兽，贪图美味、兽皮，士兵被逼得困苦不堪，战斗力损失严重。

出现了这么严重的问题，在送上来的文书中，没见有人反映。直到我们捕到匈奴的俘虏，才知道边境的真实状况。

我们还能继续打仗吗？

我们当下最应该做的，是禁止这些残暴的行为，停止对百姓敲诈，努力发展农耕，贯彻对养马者免除赋役的法令，对军队填补缺额，保证军备不荒废。

朕希望各郡和各王国二千石级官员，拿出畜马的良策和补充边疆士兵缺额的方案，随同政绩报告一起在朝廷讨论。

以上是"轮台诏"的全部内容。

从此以后，汉武帝不再对匈奴用兵，对内休养生息，发展农耕，老百姓在承受了多年战争带来的高赋税后，终于迎来了和平时代。

汉武帝能够在国力日渐衰落时，及时中止对外争战，反思施政方针，大力发展经济，恢复国家元气，这是他比很多帝王高明的地方。在这一问题上，汉武帝是必须得到肯定的。

第六章 平定两越

039
初平闽越

两越指闽越、南越。

闽越，相当于现在的福建。

而南越，包括当今中国南方和越南部分地方。

汉武帝登基时，闽越国的国王名叫郢（音yǐng）。

公元前135年五月，汉武帝的奶奶窦太后去世。

郢做出一个误判，他觉得汉朝真正的实权老大是窦太后，汉武帝只是个傀儡，没什么大能耐。窦太后去世后，朝廷没人可以管遥远的两越地区。于是，郢决定出兵攻打南越国。

闽越国、南越国都是汉朝的藩属国。南越国作为被侵略的一方，并没有擅自出兵反击，而是选择派人向汉武帝汇报请示。

汉武帝对南越国国王的做法大加赞赏，派大行王恢率军从豫章郡（今江西南昌）出发，派大农令韩安国从会稽郡（今江苏苏州）出发，双线出击，夹击闽越。

当时，淮南王刘安还处于假装忠君的阶段，上书汉武帝，反对出兵攻打闽越。

刘安给出的理由是：

1. 两越人野蛮，没有教化，没必要跟他们认真。

2. 他们有先天的地理优势，中原士兵过去不宜作战。

3. 打仗不利于经济发展，增加国家财政和百姓的负担。

刘安给出的解决方案是：不要动武，而是给予对方一枚金印，将其招安。

刘安的真实想法是，不能让朝廷将南方统一。首先，留着两越闹事，可以掣肘朝廷。其次，刘安是淮南王，从地理位置上讲，比长安更加接近两越地区，将来造反的时候，打得过朝廷军最好，万一打不过，两越是一个可以藏身的地方。

所以，刘安是绝对不希望朝廷统一两越的。

汉武帝此时并没有发现刘安的异心，但是他的性格决定，闽越是一定要打的。

汉武帝派出两支军队即刻出发，闽越王郢不敢怠慢，派兵据守险要地形，抵抗汉军。

花开两朵，各表一枝。

话说这闽越国内部也不是团结如钢板一块。

国王郢有一个弟弟，名叫余善。

以余善为代表的王公贵族们觉得，和汉军打，打赢了还可以，万一打输了，好日子就到头了。

于是，以余善为代表的王公贵族们悄悄开了一个小会。

余善道："我们不能坐以待毙。眼下唯一可以做的，就是将我这位国王哥哥杀掉，拿他的人头向汉天子示好。如果双方就此重归于好，咱们的荣华富贵就保住了。如果汉天子仍旧不依不饶，到时候我们只能豁出去跟汉军拼命到底了。我感觉，汉天子拿到我们国王的人头以后，继续不依不饶的可能性很小。"

众人赞同，于是一起去找国王郢。

余善一个箭步冲了过去，掏出藏在袖筒里的短矛，直接插入国王郢前胸，国王郢立刻倒在血泊中。

余善把郢的头砍下，派使者给汉军首领王恢送去。

王恢看到国王郢的头颅，说道："我此行的目的就是要杀掉闽越王，现在人头已经拿到，我们就没必要再进攻啦。"

王恢停下军队，让韩安国也原地驻兵不动。使者拿着闽越王的头飞速赶往长安，向汉武帝报告。

汉武帝十分高兴，下令两位将军撤军回朝。

紧接着，一个重要的问题摆上来了，那就是，谁来当新的闽越国王？

汉武帝思前想后，决定任命闽越国的贵族繇（音yáo）君丑来当新国王。余善的心直接凉了。

余善当时不敢发作，装作若无其事的样子，等到汉军全部撤走以后，便与新国王繇王丑翻脸，自立为王。

繇王丑立马把余善自立的事情向汉武帝报告。

此时汉军刚刚从千里之外返回，实在不能再调回去打仗，同时考虑到余善毕竟杀郢有功，汉武帝便面对现实，承认了余善的自立，将其封为东越王，与繇王丑共同治理闽越国。

040
计平南越

解决完闽越国以后,汉武帝派了一位名叫庄助的特使前去南越国。

庄助对南越王赵胡道:"我们天子不图财物,只想要两个字。"

赵胡道:"哪两个字?"

庄助微微一笑,道:"放心。"

赵胡双眼一眯,立马懂了庄助的意思。

就这样,南越国太子赵婴齐到长安做了人质,被汉武帝任命为宫廷侍卫。

送走赵婴齐,庄助与赵胡约定,过几天赵胡要去觐见汉朝天子。

话说,庄助走后,南越大臣们纷纷劝告南越王赵胡:"汉朝派大军诛杀闽越王郢,其实也是故意震慑我们。我们不要轻信庄助的漂亮话,大王一旦去见汉朝天子,极有可能就回不来了!"

赵胡被大家这么吓唬,就真的不敢去了,对汉武帝谎称生病,自始至终没有去过长安。

客观地说,汉武帝本来就没想杀赵胡,相反,对太子赵婴齐非常好,还给他娶了一个内地的媳妇樛(音jiū)氏,并生了一个儿子,取名赵兴。

若干年后,赵胡去世,汉武帝放赵婴齐回去继承王位。

临走时,赵婴齐上书朝廷请求把媳妇樛氏立为王后,立儿子赵兴为太子。汉武帝准奏。

赵婴齐去长安做人质前,在南越老家已经娶妻生子,儿子叫赵建德。也就是说,按照结婚的先后顺序,樛氏只能算妾。

赵婴齐主动要求立汉人樛氏为王后，这表明了他对汉朝的绝对忠诚。

汉武帝对此非常高兴，终于培养出一位和长安关系亲密的南越国国王。

此时，所有人都想不到，赵婴齐凭借超一流的演技骗过了所有人。

赵婴齐回去以后，立马露出真容，变成一个十分强势的国王。

按照规定，赵婴齐需要例行去长安觐见天子，翅膀硬了的他效仿其父亲当年的玩法，谎称有病，不再搭理汉武帝。

汉朝上下一片震惊，这世上竟然有如此擅长表演之人！

赵婴齐本想轰轰烈烈大干一场，当一个随心所欲的国王，岂料，人算不如天算，很快真得了重病，没多久便怀着万分的不甘心撒手人寰。

赵婴齐去世后，太子赵兴继承王位，樛氏为王太后。

樛氏嫁给赵婴齐之前，一直有个相好，名叫安国少季。樛氏与赵婴齐结婚后，两人一直没有断关系，只不过樛氏凭借其高超的演技骗过了所有人。

赵婴齐到死都不知道，自己一直是个"忍者神龟"。关键是，他还放着原配夫人不立，偏要立樛氏为王后。

汉武帝的情报工作做得很到位，知道樛氏和安国少季的关系，赵婴齐死后，派安国少季为特使，代表朝廷出使南越。

王太后樛氏听说汉朝派特使来，便端坐朝堂，例行谈一谈国事，岂料，出现在自己面前的竟然是安国少季！

汉武帝给安国少季布置了两个任务。

第一，以特使身份在南越国久居。

第二，劝说樛氏归附汉朝。

安国少季每次和樛氏相聚时，都要劝她归附汉朝。时间久了，樛氏被完全洗脑。

此时樛氏面临的现实情况是：

1. 她是汉人，作为外来人，一直被本地人排斥。

2. 自己虽然是王后，实际是第二位夫人，原配夫人以及长子都是本地人，拥有大量的支持者。

势单力薄的樛氏随时面临原配夫人的挑战，她要想坐稳王后的位子，需要依靠汉朝的支持。

樛氏亲近汉朝是一种必然。

樛氏说服国王赵兴和很多大臣归附汉朝，让汉朝使臣带书信给汉武帝，建议赵兴每三年入朝一次，双方取消边境关卡，百姓可以自由来往。

汉武帝很高兴，采纳了这些建议，赐给南越国丞相吕嘉银印，内史、中尉及太傅也都获赐了印信，其余的官吏由赵兴自己设置。

为了尽可能汉化南越，汉武帝下令废除南越国的一些酷刑，改用汉朝法律，国王的地位与汉朝诸侯王相同。

就这样，汉朝和南越迎来了蜜月期。

转眼间，按照约定，到了国王赵兴例行觐见汉武帝的时间。

赵兴、皇太后樛氏对这次长安之行非常重视，准备了大量珍贵的礼物送给汉武帝。

这原本是一个很开心的行程，樛氏却高兴不起来。因为当初南越王赵兴上书给汉武帝请求归附时，吕嘉公开反对亲汉。

吕嘉历任南越国三代国王的丞相，苦心经营多年，人脉广泛，树大根深，仅仅家族中在南越国朝廷担任要职的，就有七十多人。

吕嘉家族中，很多男的娶了国王的女儿，很多女的嫁给国王的子弟、宗室，所以吕嘉算得上南越国一人之下、万人之上的实力派。

吕嘉为了家族的利益，坚决反对归附汉朝。总是在暗处搞小动作，破坏南越国与汉朝的关系。

吕嘉的存在是樛氏心头大患。

眼下樛氏要和国王赵兴前去长安，她担心一旦离开，吕嘉极有可能趁机造反，倒不如先下手为强，直接干掉吕嘉，然后再北上觐见汉武帝。

樛氏高调设宴，主题是款待汉朝派到南越国的使者，感谢他们为巩固两国关系做出的贡献，南越国大臣作陪。

樛氏想效仿当年项羽的鸿门宴，在宴席上杀掉吕嘉。

樛氏与汉朝使者事先约好，饭吃到一半时，她会同吕嘉翻脸，这时汉朝使者直接过去将其刺杀。

吕嘉是何等人也？三朝元老，权倾朝野，一眼就识破了樛氏的计谋。

吕嘉依然赴宴，同时让他的弟弟率领士兵在宫外巡视，以防有变。

到了敬酒环节，樛氏端起酒杯，突然收敛笑容，恶狠狠地对吕嘉说："我南越国归附汉朝，对国家和人民百利而无一害，丞相却一再搞小动作。你今天能不能给大家一个说法？"

按照约定，此时汉朝使者应该直接冲上去杀掉吕嘉。岂料，汉朝使者是个文官，突然胆怯，不敢动手。

吕嘉一看气氛不对，一句话也不说，站起来快步向外走去。

吕嘉逃出王宫后，他弟弟率领的军队护送他火速离开。

樛氏刺杀失败的事情传到汉武帝那里，汉武帝决定介入。

鉴于南越国的事情比较特殊，国王、王太后一心向汉，只是南越国的贵族、官僚集团想闹独立，这属于南越国的内政，汉武帝不好公然派兵武装镇压。

于是，汉武帝决定让一位名叫庄参的人带队，率领两千人的使者，出使南越国，目的在于保护赵兴、樛氏，震慑吕嘉。

这个叫庄参的人不知道从哪里吃了豹子胆，竟然顶撞汉武帝："陛下要是真的想派使者，几个人就够了。陛下如果想派军队，两千人远远不够。臣怕是不能完成好任务。"

汉武帝暴怒！当即罢免了庄参。

汉武帝问道:"谁愿意替朕完成这次的带队任务?"

有一位名叫韩千秋的官员自告奋勇站出来,说道:"南越国是个小国,南越王和王太后又是我们的内应,区区一个丞相吕嘉何足挂齿?不用两千人,只要给我三百勇士,定取吕嘉首级前来献于陛下!"

汉武帝大悦:"好!"

汉武帝为求稳,还是给了韩千秋两千人。同时,樛氏在内地的娘家还有一个弟弟,名叫樛乐,汉武帝让他作为韩千秋的副手一起前行。

再说吕嘉。他本来是动了妇人之仁的,所以选择按兵不动,当他听说汉武帝派了一支两千人的队伍即将跨入南越国境时,只好下令全面反叛。

吕嘉的军队行动迅速,直接攻入王宫,见人就杀,南越王赵兴、王太后樛氏及汉朝的使臣全部被乱刀砍死。

吕嘉拥立赵兴父亲第一任夫人生的儿子赵建德为新的南越王。

此时,韩千秋所率的两千汉军刚刚进入南越国,并接连攻下几座小城。

吕嘉利用主场作战优势,主动出兵迎战韩千秋,双方在番禺城(今广州市)外四十里的地方展开激战。

韩千秋的军队客场作战,寡不敌众,全军覆没,自己也被吕嘉杀死。

吕嘉派人把汉使的符节(符节是汉朝天子权威的象征)扔在边境线上,并留下一封信,信里写的是一些表示谢罪的场面话。

与此同时,吕嘉派重兵把守边界的要害之处,随时防备汉军反攻。

汉武帝得知韩千秋全军覆没并没有生气,反而被他英勇牺牲的精神所打动,封韩千秋的儿子韩延年为成安侯。樛乐作为南越王太后樛氏的弟弟也英勇牺牲了,封他儿子樛广德为龙亢侯。

大汉遭此大辱,此仇必报。

汉武帝对各位列侯发出倡议,希望大家出人出钱,为攻打南越国贡献一份力量。结果,汉武帝十分尴尬。

《资治通鉴》里有这么一段文字，记录了一切："布告天下，天下莫应。是时，列侯以百数，皆莫求从军击越。会九月尝酎，祭宗庙，列侯以令献金助祭。少府省金，金有轻及色恶者，上皆令劾以不敬，夺爵者百六人。"

这段文字翻译成白话文意思是，汉武帝的倡议发出以后，广大列侯没有一个回应的。当时的列侯数以百计，却没有一个人愿意帮着朝廷攻打南越。九月，国家举行祭祀祖庙活动，汉武帝趁机命令天下列侯献黄金助祭祀（实际用于军费）。少府负责检查列侯所献的黄金，竟然有重量不足的，还有掺假的。汉武帝很生气，以"不敬"之罪加以弹劾，被夺去爵位的有一百零六人。

无论这些诸侯如何不配合，南越国是必须要打的。

汉武帝任命杨仆为楼船将军，任命路博德为伏波将军，兵分两路，出征南越。

杨仆的军队攻入南越境内，首先攻下寻陕（今广东清远），而后击破石门（今广州市白云区石门街道），然后在原地等待伏波将军路博德前来会师。

双方会师后，制订了新的作战计划。

杨仆的军队为前锋，先行到达番禺（广州番禺），杨仆的军队从城的东南面进攻，路博德的军队从城的西北面进攻，形成夹击。

攻城战从白天打到黄昏，迟迟无法攻下，杨仆临时改变策略，决定放火烧城。

路博德配合杨仆暂停攻城，从城的西北角设立包围圈，派使者进城招揽投降的南越官兵。

杨仆从东南面放的火越烧越旺，城内的南越士兵被驱赶着从西北角逃出。刚好落入路博德事先设计好的埋伏中。到次日天亮时，城中的南越军全部被俘。

赵建德、吕嘉见大势已去，在夜里借着黑暗掩护，划船逃到海上。

路博德派人乘船追击，不多久，赵建德、吕嘉双双被俘。

至此，南越国被彻底平定。

大军班师回朝，杨仆功劳最大，被封为将梁侯，路博德被加封食邑，其余将领也都得到了封赏。

汉武帝对南越进行了彻底改造，设置南海、苍梧、郁林、合浦、交趾、九真、日南、珠厓（音yá）、儋（音dān）耳九个郡，归朝廷直接领导。

041
彻平闽越

前文讲到，闽越国的国王是繇王丑，同时，汉武帝承认了东越王余善自立。所以，闽越国国内是两王并存的局面。

在汉朝征讨南越期间，这位东越王余善为表诚意，主动上书汉武帝，愿意率领八千士兵跟随杨仆攻打南越的吕嘉。

汉武帝听完颇为感动，当即准许。

余善带着他的八千名士兵敲锣打鼓向南越进发，到了揭阳（今广东揭阳市）后，突然按兵不动。

杨仆左等右等，就是不见余善的影子，便派人去打听。

余善的答复是：最近海风太大，军队无法行军，等海风过去了，就会前去支援你。

杨仆心想，等海风过去了，两个南越国都攻打完了。

余善在这里动起了小心思，他一方面向汉武帝送人情，另外一方面，偷偷派使者到南越国问吕嘉："你是否需要支援？如果需要的话，我可以亲自率领八千人过去帮你反击汉军。"

直到汉军攻破番禺，俘虏了赵建德、吕嘉，余善还领着他的军队在揭阳，吹着海风看大戏。

杨仆大为恼火，秘密上书汉武帝："余善不是什么好东西，这家伙两边押宝。臣愿意乘胜率军攻打东越，顺路平了他们！"

汉武帝没有批准杨仆的请求，仅仅下令各路军马原地整顿停歇。

余善收到了杨仆申请攻打自己的情报，决定一不做二不休，先下手为强，率先向汉军发起进攻。

余善十分嚣张，将自己的将军驺（音zōu）力命名为"吞汉将军"，向杨仆军队的驻扎地发起猛攻，一举杀死汉军三个校尉。

余善首战大捷，洋洋得意，做了一个特别惊人的决定：公开自称为武帝。

就这样，中国大地上出现了两个"武帝"。

汉武帝震怒，下令杨仆火速提兵反击。

杨仆很不情愿地选择原地不动。

汉武帝向杨仆专门下了一道诏书，一条条细数其五大罪过，严令其率军立功以弥补罪过。

杨仆赶紧向汉武帝回信："臣愿尽全力立功赎罪！"

杨仆立马带兵向余善冲去。

公元前110年冬，汉兵进入东越国境，很快攻破闽越的防御工事。

前文说到，闽越还有一位正统的国王繇王丑。此时，繇王丑已经换了新的接班人，叫作骆居股。

繇王丑一直亲汉，而且和东越王余善历来势不两立，面对余善的反叛，新繇王果断地选择帮助汉武帝攻打余善。

杨仆的军队还没有来到余善的地盘，新繇王骆居股就已经率人直接攻入余善的大营，将其杀掉，取得余善军队的指挥权，率领士兵投降，避免了一场惨烈的厮杀。

至此，东越被彻底平定。

汉武帝痛定思痛，决定彻底杜绝后患：把繇王封为东成侯，将整个闽越地区的老百姓全部迁到长江、淮河之间的地区生活。

至此，汉武帝成功平定两越，再次扩大了西汉的版图。

第七章 巫蛊之乱

042
父爱如山

前面的章节讲到，汉武帝即位之后，皇后陈阿娇一直无子。

后来，汉武帝得到了卫子夫。

卫子夫为汉武帝连着生了三位公主，直到第四胎，才生下汉武帝生命中的第一位皇子刘据，这一年汉武帝二十九岁。

中年得子的汉武帝十分高兴。

当时所有大臣里，写诗词歌赋的文笔最好的有两位，一位叫枚皋（音gāo），另外一位是东方朔。

汉武帝让这两位专门创作《皇太子生赋》《立皇子禖（音méi）祝》，来歌颂这件事情对于朝廷的重要意义，还为传说中掌管生育的神仙句芒修建了神祠，并对其隆重祭祀。

据此可以看出，汉武帝对刘据多么地疼爱。

此时汉武帝已经废掉不能生育的皇后陈阿娇一年有余，卫子夫的身份是夫人，鉴于此，很多大臣上书汉武帝，建议把生下刘据的卫子夫升级为皇后。

其实，不用大臣们上书，汉武帝也有这个想法，只不过借大臣的嘴巴说出来而已。

为了让刘据从庶子变成名正言顺的嫡长子，汉武帝把卫子夫升为第二任皇后。

刘据七岁时，汉武帝正式下诏将其确立为皇太子。这意味着，刘据将会成为未来的皇帝。

汉武帝对刘据的宠爱还体现在为他挑选老师上。

汉武帝作为父亲，与当今家长们的心态完全一样，那就是在条件允许的情况下，为孩子选用最好的教育资源！

话说，汉武帝当年做太子时，他的父亲汉景帝有一位以处世恭谨、家教严明而闻名的大臣，名叫石奋。

这位石奋可大有来头。

石奋十五岁时就跟着汉高祖刘邦，到了汉景帝时代，他已经是四朝元老了，做到了九卿的高位，连同他的四个儿子，都是二千石俸禄的高官。汉景帝开玩笑，说石奋是"万石君"（五个人加起来刚好一万石俸禄）。

到了汉武帝立刘据为太子时，石奋已去世两年。

石奋的四个儿子里，品质最好的是长子石建。石奋去世后，因为过于悲痛，石建不久也离开了人世，追随父亲而去。

汉武帝对石家父子的品质是十分信得过的，任命石奋的二儿子石庆做太子太傅，全权负责太子的教育工作。

与此同时，汉武帝又聘请了当时有名的大知识分子瑕丘江公、严青翟、赵周等人，来给太子刘据当老师。

毫不夸张地说，汉武帝集结了全国最优秀的知识分子，组团培养刘据。这也反映出，汉武帝作为父亲对儿子深深的爱。

刘据成年后，按礼制，他需要搬到属于自己的太子宫居住。爱子如命的汉武帝在长安城南专门为刘据修建了一座苑囿——"博望苑"，取广博观望之意。

汉武帝平时特别讨厌大臣们私下里结交宾客，拉帮结派，但是刘据搬到博望苑以后，非常喜欢结交来自民间的三教九流之士。

当汉武帝得知刘据私下里结交各种宾客时，众大臣本以为汉武帝会生气。岂料，汉武帝听后，脸上挂满幸福的微笑，说道："他就是个孩子，他开心就好啦!"

众大臣听后,心里感叹:"唉,这当爹的,比当妈的都心疼孩子啊!"

在这里,有必要特别指出的是,恰恰是因为汉武帝不干预刘据结交的对象,才让刘据了交往了大量的平民百姓、奇人游侠。

来自民间的这些人,普遍坦率、直爽,而士大夫官僚集团往往表面仁义道德,实则包藏祸心,男盗女娼。

这让刘据形成了对士大夫官僚文人的厌恶,影响了他的性格和思维方式,为他未来命运的转折埋下了伏笔。

刘据外柔内刚,表面给人的感觉仁慈宽厚、温和谨慎。汉武帝总觉得他不像自己。汉武帝认为,当皇上应该强势才能镇得住局面。当然,这并不影响汉武帝疼爱这位宝贝太子。

刘据长大后,皇后卫子夫渐渐人老色衰,汉武帝先后又有了王夫人、李姬、李夫人,这几位分别为他生下皇子,这让卫子夫一段时间内相当焦虑,生怕自己像当年的陈阿娇一样被废掉。

其实,汉武帝是不会这么做的,因为他太爱刘据了,为了他也不会废掉卫子夫。

汉武帝很聪明,渐渐感觉到卫子夫情绪不对,便主动找刘据的舅舅、大将军卫青谈心:"朕继位以来,外族对我国侵扰不断,这就注定了朕必须出师征伐天下,否则政权不稳。如果朕的下一代也像朕这样到处征讨,国家一定会被战争拖垮,当年秦二世胡亥的悲剧便会重演,我汉朝一定会重蹈秦亡的覆辙!"

卫青道:"皇上深谋远虑。"

汉武帝:"现在大家都看到了,太子性格稳重内敛,这恰恰是老天爷赐给我的礼物啊。他当上皇帝以后,肯定能安定天下,不会让朕忧虑。要找一个以文治国的君主,还能有谁比太子更合适呢?最近,我听说你姐姐有些紧张，害怕朕会废掉她，你可以把朕的意思转告她，为了皇太子顺利继位，朕也不会动她这位皇后。"

卫青跪拜，道："陛下的一片苦心，臣一定转达给姐姐。"

几天以后，得到卫青转述的卫子夫，专程来见汉武帝。

汉武帝一看，卫子夫有别于平时，这次来没有佩戴任何首饰，完全素颜。

汉武帝道："皇后怎么来了，这身装扮又是为何？"

卫子夫道："特意来向皇上请罪。"

汉武帝立马明白是怎么回事儿了，乐呵呵地说："你没有罪，你的想法朕能理解。这下皇后可以放心了吧？"

卫子夫道："臣妾一定好好辅佐太子，做好我该做的事儿。"

为什么汉武帝不直接给卫子夫说这些让她把心放在肚子里的话，非要通过卫青间接带话不可呢？

原因很简单，那就是，把这些话说给卫青听，产生的影响力更大，效果更好。

因为卫青是大将军，手握朝廷兵权，稳住卫青，对于汉武帝而言，要比稳住一个年老色衰的皇后更重要。

当然，稳住皇后也很重要，可以避免后宫的猜忌和内斗。

只要皇后确信自己不会被废，那么汉武帝随便宠幸别人，也就无所谓了。

汉武帝稳住后宫以后，便可集中全部精力用于征伐外敌，安心做他心目中的大事。

有的时候，年轻的太子刘据不理解父亲，为什么总是不停地打打杀杀，好好地享受一下和平盛世不好吗？

汉武帝听完刘据的想法以后，先是哈哈大笑，然后饱含深情地对刘据说："让当父亲的来给你扫清障碍和隐患，将太平盛世留给你，不挺好吗？"

一个多么富有远见又爱子如命的父亲！

043
官僚斗太子

汉武帝"罢黜百家,独尊儒术",这件事大家都知道。

汉武帝提倡儒家的思想、价值观,在治理国家时,却坚定地践行法家思想,严格依法治国。

汉武帝的施政风格,总结起来就是四个字:外儒内法。

事实上,靠谱的帝王都是采用这种方式来治理国家的,如果真的废掉法治,只靠儒家的思想道德和繁琐的礼仪治理国家,那国家一定会乱套。

汉武帝性格强势,控制欲强,又秉持依法治国的原则,任用的多是比较严苛的官吏。

刘据平时接触的底层老百姓居多,爱和他们打成一片。时间久了,形成了宅心仁厚、不拘小节的性格。

有时候,刘据会把一些对底层百姓处罚过重的案件进行平反。

刘据这样做,很得民心,但会让那些执法的官僚们很没面子。

随着汉武帝出巡的次数增多,刘据平反的案件也越来越多,得罪的官僚也越来越多,时间久了,下面的官僚十分恨他。

皇后卫子夫把这一切看在眼里记在心里,害怕长此以往会激化矛盾,经常对刘据说:"你将来继承大统之后,还要依赖这些官员支持你。你现在就把他们都得罪了,将来一定会给自己招来祸患。"

刘据听不进去,反驳道:"作为太子,难道不应该秉公执法吗?"

卫子夫:"没说你不能秉公执法,而是说,你现在毕竟只是太子,不是皇上。如果这些官僚去你父皇那里说你坏话,你一定没好果子吃。"

刘据道:"父皇又不是傻子,他肯定有自己的判断。我倒要看看他们的嘴巴有多厉害,还能把黑的说成白的?"

卫子夫见刘据油盐不进,只能默默叹息。

后来,刘据把这件事情告诉了巡游回来的汉武帝。

汉武帝听后,对刘据说:"朕觉得你说得很对啊,你母后就是爱多想。这满朝文武,我看有几个人敢挑拨我们父子的关系!有一个,朕就杀一个。再有,朕就连他全家都灭了!"

自此,刘据更加坚信过去的做法都是正确的。

此时,汉武帝还不知道的是,他严重低估了官僚集团复仇的胆量和手段。

问题来了:这些官僚为什么非要反击刘据不可呢?

这个问题,要从这些官僚的立场来分析。

刘据讨厌他们,而刘据又是将来的皇帝。刘据没有登基的时候,这些官僚还可以继续混下去,当刘据上位后,他们一定会被清算。

这些官僚面前共有两个选择:

1.要么被动地等着刘据登基后清算自己。

2.要么想办法让汉武帝废掉刘据,另立太子。

很明显,选择后者更利于自己的权力和利益。

这些官僚并不会傻到公然顶撞刘据,而是选择静静地等待时机,找到刘据的疏漏之后再慢慢下手。

官僚们不敢贸然反击,还有一个原因,那就是刘据的舅舅是大将军卫青。卫青手握军权,只要他在,就没有人敢造次。

公元前106年,卫青去世,这一年刘据二十二岁。

卫青死后,刘据得罪过的官僚不再投鼠忌器,自然很默契地勾结在一起,开始对刘据发起反击。

官僚们干得最绝的一手,就是收买后宫里的一批太监,随时监控刘据的一举一动，同时也可以利用合适的时机，在汉武帝那里造谣抹黑刘据。

有一次，太子进宫见皇后，待得时间久了一点。

有一个叫作苏文的太监，已经被痛恨刘据的官僚们所收买，故意向汉武帝报告："皇上，今天太子来后宫，待了好久才离开。"

汉武帝："太子忙什么了？"

苏文："请皇上先赦奴才无罪，奴才才敢说。"

汉武帝："朕恕你无罪，说吧。"

苏文："太子调戏您后宫里的宫女，看那意思，他还想对您的妃嫔动心思。"

汉武帝听后，皱着眉头，沉默了一会儿后，说道："你把此事烂在肚子里，对谁也不要说。"

苏文连连称是。

那么，汉武帝会信吗？

答案是：他真的信了。

按照《资治通鉴》的记载，苏文走后，汉武帝并没有找刘据对质，而是把太子宫中的宫女数量增加到二百人。

汉武帝的意思是，你年轻，精力旺盛，那就随便你吧。

苏文这些太监们的一举一动，是逃不过皇后卫子夫的法眼的。

卫子夫毕竟是多年的皇后，政治敏感性强。她把苏文向汉武帝构陷的事情给刘据说了。

卫子夫道："你想怎么办？"

刘据道："我堂堂太子懒得跟几个阉人计较。"

卫子夫道："此言差矣！你还是不了解你父皇的性格。他这个人有个缺点，就是耳朵根子软，别人一挑拨，他当时就会信。"

刘据道："即使他耳朵根子再软，也不能放着亲生儿子不信，去偏信几个奴才吧。"

卫子夫道："他还真是这样的人。要我说，不要因小失大，直接把苏文杀了，杀鸡儆猴，震慑一下他们背后的指挥者。"

刘据道："没必要。我尽管做自己该做的事情就好，不必大惊小怪。"

刘据还是太年轻，有些轻敌，对政治斗争的残酷性认识不足。

没过多久，有一次汉武帝感到身体不舒服，派一个名叫常融的太监去召太子来见。

常融也是一个已经被收买的人。

常融赶到太子宫以后，告知刘据，皇上要见他，然后并没有和刘据一起来见汉武帝，而是扭头就走，率先回来见汉武帝。

汉武帝见常融回来，问道："太子呢？"

常融："禀告陛下，太子在后面，不紧不慢的。"

汉武帝："你没告诉他朕身体不好吗？"

常融："我说了呀，可他听完以后，不但不着急，还乐呵呵的，感觉就像盼着您生病似的。"

汉武帝听后，沉默不语，脸色铁青。

过一会儿，刘据赶来，汉武帝刻意查看刘据的微表情，发现刘据脸上有刚刚擦掉的泪痕，却强装着镇定。

汉武帝觉得很奇怪，这和常融说的对不上。

汉武帝直接把话挑明了："你刚刚哭过吗？"

刘据："听说父皇身体不好，我很伤心。"

汉武帝："刚刚常融有没有见到你？"

刘据："他给我的下人通报了消息后就走了，我俩没有见面。"

汉武帝立马把常融叫进来，问道："你说实话，你刚才见到太子了吗？"

常融吓得赶紧跪在地上，连连磕头："请陛下饶我狗命！"

汉武帝："拖出去，腰斩！"

044
奇葩父子

我们暂停一下刘据的故事，接下来介绍一对奇葩父子——赵敬肃王刘彭祖和他的儿子刘丹。

刘彭祖是何许人也？

刘彭祖是汉景帝刘启的第七个儿子，是汉武帝同父异母的哥哥，比汉武帝大十岁。

刘彭祖这个人是发自骨子里的坏，后天无法改。

刘彭祖内心阴毒，同时老天爷偏偏赐给他两样法宝，一个是超一流的口才，特别能忽悠；还有一个是超一流的演技，擅长扮演忠厚长者。

有的人，一肚子坏水，但是挂在面相上，外人打眼一看，这人就不善，赶紧远离，这样就不会被坑。

刘彭祖这种人就比较可怕了。内心阴险，全是花花肠子，能说会道，表面忠厚老实，但坑起人来，手段毒辣。

按照当时的法律规定，诸侯王的丞相由朝廷任命，这样便于朝廷把控这些封王，利于大局稳定。

刘彭祖的表现比较奇葩。

每次朝廷任命的丞相、二千石级的官员到任，刘彭祖就要把自己化装成穿着黑布粗衣的奴仆，让别人假装自己，出去迎接。

更奇葩的是，刘彭祖的表演非常到位，他真会去干奴仆干的活，比如亲自到这些官员下榻的住所打扫卫生。

刘彭祖经常给这些新来的官员下套，抓人把柄。

例如，刘彭祖会故意在酒桌上引诱这些官员说一些诋毁皇上的话，然后找人记录下来并安排大量的目击证人，第二天直接翻脸，威胁他们把掌握的"黑材料"捅到朝廷，这让他们不得不任由刘彭祖摆布。

刘彭祖先后在位共计五十多年，朝廷委派下来的丞相、二千石级官员就没有一位能任满两年的，罪过大的被处死，罪过小的也会受刑罚，导致没有人敢去刘彭祖那里当官。

刘彭祖还有一个奇葩的地方，就是作为一个王爷，享受着封国的税赋，拥有享不完的锦衣玉食，他偏偏不想花这些上供来的钱，非要派人到下面的县城里开店做买卖花赚来的钱不可。

刘彭祖还养了一大堆的姬妾，他做买卖赚来的钱全部交给这些姬妾挥霍掉了。

刘彭祖的儿子刘丹也很奇葩。他本来有个老婆，姓江，哥哥叫江齐。

江齐的妹妹是刘彭祖王府里的演员，能歌善舞，能弹会唱，引起了刘丹的兴趣，将其娶了过来。

因为这层关系，江齐得以进入刘彭祖的府内成为座上宾。

本来大家可以这样相安无事地生活，但刘丹有一个特殊的嗜好，打破了这份宁静。

刘丹跟自己的亲姐姐、亲妹妹有染，被江齐的妹妹发现。

江齐的妹妹来找哥哥评理。

江齐感觉到自尊心受到了极大的伤害，自认为在赵国没法待下去了，便当夜离开赵国，另谋生路。

江齐离开以后，刘丹立马派杀手追击江齐，但为时已晚，江齐已经无影无踪。

刘丹无处发泄私愤，只好将江齐的哥哥、父亲全部杀掉。

逃出赵国的江齐得知哥哥、父亲惨遭毒手，又想起刘丹对他说过的那些侮辱性的话语，仇恨和羞辱充斥着内心。他带着家仇，于夜色中向长安逃去。

045
江充的崛起

江齐逃入长安城后，改名为江充，向朝廷告御状，揭发刘丹与同胞姐妹乱伦。

汉武帝大怒，直接派兵包围了刘彭祖的赵王宫，逼其交出刘丹。刘彭祖不敢不从，只好把刘丹绑了送出来，而后刘丹被速判为死罪，打入大牢，等待秋后问斩。

刘彭祖仗着自己是汉武帝同父异母的哥哥，大小也算是个封王，为了救儿子一命，拉下老脸，上书申辩："那个江充是个卑鄙小人，因为得不到我们家的重用，存心报复，他这是利用皇上的愤怒借刀杀人！请皇上先治江充死罪，将其烹死！"

汉武帝回复："江充有充分的证据。经过调查，刘丹与姐姐、妹妹通奸已经不算秘密。你作为朝廷的封王，理应多考虑为国家做贡献，不应带头违法，更不能偏袒子女。"

刘彭祖一看，汉武帝不好忽悠，便又放低身段，再次上书："我愿意精选赵国的勇猛之士，前去抗击匈奴，为朝廷效力，以此赎刘丹一条命。"

汉武帝批复："这就对了，准了。刘丹死罪可免，但不得作为将来赵国的接班人，不得继承你的任何财富、权力。"

刘彭祖只好强忍怒气，出人出钱，组成一支北伐军，奔赴抗击匈奴的前线。

刘丹被释放，从此再也不敢嚣张跋扈，整日在家郁郁寡欢。

汉武风云 盛世的开创

江充就这样扳倒了皇家公子哥刘丹。

刘丹案结案以后，汉武帝决定亲自见一下这位给自己上书的江充。

这一天，江充来到汉武帝的大殿中。

江充一直处于逃亡状态，随时都要躲避刘丹派出的杀手的追击，不敢穿平时的衣服，而是搭配着穿一些女人的衣服以隐藏身份。

汉武帝抬眼望去，只见江充身穿丝织的女款禅衣，帽子上插着鸟的羽毛的装饰，走动时摇来摇去。

再细看去，这江充是一位身材魁梧的汉子，容貌帅气，气度不凡，汉武帝自言自语道："都说燕赵多奇人，今天我算是开了眼了！"

汉武帝继续问江充："现在你大仇已报，下一步有什么打算？"

江充道："我想以大使身份出使匈奴。"

汉武帝道："你去了匈奴后，如何应付对方的刁难？"

江充道："外交工作最讲究随机应变，去了之后见机行事吧。"

汉武帝越发觉得江充是个人才，便任命他为使者，代表朝廷出使匈奴。

江充出使匈奴的过程中，表现出色，回国后，汉武帝因为他穿衣服很有特色，便封他一个特殊的官职名，叫作：直指绣衣使者。

江充的职责有两个：

1. 监督长安城境内盗贼的捕捉。
2. 对皇族豪贵们的越礼违规行为进行检查。

江充手握着突如其来的权力，当年刘丹侮辱他的话语再次浮现在耳畔。

江充咬紧牙关，恶狠狠地自言自语道："终于可以尽情地监督那些皇亲国戚了，看我怎么往死里整你们！"

江充上任后，死死盯着每一位皇亲大臣的日常出行，只要抓住有人做得不对，就按照证据定罪而后汇报给汉武帝。汉武帝都会问江充，对待这些行为不合规矩的贵族、大臣们该如何处置。

江充非常狠，直接建议："朝廷正在征讨匈奴，缺人手，让这些犯了错的人去北方前线当几年兵。"

汉武帝也觉得有必要整顿一下这群飞扬跋扈的大臣贵族，当即拍板："就这么办！"

江充立马把犯了错误的贵族、大臣的名字列出来，然后把名单发给看守各个城门、宫门的门卫，凡是名单上的人，不管什么身份，什么职位，一律不得进出，就地抓捕，送去前线。

江充这么一搞，把贵族、大臣们吓得半死，纷纷跑到汉武帝那里磕头哀求，表示情愿多出钱赎罪，也不要去前线抗击匈奴。

汉武帝心中窃喜，本来就不想让你们去当兵，你们吃得肥头大耳的，真到了战场上，能杀几个敌人？要的是你们吐出黄金，贴补国家财政。

汉武帝当即表示，怕去前线的，可以交一笔罚款抵罪。

仅仅这一次，朝廷就从贵族、大臣手里弄来数千万两黄金。

汉武帝更加喜欢江充。

江充看着那些达官贵人在自己面前吓得跟孙子一样，成就感越来越强烈，胆子也越来越大。

当时，汉武帝的姑姑兼岳母馆陶公主刘嫖还在，而且正处于比较嚣张气盛的时期，仗着自己特殊的身份，藐视一切法律法规。

当时朝廷有个规定，只有皇上出宫才能走天子专用通道，刘嫖完全不管什么规定，经常坐车行走在天子专用通道上。

以前没人管刘嫖，江充来了以后，刘嫖就碰上硬钉子了。

有一天，刘嫖乘车在天子专用通道通行，突然有人喊道："停车！"

刘嫖赶紧停车，骂道："谁敢挡我的路，不想活啦？！"

拦车的正是江充。

江充声音更大，一手拿着朝廷王法，一手指着刘嫖骂道："按照法律，有乘车走天子专用通道者，一律问斩，你不想活啦？！"

刘嫖立马怂了。

江充道："走吧，先跟我去监狱里待几天，听候发落。"

刘嫖赶紧狡辩："我走这条通道，事先请示过太后。不信，你可以问太后。"

江充心想，废话，太后是你亲妈，我去请示太后，太后肯定说是她让你走的，到时候你就无罪了。

江充道："不用啦，我相信公主不是知法犯法的人。您说经过太后的许可，那就一定不是假的。"

刘嫖又神气起来，道："行了，那我就走了，不耽误你值班站岗了。"

江充对身边的人喊道："公主可以走，其余的人一律问斩！"

刘嫖瞪大眼睛，喊道："凭什么？"

江充道："太后只许可公主一人可以走天子专用通道，不会许可这些下人也走天子专用通道，您说对吗，公主殿下？"

"你……"刘嫖无言以对。

江充的手下立马把刘嫖的保镖、车夫全部杀掉，只剩下刘嫖一人站在尸体堆里，溅了一身血。

江充道："公主，您恐怕得步行回去了。"

说完，江充带着手下扬长而去。

从此以后，刘嫖见到江充都是躲得远远的，即使偶尔撞个面对面，也客客气气的，完全没有平日里霸道的样子。

但是，随着时间的推进，江充慢慢意识到，危险正在不远处等着他。

046
父子反目

有一天，汉武帝在建章宫时，突然看见一个陌生男子，穿着怪异，手拿利剑，进入宫门。

汉武帝觉得很奇怪，宫外的人怎么能随便入宫，还带着武器，便令人去捕捉他。

那个男子发觉不妙，扔下剑翻墙而走，最终成功逃脱。

汉武帝非常生气，处死了负责安保的门候（相当于保安队队长）。

汉武帝下令将整个长安城的所有城门全部关闭，进行长达十一天的地毯式排查搜索，最终一无所获。

经过此事，汉武帝开始敏感多疑起来，总感觉长安城里有一股潜藏的势力要谋害他。

正在这时，真有一个倒霉蛋撞在了枪口上。

此人正是当时的丞相公孙贺。

在汉武帝还是太子的时候，公孙贺就是他门下的舍人，属于汉武帝的绝对嫡系。

汉武帝娶了卫子夫以后，把卫子夫的姐姐卫君孺许配给他，两个人成为连襟。

公孙贺凭借这种关系，深得汉武帝重用，一路晋升，最终被提拔为丞相。公孙贺的儿子公孙敬声也跟着晋升，担任太仆一职。

公孙敬声是一个标准的公子哥，无视法律，擅自挪用了一千九百万钱的军费，后东窗事发，被关入监狱。

这件事再次体现出汉武帝依法治国的做派。汉武帝确实尊儒家，但是他治国理政的内核是法家。

公孙贺知道汉武帝的脾气，靠打感情牌是无效的，一定要对国家做出具体贡献，才能换回儿子的一条命。

当时，国家有一个悬而未破的大案——阳陵大侠客朱安世案。

大侠，在那时就是杀了人的要犯、重犯。

公孙贺主动向汉武帝提出，他出人出钱在全国范围内缉拿朱安世。如果成功，希望汉武帝网开一面，以功抵罪，换取公孙敬声一条小命。

汉武帝表示同意。

公孙贺作为丞相，又在朝廷苦心经营多年，人脉遍天下。果然，没多久，公孙贺就把朱安世缉拿归案。

公孙贺非常高兴，心想："我儿子的命可算是保住了！"

此时，公孙贺不知道，他的噩梦才刚刚开始。

朱安世落网时，一点都不害怕，反而全程微笑。

公孙贺指着朱安世，骂道："一个阶下囚，即将身首分离，有什么可高兴的？"

朱安世笑着说道："我笑的是，丞相马上就要死全家了，哈哈。"

公孙贺回道："好啊，我看咱俩谁先死全家。"

朱安世被押入大牢之后，突然提出有重要的情报向汉武帝提供，而且这个情报只能告诉汉武帝一个人。

汉武帝下令，允许朱安世写下来，直接呈给他，不能有任何人偷看，否则一律处死。

朱安世的材料呈上来以后，汉武帝看完，直接惊呆了——朱安世揭发公孙敬声与汉武帝的女儿阳石公主通奸，还在汉武帝去甘泉宫的路上埋下巫师施过法术的木偶人，诅咒皇上不得好死。

朱安世写得很详细，证人是谁，证据在什么地方藏着，都写得清清楚楚。汉武帝派人去查，果然全都是真的。

原来，朱安世知道自己早晚会落网，留了后手，在逃亡期间并没有闲着，而是偷偷观察大臣、贵族们的日常生活，掌握了公孙敬声的犯罪证据。

汉武帝震怒！

公孙贺在家里高高兴兴地等着儿子归来，岂料，等来的却是官兵将其五花大绑押入监狱，父子二人在监狱内重逢。

最终，公孙贺父子在监狱内直接被杀，其家人全部被诛灭。

被惹毛了的汉武帝六亲不认，把和公孙敬声有奸情的亲生女儿阳石公主也杀掉了。

本来这事儿该结束了，岂料，后面又有"惊喜"。

阳石公主得知父皇不顾父女之情，竟然要杀自己，也就豁出去了，向汉武帝举报："还有别人参与了诅咒皇上呢，凭什么就只杀我？"

汉武帝吃了一惊，问道："还有谁？"

阳石公主："诸邑公主和长平侯也参与了！我有人证物证！"

汉武帝直接被气蒙了！

诸邑公主是汉武帝和皇后卫子夫所生，长平侯来头更大，名叫卫伉，是大将军卫青的长子！

汉武帝万万没想到，自己最信任的亲人竟然都是想要害自己的人，在巨大的失望与愤怒下，汉武帝当即下令，把参与蛊惑的人，不论什么身份，全部杀掉，一个不留。

这场发生在宫廷高层内部的蛊惑案爆出以后，天下为之震惊，汉武帝脸面全无。

从此以后，汉武帝越发敏感多疑，不再相信任何亲人与大臣，看身边的每个人都有谋害自己的可能。

公孙贺灭族事件之后，汉武帝得了疑心病，白天看每个人都长着一张要害他的脸，晚上则做噩梦，梦见有数不尽的木头人，手拿木棒追着打他。

汉武帝经常在梦中惊醒，醒后一身冷汗。晚上睡不好的结果就是白天精神恍惚，情绪低落，心情烦躁。

汉武帝本来就喜欢寻仙，这导致大量的巫师、术士纷纷聚集到长安。

汉武帝后宫的嫔妃们见皇上醉心于长生不老、死后升仙，自然也要跟进，把巫师、术士们请到宫内，让他们传授如何保持年轻、健康的巫术。

巫师、术士们无非做点法事，借机骗取后宫佳丽们手中的金银珠宝而已。

这时候要说江充目睹了公孙贺被灭门的全过程，他发现，汉武帝要是被惹毛了是真的可以六亲不认的，这给他带来了整人的灵感。

江充此时意识到，他之前得罪了太子刘据，刘据将来继位以后，一定会清算自己。

江充动起歪心思：既然汉武帝连亲生的公主都能杀，我为何不努力一把，在汉武帝还活着的时候，直接把太子连根拔起。

江充在整人方面是一个天才，他知道，要想彻底整垮太子，必须先把太子的后台皇后卫子夫灭了。

江充把被杀的几个人进行了分析，然后去给汉武帝洗脑："皇上，您发现没，这次参与巫祸之乱的人是有关联的。"

汉武帝："哦？你有什么新发现？"

江充："陛下您看啊，公孙贺是皇后的姐夫，公主是皇后的女儿，卫伉是皇后的侄子，所以说，陛下您发现规律了吗？"

汉武帝："都与后宫有关。这只是表面的联系，你要说后宫普遍参与了，得有真凭实据才能证明。"

江充："没有掌握证据，我是不敢乱讲话的。陛下可以对后宫来个突击搜查,如果后宫干干净净的,搜不出什么,那当然是好事。如果搜到各种诅咒用的器具,那就说明,仅仅杀掉公孙贺是不够的,巫蛊案并没有除根!"

汉武帝点头,道:"有道理。你是负责监察工作的,此事由你牵头,尽快对后宫全面搜查。"

得到汉武帝许可的江充,立马组织人手对后宫展开突击搜查。

后宫本来就有很多祈祷用的木偶、神符,江充来了之后,全给翻了出来。

在搜查的过程中,江充夹带私货,把事先准备好的洒有血污的木偶人偷偷放在现场,假装是刚搜出来的,大肆诬陷。

江充自己带了几个巫师,让他们现场鉴定这是不是诅咒皇上的巫术。

不用想都能知道,这些巫师肯定说这就是专门诅咒皇上的。

那些被诬陷的人一开始不认罪,江充就用烧红的铁块在他们身上烙,酷刑之下,没有人不认罪。

江充还逼他们诬告别人,牵扯进来的人呈辐射式增加,最后演变为全国范围内的大诬告、大清洗。

这一波下来,从长安城到地方封国、郡、县,被江充处死的人达数万人。

在古代,皇后是后宫的总负责人,后宫出了这么大的巫蛊案,卫子夫难辞其咎。

经过此事,汉武帝虽然没有把事情挑明,但是他和卫子夫彼此心照不宣,从此之后两人再也回不到过去了,只不过大家都刻意维护着那张窗户纸,不主动捅破。

至此,江充为"废太子工程"第一步画上了圆满的句号。

第二步,剑指太子。

江充主动找汉武帝请安,道:"目前杀掉了几万个乱搞巫术的人,陛下身体好点了吗？"

汉武帝："说实话，朕还是睡不好觉，白天还是烦躁。这是为什么？"

江充："臣之前办案，有两个地方比较特殊，没有陛下的亲自授权，臣不敢搜查，一个是皇后的寝宫，一个是太子的寝宫。"

汉武帝："那就搜一下吧。朕授权给你！"

拿到圣旨的江充立马带人冲进皇后和太子的寝宫，翻箱倒柜，挖地三尺，连屋里放家具的地方都没有放过。

江充故技重施，把事先准备好的木偶人以及写满诅咒汉武帝文字的帛书一齐藏在地下，然后又假装是新搜到的，证据"确凿"，立刻向汉武帝汇报，请求批捕太子刘据与皇后卫子夫。

卫子夫、刘据都很紧张，不知如何是好，便向太子少傅（太子的老师）石德请教。

对于石德来说，如果刘据倒台，他十有八九也会被株连，所以他不主张刘据坐以待毙。

石德道："就目前的局势来看，江充这是在有针对性地故意报复。"

刘据："既然如此，我去找父皇说清楚不就行了。难道他宁肯信一个佞臣，也不信亲生的太子吗？"

石德："当然不！我建议，应该出一险招，直接派人过去把江充抓起来杀掉，然后去找皇上揭发他报复太子，故意诬告，扰乱宫廷秩序。到时候江充已死，好坏任由我们一方去说。此时生米已经煮成熟饭，皇上也不会再说什么了。"

刘据："这有点逼宫的意思。"

石德眼里透着凶光，恶狠狠地说道："容我说句大不敬的话，看皇上这身体状况，还能活几天？逼宫怎么了？太子不要妇人之仁，当年秦朝太子扶苏的遭遇仿佛就在眼前。你一定要当断则断！"

刘据想了半天，还是怂了，对石德说："我……我还是先向父皇求情吧，说不定他一心软，这事儿就过去了呢。"

石德一言不发，只是不断地叹息，他已经猜到了事情的大概结局。

刘据刚要起身去甘泉宫见汉武帝，突然，探子来报，江充正带着刀斧手前来缉拿太子、皇后。

刘据一看，没有第二选项，便咬了咬牙，按照石德的建议，让一个手下假装成皇上任命的使者，拿着假圣旨，对赶来的江充喊道："传陛下圣旨，奸贼江充诬告太子、皇后，犯死罪，立马执行！"

刘据的人立刻冲上去将江充包围起来。

江充也不是那么好糊弄的，对着身边的一位名叫韩说的人使了一个眼色，韩说立马心领神会，大声嚷嚷道："慢着！让我们看看圣旨，我还怀疑你们假传圣旨呢。"

刘据听完，冷笑一声，道："哼，你算什么东西！"

刘据说完，对身边的人努了一下嘴，只见一个彪形大汉手持砍刀，一个箭步上去，手起刀落，韩说的脑袋已经飞出二丈之外。

刘据道："还有想看圣旨的吗？"

众人全吓傻了。

刘据继续说道："我不滥杀无辜，只杀江充和配合他造假的巫师。大家不要做傻事，以免丢了脑袋。"

江充刚要申辩，刘据上去就是两个耳光，骂道："你这个内心扭曲的赵国奴才，以前你坑了赵国的刘彭祖父子，还嫌不够，现在又要挑拨我们父子！"

江充当即被斩首。

和江充一起造假的巫师被当场活活烧死。

太子刘据还有一个老仇家没有收拾，就是前面污蔑太子和宫女乱搞的太监苏文。

苏文最擅长在汉武帝那里添油加醋污蔑刘据，刘据想要先杀掉苏文，彻底扫清汉武帝身边的小人，然后再向汉武帝把这一切解释清楚。

岂料，苏文特别精明，听说刘据已经把江充斩首，知道自己也一定会被清算，赶紧跑到汉武帝那里跪着大喊道："皇上，不好啦，出大事啦，太子，太子他，造反了！他刚杀了江充，现在要杀了您，夺取皇位！"

都到这时候了，苏文还不忘继续挑拨离间呢。

汉武帝道："你多虑了，太子这人骨子里比较宽厚，想必是江充抓他，他不肯就范，被逼急了才杀人的。"

苏文："皇上啊，您可不能疏忽大意啊！您要是不信奴才的，可以派使者前去召太子本人过来问话。"

汉武帝觉得有道理，便派使者前去命刘据前来面圣。

此时汉武帝犯了一个错误，那就是，在这么关键的时刻，应该派一个绝对公正的使者前去，但此时派去的人恰恰是对刘据有成见的人。

此人到底是谁，史书记载不详，只知道他到外面随便走了一圈，根本就没有见到刘据，直接返回汉武帝住处，装出一副恐惧的样子，喊道："皇上啊，太子真的反了！我跟他说，我是代表皇上请他去谈谈心，把事情都说清楚。结果，他说要连我和皇上一起杀了！"

汉武帝当时就把桌子掀了！

"什么？！反了他了？！来人，通知丞相，集结军队，平叛反贼！"

此时刘屈氂任丞相，他立马调动长安城的精锐部队。

047
太子之死

刘据很冷静,他认为,当下需要做的仅仅是自卫,绝对不能和皇上派来的军擦枪走火,否则太子谋反的罪名就会坐实了。而刘据目前可以调用的军队只有长乐宫的守卫军。

长乐宫是皇后卫子夫居住的宫殿,按照汉朝规定,皇后拥有一支小型武装,职责是维持长乐宫的日常治安。

刘据让一位叫无且的门下舍人拿着虎符,调出长乐宫的守卫军,做好防御,静观其变。

再说刘屈氂。他作为丞相,已经早于汉武帝知道刘据火并了江充。

就在汉武帝大发雷霆下令通知刘屈氂集结军队时,恰巧刘屈氂派长史前来告知汉武帝外面发生的事情。

汉武帝对长史说:"你告诉刘屈氂,丞相要有当年周公的风度,周公不是二话不说就把管叔、蔡叔镇压了吗?"

周公,就是周朝的周公旦,是周武王的弟弟。

周武王死后,王位传给周成王。周成王年幼,周公旦以摄政王身份辅佐周成王。

管叔、蔡叔是周武王的弟弟,周成王应该喊他们叔叔,所以史书称之为管叔、蔡叔。

管叔、蔡叔见周成王年小,起兵谋反。

周公旦不得不将两位亲兄弟镇压。

汉武帝引用周公旦的典故,就是要告诉刘屈氂,关键时刻不要含糊,为了捍卫皇权，谁都可以杀！

汉武帝颁布诏书，长安城全部驻军、大小官员，都由丞相刘屈氂统一调配，而后悄悄撤出甘泉宫，秘密赶往建章宫隐藏行踪，静观其变。

刘据听说刘屈氂得到授权正在集结大量精锐部队后，为充分自保，使出一个险招，派使者假传皇帝命令，赦免长安监狱里全部亡命之徒，整编为两支敢死队，一支由老师石德率领，另外一支则由门下舍人张光率领。

为了有百分之百把握抵挡住朝廷军的冲击，刘据又派出一位名叫如侯的手下持太子符节，赶往长水、宣曲两个军营调兵。

长水、宣曲两个地方的士兵比较特殊，是俘虏来的胡人的骑兵，将他们改造后集结在此，随时听候朝廷调配。

刘据把这两个军营的骑兵调向长安以后，加上两支囚徒组成的敢死队，即便刘屈氂把朝廷军全部押上，也不会轻易战胜刘据。

只要两军实力均衡，就可以创造双方坐下来谈判的机会。这时候，刘据就可以向汉武帝讲明真相，消除误会。

刘屈氂也是一个高人，他猜到刘据一定会调用长水、宣曲两个军营的骑兵，便命令侍郎马通："你现在火速赶往长水、宣曲，如果遇到持有太子符节的人，不管他是谁，直接将其杀死！"

马通快马加鞭，飞驰而去。

如侯与马通之前从没见过彼此，更不知道对方姓啥名谁，但二人心里都很清楚，当下是一场即将改变历史的生死较量！

谁快，谁赢！谁慢，谁死！

巧了，两人竟然同时到达长水军营的大门口。

两人一见面，便知道对方是谁，二话不说，从马上一跃而下，扭打在一起。

马通是侍郎出身，相当于皇帝身边的金牌保镖，身手了得；而如侯则是太子刘据从监狱里精心挑选的刽子手，杀人无数。二人一个专业保镖，一个职业杀手，龙虎相争，难分上下，缠斗几十个回合，难分胜负。

长水军营内的军官听到外面有厮杀声，立马派出骑兵将两人团团围住，而这两人则在包围圈内继续缠斗，毫无疲惫之意。

军官看着他俩，吹了一声口哨。

听到口哨声的二人，这才发现，不知道从什么时候开始，周围已经围满了骑兵。

马通、如侯立马停止厮打，径直向为首的骑着高头大马的军官跑了过去，二人几乎同时单膝跪地，大声喊了起来。

"请将军听丞相令，火速调兵驰援！"

"请将军听太子令，火速调兵驰援！"

军官犯了难，到底听谁的？

军官问道："二位可有符节？"

马通："我有丞相符节！"

如侯："我有太子符节！"

军官心想：这和押大小、抛硬币有何区别？

局势紧迫，不得不快速做出决策，军官最终赌丞相能赢。

军官用手一指如侯："杀了他！"

众骑兵冲上去，将如侯乱枪扎死。

就这样，两大军营的骑兵跟着马通前往长安驰援丞相刘屈氂。

失去了两大军营的骑兵，刘据只好启用第二备选方案：尝试策反朝廷军。

刘据亲自乘着马车来到朝廷军北军军营，要求护北军使者任安，来见自己。听到太子在外面召唤，任安赶紧出来与之面谈。刘据手持符节，道："当今圣上身边有奸佞小人搬弄是非，挑拨离间，我命令你率领北军全体将士听我调遣，协助我杀入长安，保护圣上！"

任安上前一步，接过刘据手里的符节，坚定地说道："我现在就整理军队，跟着太子出发！"任安转身回军营调兵，但进了军营以后他就闭门不出。

刘据意识到被耍了，立马带兵离去，只好启用第三备选方案：将当地数万老百姓聚集起来，临时整编为军队。

此时，刘屈氂的大军已经赶到。

按照刘据的计划，两边如果势均力敌，只要不擦枪走火，就可以和刘屈氂谈判，把真实的想法转达给汉武帝：他真的不想造反，只是被江充、苏文之类的小人构陷而已。

但是，刘据犯了一个战术错误，那就是，那群临时集结起来的老百姓不同于纪律严明的职业军人，见到刘屈氂的军队越来越近，开始紧张起来，呼啦一下子，喊着"杀啊"冲了上去。

双方展开激烈的厮杀。

此时的刘据再扯着嗓子命令大家保持冷静，也是徒劳，只好眼睁睁地看着一场血流成河的屠杀在眼前上演。

双方打了五天五夜，死掉数万人，鲜血灌满街边的水沟。

马通再立新功，活捉了太子的老师石德。

刘屈氂手段老辣，杀人诛心，趁机散布谣言：太子真的在谋反！

这一下，老百姓坚信刘据真的要杀害父亲夺取皇位，纷纷咒骂刘据不孝，刘据手下的士兵也纷纷逃到刘屈氂那边。

刘据见大势已去，又无法自证清白，只好逃命。

刘据乔装改扮，向南逃到长安城的覆盎门，被负责把守覆盎门的军官田仁放走。

汉武帝得知情况后怒气无处发泄，把矛头对准了皇后卫子夫。

汉武帝喊道："传我谕旨，前去收缴皇后的印玺和绶带，将其交由刘屈氂依法审判！"

当汉武帝的人来到皇后的住处时，只见卫子夫已经自杀，尸体旁边工工整整地放着印玺和绶带，这是向汉武帝表明，我卫子夫不在乎这一切，统统还给你！

至此，西汉时期的太子巫蛊案落下帷幕。

汉武帝开始——算账。

护北军使者任安，在大是大非面前立场不坚定，耍滑头，坐山观虎斗，判腰斩。

侍郎马通关键时刻抢到骑兵的调度权，并活捉太子敢死队的头领石德，拯救社稷于危难之中，封为重合侯。

石德因为是资深老臣石奋的孙子，准许其家人出重金赎他一条命，而后将他贬为平民，其余和太子有关联的人一律问斩。

直接参与太子军事行动的，一律灭全族。

被太子胁迫入伍的，一律流放敦煌。

汉武帝还剩最后一个问题：太子到底去哪儿了？

对刘据，应该以叛贼的身份通缉，还是以太子的身份请他回来？

汉武帝陷入纠结，不知如何决断。

刘据从长安城逃出来以后，向东来到湖县泉鸠里（今河南灵宝市境内）的一户农家隐藏起来，但很快被发现。地方官吏立马派重兵包围农户家。

农户的家人非常仗义，拿出农具当武器与官兵搏斗，誓死保卫太子，但他们不可能是官兵的对手，当场被杀。

太子一看这次肯定逃不掉了，随即锁死房门，在房梁上自缢而死。

前来搜捕的人踹开房门，将太子的尸体解下。

这时，官兵发现房屋的角落还有两个孩子，经过询问得知，这是刘据的两个儿子，索性一不做二不休，将其全部杀掉。

刘据和他两个儿子的尸体被运往长安，汉武帝亲自查看，验明正身。

此时的汉武帝只是感觉到一点点悲伤，但还是在乎自己的面子，依然把带兵杀死太子的地方官员封侯并重赏。

接下来的一年里，汉武帝对巫蛊案进行了重新梳理、核查，发现绝大部分都是江充炮制的冤案，当年太子只是想要自保，绝对没有谋反的心思。

随着真相的公开，大量的官员开始上书，要求给太子平反。

汉武帝这才意识到错杀了太子，顿觉五雷轰顶。

汉武帝下令，把江充全族杀光，把太监苏文吊在横桥上烧死。

之前因为杀死太子而被封侯的地方官，刚刚过上荣华富贵的生活，一夜之间，一道圣旨降下，被灭全族！

懊悔的汉武帝在太子自杀的湖县建造了一座思子宫和一座归来望思子台，盼着太子的灵魂有一天可以回来跟他聊聊天。

思子宫竣工的当天，当地老百姓都来围观，现场哭声一片。

048
刘弗陵继位

刘据死后,汉武帝沉浸在丧子之痛中,一直没有再立太子。

这种情况下,其余各位皇子不平静了。

皇子刘旦最先沉不住气了,主动上书汉武帝:"国不可一日无君,更不可无太子,儿臣愿进京担任皇宫保卫,您万一有个三长两短,儿臣希望得立为太子!"

汉武帝被刘旦的智商和野心激怒,当即斩杀刘旦派来的使者,并削减刘旦三个县的食邑。

皇子刘胥倒是没有当皇帝的野心,他对治国理政没有任何兴趣,就喜欢吃喝玩乐,还屡屡违反国家法律,汉武帝绝对不会把江山交给他。

皇子刘髆(音bó)由贰师将军李广利的妹妹李夫人所生。

李广利和丞相刘屈氂是亲家,二人一度谋划立刘髆为太子,并私下里搞了一些巫术,祈祷刘髆继承大统,诅咒汉武帝快快驾崩。事发后,李广利投降匈奴,刘屈氂被腰斩。刘髆的身体素质也不强,汉武帝活着的时候他就去世了。

就只剩下由钩弋夫人所生最小的儿子刘弗陵了。

钩弋夫人姓赵,名不详,河北人。

刘弗陵在钩弋夫人的肚子里待了十四个月才降生,按照当时的传说,上古时期尧帝的母亲也是怀胎十四月而生下尧,这让汉武帝格外重视刘弗陵,把接生刘弗陵的房子命名为尧母门。

刘据死于公元前91年,刘弗陵出生于公元前94年,也就是说,刘据死的时候，刘弗陵年仅三岁。

刘弗陵渐渐长大，到了五六岁的时候，聪明伶俐，活泼健康，最关键的是，长相特别像童年时的汉武帝。汉武帝把对刘据的爱渐渐转移到刘弗陵身上。

眼见着自己身体越来越差，汉武帝命令内廷画工绘制了一幅以"周公辅佐成王"为主题的图画，赐给奉车都尉霍光。

霍光就是当年霍去病同父异母的弟弟。霍去病去世后，霍光得以重用，一步一步爬到都尉，成为汉武帝的绝对心腹。

汉武帝赐画霍光，等于向文武百官公开宣布，刘弗陵将成为皇位继承人，霍光是托孤大臣。

群臣没有一人提出异议，等于默认汉武帝的安排。

汉武帝见大家空前一致，便安心下来。只不过，还有一件大事没有处理。

钩弋夫人见刘弗陵被立为接班人，十分开心，在后宫打扮得漂漂亮亮的，等着汉武帝退朝以后来与自己见面。

汉武帝真的来了，他来只是要杀了钩弋夫人。

汉武帝故意找碴，命人把钩弋夫人杀了。

第二天，汉武帝身边的宫女、太监们继续来服侍他，只不过，大家脸上的表情有些不自然。

汉武帝知道他们为杀死钩弋夫人的事情而不安，便主动问他们："你们有什么疑问，朕恕你们无罪，有话就说。"

一个太监说道："大家都说皇上要立刘弗陵为太子，钩弋夫人就是将来的皇太后，既母仪天下，又辅佐幼主。皇上为什么杀她呢？"

汉武帝道："这恰恰就是你们这些俗人所不懂的。从古到今，国家起内乱的很大一部分原因，就是因为皇帝年小而母亲专政。朕死后，如果钩弋夫人乱政，没有人能阻止她。"

杀掉钩弋夫人后不久,汉武帝病重,将年仅八岁的刘弗陵立为太子。

汉武帝召近臣托孤,任命霍光为大司马、大将军,接受遗诏辅政。

公元前87年3月29日,汉武帝病逝。第二天,刘弗陵登基为帝,是为汉昭帝。

一代雄主,就此落幕。

第七章 巫蛊之乱

第八章 武帝十三相

049

卫绾的故事

汉武帝执政时期共有十三位丞相,按照在位先后顺序,分别是:卫绾、窦婴、许昌、田蚡、薛泽、公孙弘、李蔡、庄青翟、赵周、石庆、公孙贺、刘屈氂以及田千秋(一作"车千秋")。接下来,就要对这十三位丞相逐一展开详细讲述。

首先要为大家介绍的,是丞相卫绾。

卫绾是代郡大陵(今山西省文水县)人,没什么文化,但是有一个绝活儿,就是驾车的技术高超。

卫绾凭借出色的驾驶技术被选中为汉文帝的郎官。后来汉文帝封刘启(即后来的汉景帝)做太子,刘启请汉文帝左右近臣吃大餐,唯独卫绾装病不去。

汉文帝知道卫绾是个忠臣,临死前特别向汉景帝叮嘱说:"卫绾是个忠厚长者,好生对待他。"

汉景帝即位后,一年多来,对卫绾不闻不问,晾在一边。

有一天,汉景帝前往上林苑打猎游玩,突然要求卫绾作为护卫与自己乘坐同一辆车。汉景帝问卫绾:"当年,朕还是皇太子时请你来吃饭,你为什么不肯来?"

卫绾道:"臣罪该万死,只不过,当时臣病了。"

汉景帝拔出剑给卫绾赐死。

卫绾道:"这样的剑先帝已经赐给我六柄了,臣全部珍藏着,不敢再接受赏赐。"

汉景帝半信半疑，当即要求去看剑，果然，六把剑都在卫绾家保存得完完整整，就像新的一样。

汉景帝这才认识到，卫绾真的是一位忠臣，当年父亲临终的嘱托是有道理的。

卫绾做官有个特点，下属有过失的时候，他总是护着，从不与别人争吵，有了功劳，总是谦让给他人。①

汉景帝把这一切都看在眼里，觉得卫绾清廉、忠诚，没有其他花花肠子，就任命他为河间王刘德的太傅。

刘德是汉景帝的第二个儿子，是太子刘荣的同母弟弟，却是栗姬所生。

在卫绾的教育下，刘德对争名夺利无任何兴趣，当了26年的河间王，始终没有卷入任何宫廷争权的政治漩涡，把毕生精力投入到对中国文化古籍的收集与整理上。

爆发七国之乱后，朝廷任命卫绾为将军，率领河间地区的军队讨伐叛军。卫绾因此立下战功，升任中尉，从此跨界到军界。

卫绾在军队里一干又是三年，三年内屡屡建下军功，最终被封为建陵侯。

不久之后，发生了汉景帝废除太子刘荣的事件。

为了斩草除根，防止刘荣舅舅家的人成为隐患，汉景帝把刘荣舅舅灭了全族。

卫绾是刘德的太傅，刘德和刘荣是同母所生，所以卫绾不可避免地与栗氏家族的人走得很近。但汉景帝不忍心对卫绾下狠手，便命令他让出权力，告老还乡，回家养老。

之后，汉景帝立胶东王刘彻为太子，想为太子指定一名太傅，结果还

---

①《史记》："郎官有谴，常蒙其罪，不与他将争；有功，常让他将。"

是挑中了最让他放心的卫绾。

汉景帝只好下令重新召回卫绾，任命其为太子太傅兼御史大夫。

卫绾这一干就是五年。

五年后，刘舍被罢免，汉景帝思来想去觉得还是让卫绾接任丞相一职更放心，于是，卫绾又从太子太傅、御史大夫升任为丞相。

当上丞相的卫绾不追求所谓的"新官上任三把火"，不进行任何刻意的改革，不追求政治建树，像极了刘邦时代的曹参，萧规曹随，承前启后，为国家带来了清明稳定的政治环境。

此时汉景帝年事已高，身体大不如从前，卫绾的执政风格稳健持重，又是太子刘彻的太傅，在心中默认他为托孤重臣，经常给他很多赏赐。

卫绾担任丞相第三年，汉景帝驾崩，汉武帝即位。

汉武帝继位之初，窦太后与汉武帝发生了权力斗争，卫绾作为托孤大臣，坚定地支持汉武帝，向窦太后发起反击。

卫绾提出，朝廷要向天下寻找"贤良方正能言直谏之士"，虽然没有明着说要"罢黜百家，独尊儒术"，但是已经有了雏形。

窦太后一生笃信道家，反对儒家，卫绾的这种做法无疑是一种试探性的挑衅，公开给窦太后一记响亮的耳光。

窦太后派人搜集卫绾的历史材料，发现卫绾担任丞相期间，官府中有许多无辜受冤的囚犯，卫绾没能给他们一一申冤昭雪。

明眼人都能看得出来，窦太后纯粹是鸡蛋里面挑骨头，但当时汉武帝羽翼未丰，不能与窦太后正面撕破脸，只好牺牲卫绾，将其免去丞相一职，由窦太后的侄子窦婴做丞相，以暂时稳住窦太后。

卫绾自此告老还乡，颐养天年而善终。卫绾死后，谥号为哀侯。

卫绾的儿子卫信承袭了父亲的爵位，本可以世世代代过着上流社会的生活。无奈，卫信的政治眼光跟他父亲比，差得太多。

汉武帝征讨南越时，曾经号召各位王侯有人出人，有钱出钱，结果响应者寥寥无几。

于是，汉武帝借一年一度祭祀先祖的时机，让大家献上黄金作为助祭，明着是为祭祀，实际是让大家出一份军费。

这位卫信大公子偏偏这时候犯浑，献上的是分量不够的黄金，这不明摆着给汉武帝难堪吗？于是，汉武帝一气之下撤掉了卫信的封侯，收回其封地，将其贬为庶民。

这就是汉武帝任内第一位丞相卫绾的传奇人生。

050
窦婴的沉浮

汉武帝执政生涯里的第二位丞相是窦婴。

窦婴，字王孙，清河观津（今河北省衡水东部）人，是汉文帝皇后窦漪房（即窦太后）本族堂兄的儿子，所以窦婴称呼窦太后为姑妈。

汉文帝时代，沾窦太后的光，窦婴被封为吴国的丞相，后来因为生病被免职，赋闲在家。

汉景帝继位后，窦太后变为皇太后，大肆重用娘家人，提拔窦婴为詹事，负责掌管太后的家事。

窦婴却不满足于这个职位，一直想找机会成为真正从政的官员。

有一次，梁王刘武入朝奏报工作。他是汉景帝的弟弟，二人都是窦太后所生。汉景帝放下帝王架子，以兄长的身份和弟弟刘武一起喝酒。

兄弟二人多日未见，情不自禁多喝了几杯，汉景帝开始说醉话。

汉景帝端着酒杯，舌头发硬，大声喊道："将来朕要是不在了，就把帝位传给刘武！"

汉景帝说完，打了个酒嗝。

坐在一边的窦太后听了非常高兴，道："好！君无戏言！这事儿我是见证人！就这么说定了！"

皇帝选接班人可是大事，怎么能够把喝醉时乱说的话当成真的呢？

窦婴瞬间意识到，这是一个引起汉景帝重视的机会，外加这些年来对姑妈有意见，从心里一直恨她不给自己介绍更好的机会去施展，便斗胆站了起来，大声喊道："这天下是高祖打下来的，历朝历代的帝位都是父子相传，这可是打汉朝建立之初就定下来的制度，陛下怎么能擅自传给梁王？！"

汉景帝也被说得酒醒了一半。

窦太后万万没想到，一直坐在自己身后负责端茶倒水的窦婴，竟然敢大庭广众之下直接反对自己，还指责皇上，火气瞬间顶到脑门，怒骂道："这里有你说话的份儿吗？要不是看你姓窦，今儿就能灭你全族！你现在就给我滚！这里轮不到你发言！"

"慢着！"

众人没想到，汉景帝拦住了窦太后。

汉景帝说道："朕倒是觉得窦婴说得很对。从高祖建国开始，历朝历代确实是帝位父子相传，到朕这一代也不能破坏规矩。刚才朕说的纯粹就是酒话，怎么能当真呢？不要惩罚窦婴，相反，要不是他，朕险些做出违背祖训的错事。"

坐在旁边的刘武一句话也没说，脸上青一阵，红一阵，尴尬得要死。

窦太后再强势也不敢公然违背祖训，只好咬着后槽牙用眼睛使劲瞪窦婴。

窦婴耍起了浑不吝，守着大伙直接对窦太后说道："禀太后，我一直身体不好，最近一直想找机会向您辞职，既然今天您要我滚，那我就滚得远远的，辞职回家歇着吧。请姑妈您放心，逢重要节日，我还会拿着礼物来探望您的！"

窦太后气得心口疼，骂道："你一辈子都别再进宫来见我！宫门的侍卫见你一次，打你一次！快滚！"

窦婴向在场的诸位逐一行礼，而后扭头便走。

姑侄二人自此不再联系。

经过这件事情，窦婴给汉景帝留下了深刻的印象，汉景帝觉得他是个人才，能够把国家利益放在亲情之上，在大是大非面前不糊涂。

窦婴回家后没多久，爆发了七国之乱。汉景帝不敢轻易相信刘姓诸侯王，需要起用真正让他放心的人，这时汉景帝又想起了窦婴，如此耿直之人，用着放心。

汉景帝命窦婴入宫与他面谈："国难当头，社稷危在旦夕，朝廷正是用人之际，朕希望你站出来为国效力。"

窦婴一听，这是皇上有求于他，马上假装傲娇地说道："陛下您是知道的，我一直有病在身，无法胜任陛下交给我的重任。"

汉景帝听出了窦婴的弦外之音，道："呵呵，有病？怕是心病吧？"

窦婴道："陛下您应该还记得，臣可是被太后下令不能进皇宫的，否则进一次打一次，甚至还会被杀全家呢！"

汉景帝笑道："哈哈，你放心吧，朕负责做太后的工作。"

汉景帝轻轻咳了一声，旁边的帷帐缓缓拉开，窦太后被下人扶着慢慢走了出来，原来她一直在旁边悄悄观察窦婴。

窦太后笑着说道："侄儿还在生姑妈的气呢？上次你走了以后，新来的詹事什么都不懂，弄得我那里一塌糊涂。我当时就想，事情的根源还是在我，是我这么多年来一直压着你，不让你从政。也对，哪个男人没有点抱负？现在机会来了，国家陷于危难之中，你也应该站出来为国效力，实现你的抱负了。"

窦婴站在那里默不作声。

窦太后继续道："你也得考虑我的想法。你以为政治是那么好玩的？眼下这七国之乱就说明，亲兄弟之间沾上政治二字也会变成仇人。我不让你从政，也是怕你踏上一条不归路啊！"

窦太后说到这里，哽咽起来。

窦婴眼圈也红了，一下跪在地上，道："请太后、陛下放心，臣愿意亲自带兵前去阻挡七国叛军，誓要将其平定，捍卫我江山社稷不变色！"

汉景帝道："好！窦婴接旨！即日起拜为大将军，赐黄金一千斤，立即奔赴前线，监督齐国、赵国军马，坚决镇守荥阳城！"

窦婴道："谢主隆恩。另外，臣赋闲在家的日子里一直在观察，发现大臣袁盎、栾布等人都是值得重用的忠臣，请陛下提拔他们到重要的位置，一定可以为朝廷做出贡献。"

汉景帝当即提拔窦婴说到的一系列人员。

窦婴并没有把皇帝赐给他的一千斤黄金拿回家，而是放在文武百官上朝的必经之路上，让一个小太监看管着，并交代他："你给我看好了，凡是路过的官员，告诉他们，可以随便拿。他们问这是谁的黄金，你就告诉他们，是皇上赐给窦婴的，他想和大家共享！"

小太监按照窦婴交代的去办，一时间，文武百官都对窦婴连连称赞。

窦婴比较幸运，七国叛乱很快被平定，汉景帝论功行赏，封窦婴为魏其侯。

从此以后，汉景帝每次讨论军政大事时，都会请窦婴压轴发表意见，又有窦太后侄子这一特殊身份加持，诸位王侯将相无不对窦婴格外敬畏。

一年之后，汉景帝立刘荣为太子，任命窦婴担任太子太傅。

但刘荣仅仅当了七年的太子就被废掉，作为太傅的窦婴多次找汉景帝替刘荣说好话，都没能说服汉景帝。

窦婴开始推说有病，不再上朝。

这期间，他门下很多宾客纷纷劝他，但没有人能说服他回去上朝。

有一天，一位名叫高遂的人和窦婴闲聊，谈到了上朝的问题。

高遂说道："窦大人没有意识到一个重要的问题吗？"

窦婴道："哦？请赐教。"

高遂道："您觉得，您现在的富贵是谁给的？"

窦婴道："怎么这么问？应该是皇上和太后给的。"

高遂道："窦大人果然是个聪明人。您的富贵是皇上和太后给的，可不是刘荣给的。"

窦婴瞬间被敲醒，道："有道理！您继续说。"

高遂道："您是太子的老师，太子被废，您为他争取机会，这是应该做的，但是争取失败以后，您不该负气借口生病不上朝。"

窦婴道："我只是想向皇上表明一个态度，那就是，我窦婴说的话还是有些分量的！"

高遂道："这恰恰就是您的危险所在啊！"

窦婴道："此话怎讲？"

高遂道："皇上就不会这么想了。皇上会觉得，您这是试图向天下人证明皇上是错的！"

窦婴道："哎呀，还真是这样，我怎么没想到这些呢？"

高遂道："如果您继续僵持下去，等于逼皇上修改决定，您觉得皇上会低头吗？届时，皇上为了面子，一定会收拾您。赶上皇上心情好，最多将您罢官，贬为庶人，赶上他心情不好，给您来个灭全族，也不是不可能！"

窦婴听到这里，一身冷汗，道："多亏先生及时点醒我，否则我身处危险之中还不自知！"

第二天，窦婴穿戴得整整齐齐，出现在朝会上。

汉景帝一看窦婴来了，没有说话。从此之后，君臣二人产生了裂痕。

当时汉景帝的丞相是刘舍。

有一次，汉中地区有地震，刘舍赈灾不力，汉景帝一气之下将其罢免。

面对着空出来的丞相一职，窦太后多次推荐窦婴来当。

汉景帝对窦太后说道："太后难道认为朕吝啬这个职位吗？朕也不希望这么重要的位置空着，只是窦婴官做大了以后就膨胀。这几年他的脾气见长，骄傲自大，做事草率轻浮。朕让他出任丞相，怕他哪天又不高兴了，假装生病不来上朝，到时候朕更尴尬！"

汉景帝这一次顶住了来自窦太后的压力，大胆起用卫绾做丞相。

有一个人，窦婴打死都想不到，竟然成为自己一生中最大的政敌。这人正是汉景帝皇后王娡同母异父的弟弟田蚡。

田蚡，出生于长陵（今陕西省咸阳市），本来和王娡一样，过着平民百姓的生活。

王娡进宫后，把田蚡也介绍入宫，做了一个伺候皇帝的郎官。

此时的窦婴已经当了大将军并被封魏其侯，正值人生巅峰。田蚡对窦婴极尽巴结奉承之事，经常为其端茶斟酒。

汉景帝竟然废掉太子刘荣，立刘彻为新太子后，太子刘荣派系的官员都被不同程度地打压，刘彻派系的官员则被大力提拔，窦婴偏偏是刘荣的太傅，田蚡偏偏是刘彻的舅舅。

在刘彻母亲王娡的运作下，田蚡被汉景帝重用，从小小郎官晋升为太中大夫，窦婴则被冷落一旁。

不久，汉景帝驾崩，刘彻继位，王娡成了皇太后，大肆起用田蚡门下宾客，而田蚡也被晋封为武安侯。

至此，田蚡、窦婴平起平坐，二人都是封侯。

田蚡知道窦婴擅长笼络人心，便积极效仿之，对他门下的宾客非常谦卑，广泛推荐闲居在家不被重用的人出来做官，让他们显贵，以此来笼络人才，形成自己的党羽，希望可以与窦婴一党抗衡。

后来，在卫绾因为支持年轻不能做主的汉武帝而被窦太后罢官之后，田蚡和窦婴都对丞相一职垂涎欲滴。

田蚡听进了一个叫籍福的建议，委婉地告诉汉武帝："臣不想和窦婴争夺，愿意为国家、为社稷、为皇上牺牲小我，让窦婴当丞相，我自己当太尉就可以了。只要拥有一颗为国家尽忠的心，当不当丞相不重要！"

汉武帝听完，大为感动，道："果然是朕的舅舅，凡事从大局着想，还这么体谅朕。为了照顾老太太（窦太后）的情绪，立窦婴为丞相更符合当前局势的需要。不过，你也不要难过，朕将来一定替你完成心愿。"

汉武帝微笑着目送田蚡离开后，当即下令，任命窦婴为丞相，田蚡为太尉。

窦太后听到汉武帝任命窦婴为丞相的消息后，十分开心。

窦婴当上丞相以后，心态也有了变化。

窦婴开始分析眼下的政治局势：过去，窦太后是自己的后台，要是没有这位姑妈，自己绝对不会走到今天。但现实是残酷的，眼见着窦太后越来越老，新皇帝刘彻还很年轻，且越来越展现出强大的政治手腕。如果一味地靠近窦太后，将来她去世后，自己一定会被刘彻清算。及时疏远窦太后，积极向刘彻靠拢，才是长久之道。

汉武帝上位后，为了争夺治国理政的话语权，推行"罢黜百家，独尊儒术"，与主张以道家思想治国的窦太后针锋相对。

为了能让自己在丞相的位置上坐得长远，丞相窦婴竟然公开支持儒家学说，反对道家学说，推荐赵绾当了御史大夫，王臧担任郎中令，还把鲁国著名的大儒学家申培接到长安。

赵绾、王臧向汉武帝提议设立明堂，所有诸侯王需要汇报工作时，都到明堂向皇上汇报，还要按照儒家学说的礼法对皇上行礼。这对窦太后而言，无异于在公开场合被狂抽耳光。窦老太太勃然大怒！

窦太后故技重施，就像当初对付前任丞相卫绾那样，成立调查组收集赵绾、王臧等人违法乱纪的证据，并交给汉武帝，严厉批评他作为皇上用人不谨慎、不明察。

汉武帝不得已叫停兴建明堂的事情，赵绾、王臧则被逼自杀。

经过此事之后，窦太后看明白了，窦婴已经叛变。

窦太后被彻底激怒，逼迫汉武帝罢免丞相窦婴、太尉田蚡，强行任命许昌担任丞相，庄青翟任御史大夫。

窦婴、田蚡二人保留列侯的身份，但不允许他们过问政事，回家赋闲。

许昌就此成为汉武帝任内的第三位丞相。他是坚定的道家思想支持者，为了维护窦太后的权威，不怕得罪汉武帝。

四年后，窦太后驾崩！

汉武帝免去许昌丞相一职，免去庄青翟御史大夫一职，各自回家养老。

同时，汉武帝任命田蚡为丞相，韩安国为御史大夫。

田蚡成为汉武帝任内的第四位丞相。

窦婴赋闲在家期间，见识了什么叫作人情冷暖，昔日见到自己面带微笑、点头哈腰的人，现如今都躲得远远的。

但是，还有一个人自始至终与窦婴保持频繁来往，此人名叫灌夫。

灌夫本姓张，父亲叫张孟，曾是汉高祖刘邦时代的开国元勋灌婴的家臣。

张孟表现积极，深得灌婴器重，被灌婴大力举荐，成为二千石级的高官。

为了向主子表达忠诚，张孟改名为灌孟。

汉景帝时期七国之乱，灌婴的儿子灌阿担任将军，听命于太尉周亚夫。灌阿向周亚夫积极推荐灌孟担任校尉，参与平定七国之乱，灌孟带着儿子灌夫，率领一千人共同奔赴前线。灌孟不幸战死。按当时的军法，当灌阿命令灌夫护送父亲的遗体回家时，灌夫斩钉截铁地说道："我不回去！我要亲眼看到吴王和吴国将军的头被砍下来！我要留下来继续和大家一起奋勇杀敌，告慰父亲在天之灵！"

灌夫说完，抹去眼泪，披上铠甲，拿起武器，带领十多个骑兵向着吴军正面飞奔，一直杀到吴军的将旗之下。

灌夫把吴军军旗砍断后，飞马返回汉军大营。

灌夫卸下铠甲以后，身上有十几个伤口在流血。待军医包扎完毕，灌夫站起来向灌阿请求道:"经过刚才的战斗,我现在更加了解吴军的排兵布阵,请您让我再回去杀他个痛快!"

在场的所有人无不被他的勇气所折服!

灌阿心疼人才,怕他战死,便向太尉周亚夫单独报告此事。周亚夫被灌夫的英勇所打动,当即下令:"灌夫绝不能再上战场!这是军令!"就这样,灌夫被强制留在军营养伤。

后来,吴军被攻破,灌夫的名字从此威震天下。

七国之乱平定以后,汉景帝将灌夫提拔为中郎将。之后不久,又任命灌夫去代国担任国相。

汉武帝刘彻即位后,认为淮阳是天下的交通枢纽,必须驻扎强大的兵力加以防守,因此又调任灌夫担任淮阳太守,为国家把守重镇。

灌夫在淮阳表现出色,几年后又晋升为太仆,调回长安工作。

灌夫回到长安后,官职更高,经常有上流社会人士过来请他吃饭喝酒。

有一天,长乐卫尉窦太后的弟弟窦甫来找灌夫喝酒。两人都是贪酒之人,结果都喝大了,因为言语不合,喝醉了的灌夫把窦甫给打了,被告到窦太后那里。

汉武帝知道,灌夫一旦落在窦太后手里,十有八九是个死,便说道:"朕任命的官员就由朕来管吧。"

汉武帝怕灌夫被窦太后暗杀,便免掉灌夫太仆一职,任命他到燕国担任国相,远离长安。

灌夫在燕国干了没几年,便被燕王免掉官职,回到他在长安的家中,赋闲起来。①

---

① 《史记》:"二年,夫与长乐卫尉窦甫饮,轻重不得,夫醉,搏甫。甫,窦太后昆弟也。上恐太后诛夫,徙为燕相。数月,坐法去官,家居长安。"

灌夫得势的时候，积累了几千万的资产，每天来家里吃喝玩乐的食客少则几十，多则近百。灌夫的家族势力大肆扩张，在老家颍川横行霸道，已然成为当地的土皇帝。

颍川的儿童一度流行一首儿歌："颍水清，灌氏宁；颍水浊，灌氏族。"意思是说，现在颍水的河水是清澈的，灌氏家族暂时安宁，将来颍水变浑浊的时候，灌氏就会被灭族。

这似乎是民间一种带有预言性质的谶语。

灌夫失去权势赋闲在家以后，上门来吃饭喝酒的宾客逐渐减少。

有一天，灌夫碰见也被免官后赋闲在家的窦婴。

两人越聊越投机，相见恨晚，从此成为忘年交，情同父子一般。①

有一天，丞相田蚡家有人去世了。按照惯例，灌夫来到丞相府吊唁。

在答谢灌夫时，田蚡得知灌夫经常跟窦婴一起喝酒，便相约第二天上午一起到窦婴家里喝酒聊天，不见不散！

灌夫从田蚡家离开以后，径直到窦婴家把事情跟窦婴说了一遍。

窦婴听完，说道："当年皇上任命新丞相之前，我和田蚡是最有力的竞争对手。在关键时刻，田蚡主动站了出来，表示不与我竞争，愿意做太尉。再后来，我俩一起倡导儒家思想，得罪了窦太后，就有了我被罢官的经历。"

灌夫道："照这么看，这田蚡还不是个小气人。现在咱俩都没有什么权力了，他还主动提出来上门喝酒，说明人家不摆官架子，挺大气的。"

窦婴道："我过去也觉得田蚡是个小心眼，现在看来，还真是错怪他了。"

---

① 《史记》："灌夫亦倚魏其而通列侯宗室为名高。两人相为引重，其游如父子然，相得欢甚，无厌，恨相知晚也。"

窦婴很开心，特意和夫人上街多买了肉和酒，让下人连夜打扫房间，布置帷帐，整宿没睡，一直忙到天亮。天刚亮，窦婴就让府中管事的人在宅前恭候田蚡的到来。①岂料，窦婴、灌夫等到中午也不见田蚡到来。

其实，田蚡一直把窦婴当成自己最大的政治对手，当年迫于自己根基尚浅，不能与窦婴正面抗衡，只好故作姿态，出让丞相一职，自己担任太尉。

现如今，窦太后已死，田蚡被汉武帝提拔为丞相而窦婴沦为普通人，田蚡当年压在心里的那口气需要找机会发泄出来。

田蚡跟灌夫说喝酒，本就不想去，而是故意要戏耍窦婴。

灌夫哪里知道田蚡的真实想法，还是驾车来到丞相府，催请田蚡。

田蚡听说窦婴夫妇昨晚一夜未睡，心中别提有多么高兴，故意装作惊讶地说道："哎呀呀，我昨天晚上喝多了，把这事儿给忘了！我现在就去！"②田蚡亲自驾车前往，灌夫尾随其后。

好不容易到了窦婴家，等到大家喝个七八成醉，灌夫突然站起来，邀请田蚡跟他共舞。

田蚡道："我怎么会跳舞啊？不行，不行，不会跳。"

灌夫继续紧逼，道："我也是乱跳。丞相只需要跟着我做几个动作，活跃一下气氛就可以了。来，大家欢迎！"

田蚡任由在场的人起哄，就是不起身，弄得两人都不愉快。

窦婴一看，这样下去要出事，马上过来扶住灌夫，用手使劲捏了捏

---

① 《史记》："灌夫有服，过丞相。丞相从容曰：'吾欲与仲孺过魏其侯，会仲孺有服。'灌夫曰：'将军乃肯幸临况魏其侯，夫安敢以服为解！请语魏其侯帐具，将军旦日蚤临！'武安许诺。灌夫具语魏其侯如所谓武安侯。魏其与其夫人益市牛酒，夜洒扫，早帐具至旦。平明，令门下候伺。"

② 《史记》："丞相特前戏许灌夫，殊无意往。及夫至门，丞相尚卧。于是夫入见，曰：'将军昨日幸许过魏其，魏其夫妻治具，自旦至今，未敢尝食。'武安鄂谢，曰：'吾昨日醉，忽忘与仲孺言。'"

他，道："你是真喝多了！别在这里胡说八道了，赶紧回去休息吧。"

窦婴又对田蚡说道："别怪他，他喝多了，恐怕自己都不知道刚才说过什么。我先把他送回去，你先自己喝着。"

窦婴和灌夫离开后，只剩下田蚡自己坐在桌前。

田蚡回去之后，一想到灌夫在席间羞辱自己便又生起气来。心想，你窦婴敢让灌夫来羞辱我，我就让你后悔一辈子。他找来人，要无偿征用窦婴家里的地。

恰巧灌夫在窦婴家，征田的事没办成。

田蚡从此更加怨恨灌夫、窦婴。他决定先解决灌夫，后解决窦婴。

田蚡开始对灌夫展开秘密调查，发现灌夫家家族在颍川十分霸道，大发横财，当地百姓苦不堪言。

田蚡拿到灌夫家族违法犯罪的证据，向汉武帝秘密汇报，建议依法严办。

汉武帝看完材料，说道："这是你这个丞相的工作，有必要单独请示吗？怎么处理，你看着办。"

话说，灌夫也不是省油的灯，他也在暗处秘密搜集田蚡违法乱纪的证据。灌夫通过调查得知，田蚡利用职权非法谋取了大量利益，最要命的是，田蚡曾经与淮南王刘安勾结并接受其金钱，还怂恿他夺取皇权，这都是诛灭全族的死罪。

灌夫找人给田蚡带话："我欺负百姓，不至于是死罪，最多被没收一部分财产，你和淮南王之间那点事儿，我调查得一清二楚。你真的要跟我玩到底吗？我奉陪。"

田蚡一听，立马吓傻了，赶紧派中间人过去同灌夫调停。最终，双方都不是傻子，都不想放着好日子不过而鱼死网破，宣布暂时和解。

这一年的夏天，田蚡给自己娶了一个小老婆——迎娶燕王的女儿做夫人。

消息传到窦婴、灌夫二人那里，他俩商量着要不要去。

窦婴道："我觉得我们应该参加他的婚礼，面子上的事儿还是要过得去的。"

灌夫道："你不知道，我先是因为酒醉失礼而得罪田蚡，后来又差点和他互相揭发，拼个鱼死网破，就没必要去了吧。"

窦婴道："事情不是已经和解了吗。去吧，去吧，不去显得不自然，让人看笑话。"

窦婴最终硬拉着灌夫去参加了田蚡的婚礼。

席间，灌夫因为敬酒有人不喝而跟人起了冲突。

田蚡一看，灌夫这是摆明来砸场子的，站起来对灌夫大声喊道："姓田的，今天就算你砍掉我的头颅，刺穿我的胸口，我都不在乎！"

众人一看，要出事儿，纷纷离席避开。

窦婴本来想借此机会让灌夫和田蚡冰释前嫌，没想到，灌夫竟然闹了这一出，也想趁此机会赶紧离开，并向灌夫挥手示意，让他就此作罢，赶紧回家。

田蚡看窦婴要叫走灌夫，喊道："这是我这个丞相一再纵容灌夫的过错。来人哪，给我拿下灌夫。今儿就别走了！"

一群刀斧手上来就把灌夫摁在地上。

田蚡下令把灌夫关在隔壁的客房中，并对御史说道："今天宴请宗室宾客来参加宴会，可是有太后诏令的。现在灌夫把这里搅得一团糟，请问，这是什么罪？"

御史道："灌夫侮辱太后诏令，犯有不敬之罪，理应先被关入大牢等候审讯。"

田蚡对身边的人使了个眼色，一份关于灌夫家族在颍川老家违法犯罪、欺行霸市的材料呈了上来。

田蚡对御史说道："你再看看这份材料。希望你严格执法。"

几天之后，御史按照田蚡提供的证据，将灌夫家人全部缉拿，判决他们死罪。

窦婴替灌夫求情，田蚡不答应。因为灌夫也掌握田蚡很多违反乱纪的证据，尤其是他曾经勾结过淮南王，还说过大逆不道的话，这足以让他被诛灭全族。田蚡想借此机会把灌夫灭口。

窦婴觉得愧对灌夫，毕竟灌夫是他硬拉着去参加田蚡婚礼的。他瞒着家人偷偷上书给汉武帝，请求面谈。

汉武帝当即召他进宫。窦婴就把灌夫当初怎么因为喝醉酒得罪了田蚡以及在田蚡的婚礼上发生的一切详细地说了一遍。窦婴道："灌夫确实有不对的地方，我不袒护他，但是按照法律，罪不至死。"

汉武帝道："有道理。但这只是你的一面之词，你敢不敢和田蚡去太后的东宫，来一次公开的对质？"

窦婴道："我敢，就怕田蚡不敢！"[①]

田蚡以及其他文武百官都被叫到东宫，听窦婴与田蚡公开辩论。

辩论开始后，窦婴先发言，对灌夫一通猛夸，最后表明，灌夫因为酗酒闹事而获罪，合情合理合法，而田蚡企图罗织别的罪名来诬陷灌夫，纯属公报私仇。

接着是田蚡发言。他极力诋毁灌夫骄横放纵，大闹王太后下诏令的宴会，属于大逆不道的死罪。

窦婴实在找不到田蚡其他违法的证据，便攻击田蚡人品不佳，生活作

[①]《史记》："魏其锐身为救灌夫，夫人谏魏其曰：'灌将军得罪丞相，与太后家忤，宁可救邪？'魏其侯曰：'侯自我得之，自我捐之，无所恨。且终不令灌仲孺独死，婴独生！'乃匿其家，窃出上书。立召入，具言灌夫醉饱事，不足诛。上然之，赐魏其食，曰：'东朝廷辩之。'"

风不好。

田蚡说道:"当今天下太平无事,我得以为皇上办事。你说我生活作风不好,我平时的爱好无非就是音乐、狗马和买田置地,最多就是还养了一批歌伎艺人、能工巧匠。你和灌夫呢,你敢让我说出来吗?"

窦婴道:"你说!我光明磊落,怕什么!"

田蚡道:"大家都知道,你和灌夫经常招集天下壮士,不分白天黑夜地商讨一些不可告人的事情。你俩被贬官后,对朝廷心怀不满,不是抬头观天象,就是低头在地上画符,经常盯着宫廷的一举一动,盼着天下发生变故好让你们有空子可钻,出来再立功成事。你今天倒是跟大伙儿说说,你和灌夫到底想干什么?"

汉武帝一听,这么互相人身攻击下去只会越来越乱,便及时喊停:"你俩都停停吧。"

汉武帝看了一眼正在旁听的各位大臣,说道:"他俩说了这么多,你们也发表下个人意见,认为谁对谁错?韩安国,你先说。"

此时,韩安国担任的是同田蚡一起搭班子的御史大夫一职。汉武帝知道,韩安国一定会帮着田蚡说话,让韩安国第一个发言,可以给后发言的人定好调子:支持田蚡,反对窦婴。

韩安国道:"窦婴提到,灌夫的父亲为国而战死,灌夫冲到强大的吴军中,受伤几十处,名声威震天下,这是天下当之无愧的勇士,如果不是犯有特别大的罪行,只是因为喝了酒而闹事,我觉得窦婴的话是对的,灌夫罪不至死。"

汉武帝一听,恶狠狠地瞪了韩安国一眼。

"但是!"韩安国立马意识到问题,继续说道,"田蚡又说灌夫同巨奸大猾结交,还掌握了他们家族欺压颍川平民百姓的证据,积累巨额家产,这就是所谓的'树枝比树干大,小腿比大腿粗',如果任由其发展,其后果就不是折断一根小树枝那么简单,会对国家皇权造成分裂,所以田蚡的话也是对的。臣建议陛下谨慎裁决这件事情。"

韩安国说了半天，等于什么都没说，两边都对，两边都不对，最后请皇上做决定。

汉武帝压着怒火，又问都尉汲黯："你什么意见？别说什么两边都对，必须说一个对一个错。"

汉武帝说完，又恶狠狠地看了一眼韩安国，韩安国则低头不语，装没看见。

汲黯道："如果必须选一个，我支持窦婴。灌夫只是耍酒疯，不至于判死刑。"

汉武帝又看了一眼内史郑当时，问道："你怎么看？"

郑当时道："就事论事地说，我也支持窦婴。灌夫确实罪不至死。"

汉武帝听完，说道："看来我们的丞相田蚡不得人心啊。"

郑当时听完，赶紧说道："不不不！我觉得田蚡也对。反正，好像他俩都没有错。请陛下让我再想想，我现在还没想清楚呢，不敢乱下结论。"

汉武帝实在忍不住了，大声骂道："你平时私下里没少跟朕说到窦婴、田蚡的长处和短处，每次都说得头头是道。今天让你公开发表意见，你看你这个样子，就像一只畏首畏尾地躲在车辕下被吓坏了的马驹！"

郑当时低着头，不敢说话。

汉武帝站了起来，对着所有人骂道："要是把朕逼急了，在场的所有人，有一个算一个，统统杀了！"

说完，汉武帝起身罢朝。①刚刚大家讨论的时候，王太后专门派了人旁听。散会后，王太后听完汇报，当即拍桌子发火了。

---

① 《史记》："上怒内史曰：'公平生数言魏其、武安长短，今日廷论，局趣如效辕下驹。吾并斩若属矣。'"

汉武帝劝王太后消消气，以身体为重，劝她赶紧吃饭。岂料，王太后把碗筷一摔，骂道："我现在还活着呢，别人就敢整我兄弟，将来我死以后，田蚡岂不是会像鱼肉那样任人宰割？"

汉武帝连忙劝王太后："不会的，您多虑了。"

王太后指着汉武帝的鼻子训斥道："你也是，一个皇帝怎么能像石头人一样只让大臣发表意见而自己不做决断呢？现在你这个皇帝还在，这班大臣就敢附和窦婴，将来你也不在了，这些人还有可以信赖的吗，他们还不反了？"①汉武帝赶紧向王太后谢罪，说道："主要是因为窦婴、田蚡都是皇室亲戚，所以才在朝堂之上公开辩论。否则，只要一个狱吏就可以解决。"②汉武帝同王太后说话时，郎中令石建也在场。

被王太后狠狠骂了一通的汉武帝，扭过头对郎中令石建说道："把你掌握到的情况跟我说一下吧。田蚡、窦婴到底是怎么回事儿？还有这个灌夫，怎么也搅和进来了？"

石建便客观公正地把田蚡、窦婴、灌夫三个人的事情从头到尾描述了一遍。

王太后、汉武帝对别人的话或许半信半疑，对石建可是百分之百的信任。

听石建讲完，汉武帝心中有了数，对王太后说道："朕马上就会对这场闹剧做个彻底了结。请母后消消气，还是以身体为重。"

汉武帝扭过头对石建说道："宴会上，田蚡曾经交给御史一份关于灌夫家族违法乱纪的材料，先让御史把原件呈上来，朕要亲自看一遍。如果灌夫家族确实有违法乱纪的事情，那就说明田蚡没有错；如果灌夫是被冤

---

① 《史记》："太后亦已使人候伺，具以告太后。太后怒，不食，曰：'今我在也，而人皆藉吾弟，令我百岁后，皆鱼肉之矣。且帝宁能为石人邪！此特帝在，即录录，设百岁后，是属宁有可信者乎！'"

② 《史记》："上谢曰：'俱宗室外家，故廷辩之。不然，此一狱吏所决耳。'"

枉的，那么田蚡有欺君之罪。你去把这份材料拿过来吧。"

石建道："臣这就去办。"

汉武帝成立专案组，按照田蚡交给御史的那份材料，逐一展开调查。不查不知道，一查吓一跳，灌夫家族果然是颍川的霸主，欺行霸市多年，当地百姓敢怒不敢言。

汉武帝震怒，当即把灌夫秘密拘禁起来，并于公元前131年冬天，下令将灌夫全族秘密斩首。

窦婴不久听说了灌夫被秘密灭族的消息，悲愤交加，当即中风，卧床不起。他对外宣称："灌夫是被冤枉的！我要绝食抗议！以死来向世人宣告灌夫的清白！"

窦婴的话传到汉武帝那里，汉武帝说道："事到如今，你还在这里装可怜！"

窦婴为什么如此办事呢？原来，汉景帝临死之时曾经给窦婴一份特殊的诏书，上面写道："假如将来你遇到对你不利的事情，你可以随机应变，拿出这份诏书，把你的意见呈报给皇帝。皇帝见此诏书，必须听你的话！"

窦婴让侄子上书给汉武帝，说他手里有汉景帝的临终遗诏，希望得到汉武帝召见。

汉武帝命人去窦婴家里查验，发现确实有一份以汉景帝的口吻写的诏书，但是上面盖的印不是当年汉景帝时代的官印。

汉武帝又派人去查档案馆，看是否有记录，结果没有任何记录。

汉武帝当即下令，窦婴伪造先帝诏书，判斩首示众，缓期执行。

在窦婴被关入大牢的日子里，窦婴继续嚷嚷着要绝食。汉武帝念旧，一度觉得心疼，便放出消息，考虑免掉他的死罪，让他回家养老。窦婴听说后立马不绝食了，还要狱吏给他加饭加菜。

汉武帝十分生气，最终决定将其执行死刑，立刻执行。

窦婴最终在渭城大街被斩首示众。

那么，窦婴是否真的伪造了汉景帝的诏书？

答案是否定的。

《史记》里曾经这样记载："于是上使御史簿责魏其所言灌夫，颇不雠，欺谩。劾系都司空。孝景时，魏其常受遗诏，曰：当年汉景帝时代的官印。拿出这份，灌夫罪至族。事日急，诸公莫敢复明言于上。"

窦婴的事情越来越危急，所以各位大臣都不敢再跟汉武帝提及此事。

档案馆查不到，一定是汉武帝让人做了手脚。

汉武帝怎么能允许窦婴拿着汉景帝来压自己呢？所以直接把他定为伪造遗诏罪，判处死刑，一了百了。

其实，关于窦婴其人，汉景帝看得最明白。

当年，汉景帝曾经跟窦太后说过对窦婴的看法："窦婴这个人自以为是，立场善变，不能当丞相，难以委托大任"。①

窦太后是一个狭隘的女人，只顾着维护娘家人的利益而不考虑国家的长远利益，硬把窦婴推到丞相的位置。窦婴后来果然表现出"多变"的特点，背叛窦太后的道家思想，转而倡导儒家思想。

窦太后刚帮了窦婴，就被他摆布了一下子，这还是自家侄子。

再后来的历次大事都体现了窦婴自以为是的性格。

比如，他觉得拉着灌夫去田蚡的婚礼，可以消除二人的矛盾，这就有点儿想当然了。结果不但没有消除矛盾，反而把灌夫全家性命搭了进去。

再比如，后来的汉景帝遗诏事件，窦婴觉得只要拿遗诏说事儿，汉武帝就会怕自己，结果反而加速了自己的灭亡。

话说，当初在王太后的东宫辩论结束后，众大臣各自回家。

田蚡故意招呼韩安国坐同一辆车，在车上责问韩安国怎么回事儿，为

---

①《史记》："魏其者，沾沾自喜耳，多易。难以为相，持重。"

什么还模棱两可、犹豫不决。①

韩安国说道："你也是个丞相，怎么这么不自重呢？"

田蚡不解，道："你这怎么说话呢？"

韩安国道："窦婴刚才攻击你，我要是你，就应该当场摘下官帽，解下印绶，做出归还给皇上的架势，跟皇上说：'我作为皇帝的心腹，侥幸坐上丞相的位置，本来是不称职的，窦婴骂我的话确实有道理，要不我就辞掉丞相一职，让更合适的人担当此任？'你要是这样一说，皇上必定会称赞你有谦让的美德，不但不会罢免你，还觉得你优秀呢。这时候，窦婴一下子就被你比了下去，说不定内心惭愧，回家咬舌自杀呢。现在可好，别人骂你，你也回骂，俩大老爷们儿在皇上那里对骂，多么不识大体啊！皇上能不生气吗？"

田蚡听完，如梦方醒，赶紧向韩安国认错，说道："有道理！只怪我当时太性急，没想到这一点。"②韩安国心想：你还挺会给自己找台阶下，就你那智商，平时不性急的时候你也想不到这一点。

窦婴死于公元前131年农历十二月的最后一天，转过年去的春天，田蚡便病倒了，整个人神志不清，嘴里老是叫喊一些服罪谢过的话。

田蚡的家人请遍了长安城的名医，就是治不好他的病，只好又请所谓的能看见鬼魂的巫师来作法。巫师说，可以看见窦婴和灌夫两个人的鬼魂坐在田蚡身边，要把他带走。

田蚡的家人吓得不轻。这之后没多久，田蚡在恐惧的呼喊声中离开了

---

①《史记》："怒曰：'与长孺共一老秃翁，何为首鼠两端？'"

②《史记》："韩御史良久谓丞相曰：'君何不自喜？夫魏其毁君，君当免冠解印绶归，曰"臣以肺腑幸得待罪，固非其任，魏其言皆是"。如此，上必多君有让，不废君。魏其必内愧，杜门龁舌自杀。今人毁君，君亦毁人，譬如贾竖女子争言，何其无大体也！'武安谢罪曰：'争时急，不知出此。'"

人世。①

田蚡死后，他的儿子田恬继承了爵位。

四年以后，太后王娡驾崩。

王娡死后不久，田恬穿一件短衣进宫，被汉武帝发现。汉武帝当场发火，判田恬犯不敬之罪，废除其爵位。

此后，田蚡的后代全部没落。

几年以后，淮南王刘安谋反失败，汉武帝追查与此有关的一切参与者，发现田蚡担任太尉期间曾经到霸上亲自迎接来朝的淮南王。

田蚡还曾同淮南王刘安说将来刘安肯定会继承皇位。刘安当场送给田蚡许多金银财物。

当初灌夫事件发生时，汉武帝就认为田蚡不可能是清白的，只是碍于王的面子，不好收拾他而已。等清查刘安谋反案，田蚡和刘安的勾当被汇报给汉武帝时，汉武帝说了一句话："假使田蚡活到现在，也该灭族。"②

---

① 《史记》："其春，武安侯病，专呼服谢罪。使巫视鬼者视之，见魏其、灌夫共守，欲杀之。竟死。"
② 《史记》："上自魏其时不直武安，特为太后故耳。及闻淮南王金事，上曰：'使武安侯在者，族矣！'"

051
"谦谦君子"公孙弘

田蚡死后,汉武帝把御史大夫韩安国提拔为丞相。

韩安国很不走运,就在要去履职的时候,一不小心从马车上摔了下来,受伤严重,无法下床走路。汉武帝只好又任命一位名叫薛泽的官员代替韩安国担任丞相。

严格意义上讲,韩安国不算汉武帝的第五位丞相,薛泽才是。

薛泽的爷爷,是汉高祖刘邦时代的开国元勋广平侯薛欧的孙子。

薛泽的任期从公元前131年到公元前124年,共计七年。薛泽在这七年里,没有什么大的作为,也从不向汉武帝提什么建设性意见,也不得罪任何人,以至于史书对薛泽政绩的记载是零记录的状态。

接替薛泽成为汉武帝第六位丞相的是公孙弘。

公孙弘,名弘,字季,又字次卿,菑(音zī)川(今山东省寿光市纪台镇)人氏。

公孙弘出生于汉高祖刘邦时代,自幼丧母,由继母养大,没少被继母欺负。

公孙弘长大后曾在山东老家薛县(今山东省滕州市南部)做过一段时间的监狱保安,后因触犯法律而被免职。

公孙弘失业后,没有了经济来源,只好到海边替人养猪。

他在打工之余坚持自学,在二十一岁时就成为当地著名的通晓《诗》《书》的专家,很多知识分子遇到不会的问题都专门来向他请教。后来,他和大才子贾谊一起凭借出色的才华被朝廷征为博士。不到一年,公孙弘升迁为太中大夫,一干就是四十年。

四十岁时公孙弘决定学习《春秋》一书,并最终选择了解说《春秋》的三传之一——《春秋公羊传》作为研究重点。他多次向退休在家的"公羊学"研究专家毋生请教学习。

转眼到了公元前140年,这一年公孙弘六十岁。

这年冬天,刚刚登基的汉武帝下诏,要求朝廷及地方封国二千石以上的官员举荐贤良方正、直言极谏的人才。时年六十岁的公孙弘以贤良之名被菑川国推荐给朝廷。

公孙弘来到长安后,遇到了一位比自己大三十多岁、同被举荐的大知识分子辕固。辕固以研究《诗经》而闻名天下。

公孙弘见到辕固时,毕恭毕敬,身体前倾,不直视辕固,对长者表示敬重。

辕固觉得公孙弘不同于其他人,是个厚道人,都六十岁的人了,还像个年轻人对待老者那样尊重自己,便与公孙弘聊了起来。

辕固发现,公孙弘学识渊博、深不可测,临别时对他说道:"公孙先生,将来您要是得到皇上重用的话,请您一定要严格按照儒家思想来辅佐圣上,不要为了迎合他人而刻意歪曲自己的学术!①"

公孙弘稍后受到汉武帝接见。

汉武帝为了测试公孙弘的实际能力,派他出使匈奴,结果没能让汉武帝满意,便把他冷处理了。

公孙弘以身体不好为理由,向汉武帝申请告老还乡,得到准许。

公孙弘的第一次进京(首都长安)就这样惨淡收场了。②

---

① 《汉书》:"时固已九十余矣。公孙弘亦征,仄目而事固。固曰:'公孙子,务正学以言,无曲学以阿世!'"
② 《史记》:"使匈奴,还报,不合上意,上怒,以为不能,弘乃病免归。"

公孙弘第二次赋闲在家,生活发生了不少变化。

首先,公孙弘在家更加勤奋地学习《春秋公羊传》,这让他在菑川国的影响力变得更大。

其次,公孙弘在继母病重期间,没有计较小时候继母的虐待,一直守在床前端屎端尿,悉心照料,继母去世后,更为她守孝整整三年。公孙弘的做法让大家更加钦佩他。

而在这些年汉武帝推行一系列新政,受到窦太后严重阻击。窦太后驾崩以后,权力稳固的汉武帝重新下诏,命地方封国再次向朝廷举荐人才。

这一年,是公元前130年,公孙弘整七十岁。汉武帝的举贤诏再一次下发到公孙弘的老家菑川国。

这一次菑川国依然决定推荐公孙弘代表本国,去长安接受汉武帝的面试。

公孙弘听说以后,连忙推辞道:"十年前,我应天子之命,代表本国去长安供职,却因为才能不够而被罢官回家。现在我已经七十岁,还能做什么呢?大家还是推选别人吧!"

可是菑川国的老百姓就是不答应,执意推举公孙弘。公孙弘只好再次代表本国奔赴长安。

汉武帝向来长安接受面试的众位贤良发了一份策问,让大家回答什么是天人之道。

公孙弘提笔应答,在文章中强调天子首先要做到身正,才能在百姓心目中树立信义。

同时,公孙弘提出八条治民之法,即:凭才干选拔任用官员;不听没有实用价值的意见;不制造没有实用价值的器物;不在农耕时节征用百姓去从事别的工作;提拔人品好的官员,罢免人品差的官员;提拔为国家建立功劳的人,没有功劳不得重用;执法必严,违法必究;赏赐德才兼备的贤者。

公孙弘把尧舜治世成功的关键用"和"字来解释，还把孔子提出的仁、义、礼、智上升为治国之道，最后又强调了顺应天道的重要性。①仔细看一下公孙弘的理论，基本是儒家思想和法家思想的糅合，也可以说是外儒内法。

汉武帝执政的本质就是外儒内法，表面上"罢黜百家，独尊儒术"，内核还是依法治国。

公孙弘的这份答案在真正的儒家看来，不伦不类，被阅卷官员直接打分为"下等"。

汉武帝亲自复审试卷，对公孙弘的文章当场拍案叫好，列为第一名，并当即召公孙弘前来面谈。

时隔十年，汉武帝再次见到公孙弘，虽然公孙弘老了很多，却依然一表人才，精神矍铄，便再一次拜公孙弘为博士，令其到金马门注册登记，等待重用。

拿到总成绩第一名的公孙弘，相较于过去，心情大为不同。他知道，这时候要趁热打铁，在汉武帝对他印象最好的时候继续表现自己。

于是，公孙弘主动向汉武帝上了一道奏折，指出当今天子已经达到先圣的水平，之所以国家治理还没有像先圣那样完善，是因为下面的官员太差劲。

公孙弘还在奏折里大力称赞周公，因为汉武帝最欣赏周公。

---

① 《汉书》："臣闻之，仁者爱也，义者宜也，礼者所履也，智者术之原也。致利除害，兼爱无私，谓之仁；明是非，立可否，谓之义；进退有度，尊卑有分，谓之礼；擅杀生之柄，通壅塞之涂，权轻重之数，论得失之道，使远近情伪必见于上，谓之术；凡此四者，治之本，道之用也，皆当设施，不可废也。得其要，则天下安乐，法设而不用；不得其术，则主蔽于上，官乱于下。此事之情，属统垂业之本也。臣闻尧遭鸿水，使禹治之，未闻禹之有水也。若汤之旱，则桀之余烈也。桀、纣行恶，受天之罚；禹、汤积德，以王天下。因此观之，天德无私亲，顺之和起，逆之害生。此天文、地理、人事之纪。臣弘愚戆，不足以奉大对。"

汉武帝看完公孙弘的奏折，更加高兴，回信问了公孙弘一个问题："你在奏折中称颂周公之治，你觉得自己的才能与周公比，谁更优秀呢？"①

公孙弘见到汉武帝的回信，通过汉武帝字里行间能够感觉出来，汉武帝对他十分欣赏。便回答说："我见识浅薄，才能岂敢与周公相比？虽然如此，我还是懂得实现周公时期那样的大治的方法。虎豹马牛，都是禽兽中不容易被人类驯服的，可是一旦驯服它们，它们反而对人类唯命是从。我听说木匠用烘烤的方法把直木变弯，最多需要几天时间而已，铁匠销熔金石也需要数月时间，而人对于善恶好坏的认知能力，又岂能是禽兽木石所能比的？对大众的教化，如果需要好多年才有明显变化的话，我私以为，还是有点慢了。"②

汉武帝听完公孙弘的这番话后，是何种反应呢？《汉书》对此的记载只有四个字：上异其言。

这里的"异"可以有两种理解方式。第一种解释，"异"表示不赞同，反对。第二种解释，"异"表示诧异，吃惊。

结合前文来看，此处取第二种解释更为合理。汉武帝本就已经认定他的文案水平是第一，公孙弘又趁热打铁继续展现自己的才华，汉武帝肯定觉得自己遇到高人了。

从此以后，公孙弘就在金马门待着，没事儿的时候就做自己的学问，有事儿的时候就向汉武帝建言献策。

---

① 《汉书》："书奏，天子以册书答曰：'问：弘称周公之治，弘之材能自视孰与周公贤？'"

② 《汉书》："弘对曰：'愚臣浅薄，安敢比材于周公！虽然，愚心晓然见治道之可以然也。夫虎豹马牛，禽兽之不可制者也，及其教驯习之，至可牵持驾服，唯人之从。臣闻揉曲木者不累日，销金石者不累月，夫人之于利害好恶，岂比禽兽木石之类哉？期年而变，臣弘尚窃迟之。'"

汉武帝任内对西南边陲进行了大手笔的开疆拓土，先后凿山开道一千多里，征发巴、蜀、广三地的数万百姓运输粮饷，花费物资数万，死亡的人不计其数。西南少数民族部落并不领情，多次举兵反汉，巴蜀地区经济状况持续恶化，这让汉武帝十分忧虑。

汉武帝派公孙弘作为特使前往西南边陲考察调研。回朝后，公孙弘极力反对继续开通西南边陲，称此举对汉朝没有益处，汉武帝并不认同公孙弘的意见。

虽然公孙弘的观点经常被汉武帝否定，但不久之后，汉武帝反而提拔公孙弘为左内史。

公元前127年夏，卫青北征匈奴，收复了黄河以南的大片地区。这时，大臣主父偃上书汉武帝，建议在黄河以南新建两个郡：朔方郡和五原郡。

汉武帝觉得这个提议不错，便召集文武百官开会讨论这个提案是否可行。

七十三岁的左内史公孙弘站了出来，说道："臣反对主父偃的提案。当年，秦朝政府曾经征发三十万人在黄河以北筑城，但最终没能建成，不得不放弃，白白浪费了人力、物力和财力。我们应该吸取历史的教训，避免重蹈覆辙。"

主父偃据理力争，反驳公孙弘。

最终，汉武帝采纳了主父偃的观点，下令修建朔方郡和五原郡。

公元前126年，原御史大夫张欧因年老多病而被免职，汉武帝没多想，直接任命公孙弘接替张欧为御史大夫。这一年，公孙弘七十四岁。

修建朔方郡的工程开始以后，政府投入越来越大，老百姓承担的劳役强度也越来越大。与此同时，西南地区的大修大建也在进行中，这两个工程都是公孙弘当初所反对的。

当上御史大夫的公孙弘，多次向汉武帝上书，称这两个工程都耗资巨大，但没有什么价值，希望政府能够早日停止这些工程。

汉武帝一开始选择不搭理公孙弘，岂料公孙弘持续上书，把汉武帝吵得实在太烦了，便让担任中大夫一职的朱买臣来和公孙弘进行一场公开的辩论。

朱买臣一上来就提了十个问题让公孙弘回答，结果公孙弘一个也答不上来。

公孙弘赶紧向朱买臣和汉武帝道歉说："我是来自穷山沟的浅薄之人，过去不知道修建朔方郡竟然还有这么多好处。不过，我建议陛下停止西南地区的建设工程，集中力量只修建朔方郡。"

汉武帝这一次被公孙弘的诚意所打动，终于答应停止西南工程，只搞朔方郡工程。①

自此以后，汉武帝更加喜欢公孙弘，觉得他特别实在，别的大臣都是顺着自己，唯独公孙弘长年累月地反对自己，这才是不二忠臣！

有一次，汉武帝想重新起用多年前被免官的内史宁成，想让他重新当郡守。

这一次，又是公孙弘站了出来，反对道："臣年轻时，曾经在家乡做过基层小吏，那时候宁成就是济南的都尉。此人对待老百姓犹如狼对待羊一般凶残，当地百姓怨声载道。宁成绝对不可以做郡守。"

此时的汉武帝对公孙弘空前信任，连想都不想，直接采纳公孙弘的建议，没让宁成担任郡守，而是让他担任都尉。②

公孙弘发现他的忠厚长者的形象已经深深植入汉武帝的内心。从这时开始，公孙弘阴狠毒辣的一面开始慢慢展现出来。

---

① 《史记》："元朔三年，张欧免，以弘为御史大夫。是时通西南夷，东置沧海，北筑朔方之郡。弘数谏，以为罢敝中国以奉无用之地，愿罢之。于是天子乃使朱买臣等难弘置朔方之便。发十策，弘不得一。弘乃谢曰：'山东鄙人，不知其便若是，愿罢西南夷、沧海而专奉朔方。'上乃许之。"
② 《史记》："宁成家居，上欲以为郡守。御史大夫弘曰：'臣居山东为小吏时，宁成为济南都尉，其治如狼牧羊。成不可使治民。'上乃拜成为关都尉。"

公元前127年，爆发了震惊全国的齐王刘次昌自杀事件。

刘次昌的父亲，也就是上一任的齐王刘寿。刘寿的王后，也就是刘次昌的母亲，姓纪，在刘寿去世后，成为王太后。

纪太后这个人非常强势，喜欢为娘家利益考虑。刘次昌刚到婚配年龄时，纪太后强行让刘次昌娶了纪太后弟弟的女儿。

可是，刘次昌从心里并不喜欢这位表妹，二人结婚后，感情非常不好，也没有生孩子。

刘次昌继位齐王以后，他的母亲纪太后动了一个心眼儿，让他姐姐负责管理他的后宫，任务是阻止其他女人接近刘次昌。

从这时候开始，刘次昌无法接触别的女人，但又不喜欢自己的王后，时间一久，竟和自己的姐姐好上了。纪太后只好替自己的女儿、儿子隐瞒此事。结果，却出现了让人万万想不到的突发事件，打乱了齐国的宁静。

前面讲过，汉武帝的母亲王娡嫁给汉景帝之前，在民间有过一次婚姻，还生过一个女儿叫金俗。

汉武帝上位后，金俗被接到宫内，深得王娡宠爱。

金俗的女儿娥眼见着长大成人，王娡想把她嫁给刘次昌，这样也算是刘氏皇族的人。

结果负责办事的人回去后向王太后汇报："齐王刘次昌本人愿意娶娥，但是他的母亲纪太后不同意。"并把了解到刘次昌和他亲姐姐通奸的事也一并说了。

受到汉武帝重用的主父偃是齐国人，也早就听说了刘次昌和他姐姐的事情，便向汉武帝实名举报了齐王刘次昌乱伦。

汉武帝当即任命主父偃为齐国丞相，接管齐国政事并查明刘次昌案情。

刘次昌听说汉武帝要查自己，吓得服毒自杀。

主父偃来到齐国，搜集到大量刘次昌生前乱伦的人证物证，向汉武帝详细汇报。汉武帝听后震怒，当即下令废除齐国，纪太后被贬为平民。

主父偃的行为让赵王刘彭祖感受到压力，因为他的儿子刘丹也和自己的同胞姐妹胡搞。

刘彭祖觉得，主父偃既然可以举报刘次昌，也就可以举报他儿子刘丹。

鉴于此，刘彭祖决定先下手为强，向汉武帝举报主父偃受贿。

汉武帝当即对主父偃展开调查，发现刘彭祖举报内容属实，当即免去主父偃的官职。

汉武帝十分欣赏主父偃，想要留他一条命，以备将来有机会可以再重用他，但是主父偃受贿数量巨大，按照律法应判死刑。一时间，汉武帝犹豫不决，找来公孙弘，问道："主父偃确实犯有重罪，但朕想留他一条命。朕身边的大臣里，就你最实在，最爱讲不怕得罪朕的真话，你觉得应该怎么处理他？"

公孙弘一脸憨厚地说道："齐王刘次昌自杀，没有留下任何后代，封国也被废，主父偃犯的是公报私仇的大罪！陛下如果不杀主父偃，无法向天下人交代啊！"

汉武帝觉得公孙弘说得对，当即下令灭主父偃全族。[①]

主父偃到死都不知道，压死他的最后一根稻草是那位"忠厚长者"公孙弘。

公孙弘能够爬得这么快，通过几件小事儿便能找到原因。

公孙弘在做左内史的时候，经常在主爵都尉汲黯奏事的时候不发言，

[①]《史记》："上欲勿诛，是时公孙弘为御史大夫，乃言曰：'齐王自杀无后，国除为郡，入汉，主父偃本首恶，陛下不诛主父偃，无以谢天下。'乃遂族主父偃。"

等到汲黯走了以后才说话。

有一次，公孙弘对汉武帝说："汲黯提出的问题根本不是什么难题，他怎么还为这种事情费脑筋呢？"

汉武帝特别惊讶地问公孙弘："哦？你对这些问题有什么高见？"

公孙弘便将之前汲黯所提出的问题一一给出解决方案，汉武帝听后非常高兴，从此以后经常采纳公孙弘的建议，而公孙弘也因此与汉武帝日益亲近起来，地位日渐显贵。①汲黯一开始不知道公孙弘背后玩这么一手，时间久了，慢慢意识到原来这人这么不地道！

汲黯决定反击。

到了下次上朝时，汲黯见公孙弘在场，便主动把大家叫在一起："我说各位，今天大家有什么想向皇上说的，咱们都事先通通气儿。"

汉武帝召见各位大臣，大家按照事先统一好的口径向汉武帝汇报工作，汉武帝偏偏对大家的观点表示反对。

汲黯刚要解释，公孙弘抢在前面发话："我刚才在外面就反对这个提议，汲黯非要让大家统一口径不可，然后向陛下汇报，简直太过分了！还是陛下圣明，一眼就看出问题。"

汲黯万万没想到公孙弘竟然会这样，情绪立马失控，指着公孙弘的鼻子大骂："都说齐国人大多欺诈而不说真话，我今天算是开眼了！你刚才还赞同我们提出的建议，现在又完全反对，作为天子的大臣，你的忠诚在哪里？"②汉武帝面无表情，问公孙弘："可有此事？"

公孙弘非常聪明，不做正面回答，就说了一句话："夫知臣者以臣为忠，不知臣者以臣为不忠。"

①《史记》："尝与主爵都尉汲黯请间，汲黯先发之，弘推其后，天子常说，所言皆听，以此日益亲贵。"

②《史记》："尝与公卿约议，至上前，皆倍其约以顺上旨。汲黯庭诘弘曰：'齐人多诈而无情实，始与臣等建此议，今皆倍之，不忠。'"

这一次，汉武帝没有说什么，但是在心里认为公孙弘被汲黯他们算计了。

经过这件事情后，同汲黯一伙的人经常找汉武帝说公孙弘的坏话，但是汉武帝认为，这些人对公孙弘有偏见，所以根本不放在心上，甚至他们越是攻击公孙弘，汉武帝就越信任他。①

公孙弘除了在做人态度上表现为忠厚长者，在生活作风上更是为自己精心设计了艰苦朴素的格调。

已经成为御史大夫的公孙弘，常年盖的是旧被子，每顿饭只吃一种荤菜，主食不吃细粮，只吃便宜的粗米饭，所有的俸禄全部用来奉养朋友及宾客，家里也没有额外的财富。

人们纷纷称赞公孙弘乃贤良之士。

汉武帝对公孙弘的做法十分欣赏，经常在开朝会的时候以公孙弘为榜样教育其他大臣。

但公孙弘的演技瞒不过汲黯。

有一次，汉武帝又在诸多大臣面前表扬公孙弘生活简朴，人品高尚，汲黯实在受不了了，直接打断了汉武帝的话，指着公孙弘说道："陛下可曾想过，公孙弘这么做的动机是什么？就是沽名钓誉。"

汉武帝一愣，然后笑着说道："公孙弘，又有人看不惯你了。"

公孙弘道："老夫最欣赏汲大人这种耿直的人，不管他说得对不对，都像一面镜子，随时帮你整整不正的衣服。像汲大人这种不怕得罪人、坚持说真话的官员，历史上很少见啊！"

汲黯有点猜不准公孙弘的心思，客气道："公孙大人过奖。"

公孙弘继续说道："老夫今天也要耿直一番，说点心里话给汲大人听听。"

---

①《史记》："左右幸臣每毁弘，上益厚遇之。"

汲黯知道，公孙弘开始出杀招了。

公孙弘道："要说这当官的，生活节俭和奢侈其实并不是最重要的，最重要的是看他能否为国家做出实质性的贡献。就说这历史上的管仲吧，众所周知，此人的生活就很奢侈，孔子都批评过他，但是你能说管仲不是一个合格的丞相吗？"

众人听完，连连点头。

公孙弘又说道："齐国丞相晏婴为国家做出的贡献是巨大的，他的生活习惯就是节俭朴素。晏婴是真的节俭还是沽名钓誉，我们不知道，我们只知道晏婴为国家所做的一切是不容抹杀的，这才是我们这些当臣子的最该学习的地方。汲大人，您觉得呢？"

公孙弘的这番话表面看没有为自己申辩，实际上狠狠地贬损了汲黯，同时还把调子拔得特别高，让人无法反驳。

汉武帝带头鼓掌，喊道："说得好！行了，汲黯，人家公孙弘都不跟你计较，你就别揪着不放了。怎么着啊，艰苦朴素反而是坏人，奢侈消费是好人？哈哈。"①汲黯一时无话可说。

自此以后，汉武帝更加器重信任公孙弘。

公元前124年，丞相薛泽被免职，汉武帝想任用公孙弘为丞相。

按照汉朝的制度，一个人要想当丞相必须先要被封侯，但公孙弘平民出身，年轻时帮人放猪时自学成才，干到御史大夫一职，从没被封侯。

于是，汉武帝划拨平津乡（今北京、天津地区）六百五十户给公孙

---

① 《史记》："汲黯曰：'弘位在三公，奉禄甚多。然为布被，此诈也。'上问弘。弘谢曰：'有之。夫九卿与臣善者无过黯，然今日庭诘弘，诚中弘之病。夫以三公为布被，诚饰诈欲以钓名。且臣闻管仲相齐，有三归，侈拟于君，桓公以霸，亦上僭于君。晏婴相景公，食不重肉，妾不衣丝，齐国亦治，此下比于民。今臣弘位为御史大夫，而为布被，自九卿以下至于小吏无差，诚如汲黯言。且无汲黯忠，陛下安得闻此言。'天子以为谦让，愈益厚之。"

弘，封其为平津侯。

由此，公孙弘成为历史上第一位皇上为了让他当丞相而封侯的大臣！

当上丞相以后的公孙弘不但没有在汉武帝那里说汲黯坏话，反而经常在汉武帝那里称赞汲黯。

有一天，关于一份右内史工作不力的报告放在了汉武帝的办公桌前。

汉武帝问公孙弘怎么看，公孙弘道："右内史一职必须由人品和能力都出众的人来担任才可以，汲黯是再合适不过的人选。"

汉武帝当即拍板，让汲黯担任右内史，管理那些难管的刺头。

汲黯被调任右内史的这一年，公孙弘七十六岁。

公孙弘还有一个眼中钉，就是向汉武帝提出"罢黜百家，独尊儒术"的董仲舒。

其实，董仲舒和公孙弘有很多相似点。

首先，两个人都是汉武帝通过策问选拔出来的人才。其次，两个人都擅长研究公羊学说，同属这一领域的权威。

常言道，一山不容二虎，研究公羊学说最牛的人只能有一个。鉴于此，董仲舒和公孙弘彼此既瞧不起对方又嫉妒对方，所以两个人互相视对方为眼中钉。

公孙弘一直在等待一个机会好好地收拾一下董仲舒，机会终于来了。

话说，汉武帝有一位同父异母的哥哥，名叫刘端，封胶西王。

刘端的身体有点儿毛病，感情经历也极其不顺，因此精神不正常，虽多次触犯天子法令，汉武帝不忍心杀他。

有官员提出，即使不能依法判刘端死罪，也应该减少他封国的面积，汉武帝于是削减了刘端大半封地。

汉武帝本以为这样敲打一下刘端，他会收敛很多。结果，这反而刺激了刘端叛逆的一面。刘端不但不改变，反而彻底不理政事，连封国内的钱财都不管了，任由国库倒塌，里面的钱随便暴露在阳光下，大量金银珠宝腐蚀损坏。

刘端又下令封国范围内不再收取税赋，把王宫内所有人遣散回家，宫门全部上锁，自己则改换姓名，假扮为平民，经常到其他封国去游玩。

刘端封国内的官员非常受不了，这哪像个封王啊？

刘端的国相以及其他二千石级的官员，有谁提出要继续奉行汉朝法律，正常治理政事，刘端就会找借口治他们的罪，如果实在找不出罪过，就直接下黑手，用药毒死他们。

汉武帝为这位哥哥伤透脑筋，杀不得又管不住，便问公孙弘怎么办。

公孙弘道："刘端的问题出自品性，不是特别厉害的大儒怕是镇不住他。"

汉武帝道："有道理。谁能镇得住他呢？"

公孙弘道："只有董仲舒这种顶级大儒才合适。"

第二天，董仲舒就哭着去刘端的胶西国当国相了。

公孙弘的一招借刀杀人玩得可谓是出神入化。

刘端已经无可救药，董仲舒担任国相期间，一直提心吊胆，小心谨慎，随时做好被暗杀的心理准备，最后还是顶不住压力，在坚持了四年之后，以年老有病为由，辞职回家，一心埋头读书、写书，七年后病逝。

事实上，公孙弘能够在汉武帝那里如鱼得水，有其过人之处。举一个例子就能充分说明公孙弘的硬实力。

话说，在汉武帝对匈奴发起大规模征讨时，河南郡（今河南省洛阳市）有一位名叫卜式的人上书，希望向国家捐献自己一半的家产来支援前线。

汉武帝大为感动，便向公孙弘夸赞卜式。

公孙弘听完，说道："陛下，您绝对不能公开支持卜式的做法。"

汉武帝不理解，问道："这是为什么？倡导为国奉献，有错吗？"

公孙弘道:"按照国家法律,没有规定让人在战争期间必须捐出一半财产。如果陛下公开支持这种行为,全国的官员一定会效仿,逼着下面的人捐钱,甚至很多比卜式有钱的人迫于道德压力,不得不违心地捐钱,这一定会影响民心的稳定。如果陛下确实需要捐款,可以出一个针对全国各阶层的文件,做好详细规定,什么样的人捐多少钱,不得不捐也不得多捐,这才叫依法治国。"

汉武帝听完,十分震撼,当即驳回卜式的请求,没有接受他的捐款。①

公孙弘向汉武帝提出反对意见是有一定道理的。公元前121年春,做了六年丞相的公孙弘突发疾病,死于任上,终年七十九岁。公孙弘的儿子公孙度继承了父亲平津侯的爵位。

名将李广的堂弟、时任御史大夫的李蔡接任公孙弘,成为汉武帝时代的第七位丞相。

---

① 《史记》:"是时汉方数使将击匈奴,卜式上书,原输家之半县官助边。天子使使问式:'欲官乎?'式曰:'臣少牧,不习仕宦,不原也。'使问曰:'家岂有冤,欲言事乎?'式曰:'臣生与人无分争。式邑人贫者贷之,不善者教顺之,所居人皆从式,式何故见冤于人!无所欲言也。'使者曰:'苟如此,子何欲而然?'式曰:'天子诛匈奴,愚以为贤者宜死节于边,有财者宜输委,如此而匈奴可灭也。'使者具其言入以闻。天子以语丞相弘。弘曰:'此非人情。不轨之臣,不可以为化而乱法,愿陛下勿许。'于是上久不报式,数岁,乃罢式。"

052
苦命丞相李蔡

史书关于李蔡的记载很少，尽管他是一位丞相。

李蔡和李广一样，也是陇西成纪（今甘肃省天水市秦安县）人。

汉景帝时代，匈奴侵犯内地，李蔡、李广同时以平民身份参军入伍。李家一直有祖上传下来的射术，箭法一流，两个人在战场上表现得很抢眼，杀敌数量远高于别人，很快便双双晋升为武骑常侍。

汉景帝时，李蔡因军功而俸禄至二千石，到了汉武帝时代，又被提拔为轻骑将军。

李蔡与卫青一同出兵朔方时，击败了匈奴的右贤王。右贤王乘着夜色逃跑，汉军俘获匈奴民众一万五千余人。

汉武帝大悦，封李蔡为乐安侯，李蔡从此由军界跨到政界。

跨界后的李蔡不但没有表现出丝毫的不适应，反而如鱼得水，表现优异，深得汉武帝器重，不久便升任御史大夫，位列三公。

此时的丞相还是公孙弘。公孙弘死在任上，汉武帝任命李蔡为新的丞相，一干就是五年。

李蔡担任丞相期间，政绩显赫，主要体现在迁徙百姓、治理官吏、货币改革和统禁盐铁等四个方面。

本来李蔡当丞相当得非常顺利，让他没有想到的是，他的堂哥李广与卫青发生了矛盾并激化，李广愤而自杀。

李广去世后，儿子李敢找卫青算账，将卫青刺伤。卫青的外甥霍去病又找机会把李敢暗杀掉，替舅舅出气。汉武帝没想到李广、李敢父子搞出这么大的动作，当时卫青、霍去病又是最受汉武帝器重的将军，所以汉武帝便找了一个借口问罪于李蔡，以清洗李氏家族。

李蔡的罪名是，修房子时侵占了汉景帝的陵园。

汉武帝治罪李蔡后，按照规定，李蔡需要被审讯。李蔡心里明白，不管怎么审讯，结果一定是罪名成立，便在审讯开始前自杀身亡，封国被废除。

053
庄张二虎斗

李蔡自杀后,文武百官包括张汤自己都觉得,丞相非他张汤莫属。

但是,汉武帝任命太子太傅庄青翟(音dí)为丞相。

汉武帝有自己的考虑。

当时,汉武帝对太子刘据还处于疼爱期,他为了将来太子上位后皇权稳固,把他的老师庄青翟提拔为丞相,可以让他有充分的时间建立功劳,广植人脉,将来刘据登基以后,庄青翟已经地位稳固,刘据接班以后自然也就没有太多隐患。

原本张汤对丞相一职志在必得,却被庄青翟搅乱,怒火攻心。张汤本以为庄青翟应该找自己虚让一下,哪怕说几句客套话也行。但是庄青翟没有对张汤表示出任何歉意,反而很高调地对他说:"接下来,我希望御史大夫好好配合本相的工作。"

张汤觉得,"御史大夫"四个字从庄青翟嘴里说出来是那么刺耳。

张汤暗下决心,一定要想办法把庄青翟搞垮,这么做,并不是想要证明自己多么了不起,而是要把失去的东西再拿回来!

一场丞相与御史大夫之间的缠斗大戏拉开了帷幕。

我们不妨先了解一下张汤这个人。

张汤是杜陵(今陕西省西安市东南附近)人,他的父亲曾担任长安丞一职。

张汤从小就爱看父亲审案子,有好多次,父亲在审案时,小张汤会悄悄躲在一旁,观察审案的全过程。

慢慢地，父亲发现小张汤天赋异禀，不仅仅言谈举止像一个法官，连法律条款也掌握得精准，便经常让小张汤帮着写一些案卷、文书。

若干年后，父亲去世，成年的张汤在长安担任基层监狱的狱吏。[①]本来张汤就以基层小吏的身份平平淡淡过一生，岂料，汉武帝的舅舅丞相田蚡弟弟的一件事情改变了他的一生。

田蚡弟弟叫田胜。有一次，田胜犯了罪，被拘押起来，负责看管田胜的狱吏就是张汤。

张汤在看管田胜期间，对他态度和蔼，有什么要求都尽量满足，和田胜成为无话不谈的朋友。

在哥哥田蚡的运作下，田胜最终被无罪释放，并在不久之后封侯。

田胜为报答张汤的恩情，通过自己的人脉和影响力，将张汤提拔为宁成掾。

田胜经常带着张汤去见各位达官贵人，同时张汤在工作中也尽职尽责。后来张汤被田胜带着见了哥哥田蚡。

田蚡对张汤非常满意，把他调任为茂陵尉，[②]不久之后又征召为丞相史，安排在自己手下工作。因为张汤表现出色，被推荐给汉武帝，汉武帝又补任张汤为御史，负责处理审案与诉讼。

张汤负责办理了汉武帝的第一任皇后陈阿娇曾涉巫蛊案，被汉武帝认为很能干，晋升他为太中大夫。

这期间，张汤认识了一位名叫赵禹的同事，两人共同制定各种法律，彼此惺惺相惜，成为非常好的朋友。

---

① 《汉书》："张汤，杜陵人也。父为长安丞，出，汤为儿守舍。还，鼠盗肉，父怨，笞汤。汤掘熏得鼠及余肉，劾鼠掠治，传爰书，讯鞫论报，并取鼠与肉，具狱磔堂下。父见之，视文辞如老狱吏，大惊，遂使书狱。父死后，汤为长安吏。"

② 《汉书》："周阳侯为诸卿时，尝系长安，汤倾身事之。及出为侯，大与汤交，遍见贵人。汤给事内史，为宁成掾，以汤为无害，言大府，调茂陵尉，治方中。"

不久之后，赵禹升为中尉，而张汤也升为廷尉，两人关系更加紧密，张汤对待赵禹像对待亲哥哥一样。

赵禹这个人有一个优点和一个缺点。

优点是，为官廉洁，从不腐败。自从当官以来，赵禹门下从没养过食客，与之对应的缺点则是清高孤傲，很多公卿贵族邀请赵禹去吃饭，赵禹都是婉拒。

张汤和赵禹有所不同。

张汤担任基层小吏的时候，就与长安城里的大财主田甲、鱼翁叔等人关系密切，等到官越做越大以后，便积极接纳全国各地的名士到自己门下。有时候即便心中并不赞同有些名士的观点，依然会照顾对方的面子，表现出对人的尊重。

张汤的为官之道通过一些细节体现得淋漓尽致。

向汉武帝奏事，难免会不随皇上的心意而被训斥，这时候，张汤通常的做法是向汉武帝请罪，然后说："我的下属谁谁曾为臣提出和皇上想法一样的建议，但是臣没有采纳。臣的愚昧在于守着正确的建议而不善于甄别。"

如果张汤奏事的时候受到汉武帝称赞，便会说："其实这个提议并不是臣的原创，而是我的手下谁谁写的奏章。"

张汤的意思是，皇上批评他时，他就会以此为契机表扬、推荐自己的下属给皇上，让汉武帝记住这些人的名字，自己则把错误统统揽下来。皇上表扬张汤时，张汤会把功劳推给下属。

对于因为犯罪而落到张汤手里的高官们，张汤处理他们的案件时会非常小心谨慎，常常给他们送去酒饭。对于昔日好友的子弟落到他手里的，不管是为官的，还是穷人，张汤都对他们照顾得全面周到。

张汤在工作之余，会主动拜见长安城里的各位公卿大夫、达官贵人，不论风雨寒暑，逢年过节都会按时按点亲自登门拜访。

鉴于张汤的这种做人风格，虽然他平时在执法时比较严格，但是很少有人会恨他，甚至还有很多人会赞美他执法公正。

后来爆发了淮南王刘安、衡山王刘赐、江都王刘建三个封王的谋反事件（在前面的章节中已有论述），汉武帝把这三个案件都交由张汤查办。

在审理淮南王刘安谋反案的后期，汉武帝想要释放与刘安有所勾结的两位官员，分别是严助和伍被。

张汤当即反驳汉武帝，说道："伍被本来就参与了谋反之事，而严助私自结交出入皇宫的陛下身边的近臣以及地方诸侯，如不加惩处，以后的效仿者将无法严办！"

汉武帝觉得有道理，便同意将伍被、严助治罪。

张汤审理完三大谋反案后，深得汉武帝信任，被提拔为御史大夫。[1]

再后来，汉朝与匈奴展开了长期的战争，随着时间的推移，国库日渐空虚。张汤向汉武帝提出建议，请求制造五铢钱，由朝廷垄断盐、铁的生产和买卖，地方诸侯和民间不允许私自生产、贩卖。

过去，地方富商、诸侯王可以通过生产、贩卖盐、铁增加收入，现在全部归朝廷所管，地方收入锐减，这导致地方豪强、诸侯对张汤恨得咬牙切齿，张汤的口碑也越来越差。

但是汉武帝并不糊涂，依然器重张汤。有一次张汤生病了没有上朝，

---

[1]《汉书》："及治淮南、衡山、江都反狱，皆穷根本。严助、伍被，上欲释之，汤争曰：'伍被本造反谋，而助亲幸出入禁闼腹心之臣，乃交私诸侯，如此弗诛，后不可治。'上可论之。其治狱所巧排大臣自以为功，多此类。繇是益尊任，迁御史大夫。"

汉武帝退朝后竟然亲自去探望他，这让文武百官嫉妒得眼睛喷火。①面对利益集团的疯狂抹黑，张汤也不再忍让，开始变得心狠手辣。

张汤心想：我平时对你们那么友好，你们谁家有人犯案不用你们说，我都善待之。逢年过节，我也上门拜访你们，就因为我提出盐、铁归朝廷经营，你们就翻脸比翻书还快？既然如此，那我就不客气了！

时任御史中丞（张汤的下属）一职的人，名叫李文，就看不惯张汤，经常在张汤上奏给汉武帝的奏折中，试图挑出对张汤不利的证据，但张汤行文严谨，没能让李文从鸡蛋里挑到骨头。

张汤另一位下属名叫鲁谒（音yè）居，是张汤的铁杆部下，渐渐发现李文在搞小动作，便先下手为强，搜集李文违法乱纪的证据，匿名上奏给汉武帝。

汉武帝一看，哟，李文是张汤的手下，那就交给张汤处理吧。

张汤一读匿名信就知道，这是鲁谒居的文风和笔迹，立马明白是怎么回事儿。回去以后，就把内鬼李文处以死罪。

从此以后，张汤更加信任鲁谒居。

有一次，鲁谒居患病没来上班，张汤亲自去探望，刚好赶上鲁谒居双脚疼痛，张汤二话不说，撸起袖子，拿过鲁谒居的双脚为他做起了按摩。鲁谒居感动得一塌糊涂。

与此同时，鲁谒居曾经负责审理过赵王刘彭祖的一个案子，当时刘彭祖败诉，旧恨新仇叠加在一起，刘彭祖气得天天骂张汤。

张汤也不甘示弱，屡屡反击刘彭祖。

---

①《汉书》："会浑邪等降，汉大兴兵伐匈奴，山东水旱，贫民流徙，皆卬给县官，县官空虚。汤承上指，请造白金及五铢钱，笼天下盐铁，排富商大贾，出告缗令，锄豪强并兼之家，舞文巧诋以辅法。汤每朝奏事，语国家用，日晏，天子忘食。丞相取充位，天下事皆决汤。百姓不安其生，骚动，县官所兴未获其利，奸吏并侵渔，于是痛绳以罪。自公卿以下至于庶人咸指汤。汤尝病，上自至舍视，其隆贵如此。"

刘彭祖派人秘密调查张汤的私生活，希望可以找到把张汤整垮的证据，找来找去，只打听到张汤曾经为鲁谒居捏脚。

气急败坏的刘彭祖给汉武帝上了一封奏折，写道："张汤是御史大夫，作为掾史的鲁谒居有病，张汤却亲自到他那里为其按摩双脚，我怀疑他们可能有阴谋。请皇上彻查！"

汉武帝看后，哭笑不得，为了不让刘彭祖继续耍宝，只好走个形式，让廷尉象征性地调查一下鲁谒居。巧合的是，廷尉刚来到鲁谒居家里，久病卧床的鲁谒居就咽气了。

廷尉便象征性地把鲁谒居的弟弟关押起来，计划审理几天，没有什么问题就无罪释放，目的是堵住刘彭祖的嘴巴。

参加完鲁谒居葬礼的张汤，打着去监狱提审其他犯罪嫌疑人的旗号，顺便观察了一下鲁谒居的弟弟，看看有没有狱吏欺负他，然后想办法暗中帮助他早日出狱。

鲁谒居的弟弟偏偏是个智商不高的人，见到张汤之后，大声喊了起来："张大人，我是鲁谒居的弟弟啊！你可得救我啊！我冤枉啊！"

张汤一看，这家伙也太不知深浅了，赶紧躲了出去。

鲁谒居的弟弟心想：张汤这是见死不救啊！我哥哥刚死他就翻脸不认人，我可不能白白坐牢。

鲁谒居的弟弟当即表示，有重要事情向汉武帝汇报。

狱吏让鲁谒居的弟弟写一份书面材料，把鲁谒居和张汤瞒着汉武帝干掉李文的全过程写了出来，递交上去。

汉武帝读完以后，半信半疑，便把此事交给一位名叫减宣（有的史书也称之为"咸宣"）的官员秘密调查。

减宣也是一位看不惯张汤的人，接手此事之后，旋即展开秘密调查，掌握了张汤与鲁谒居联手整死李文的证据，但他并没有向汉武帝汇报。每当汉武帝问起此事，他就说还在调查中。

减宣知道，现在张汤在汉武帝眼中是一位大红人，即使拿出充分的证据证明他和鲁谒居联手整死了李文，也未必能够直接扳倒他。

减宣要留着证据，等哪天张汤犯了错误的时候，拿出来在关键的时候补刀，然后将其一剑封喉！

就在这时，传来丞相李蔡自杀的消息，汉武帝并没有按照常规任命张汤为新丞相，而是让太子太傅庄青翟接任丞相。

减宣知道，庄青翟和张汤势必会有一场恶斗，不妨先坐山观虎斗，等到庄青翟和张汤斗得最激烈的时候，便可以拿出证据将张汤置于死地。

庄青翟当上丞相以后，御史大夫张汤表面上配合庄丞相的领导，心里则一万个不服，利用一切机会向庄青翟发起挑战。

机会说来就来。

有一天，长安城出了一个大新闻：汉文帝的皇陵被盗了！

汉文帝的主墓没有被破坏，只是被盗走了一些陪葬时的钱币，但这毕竟是汉武帝亲爷爷的坟墓，涉及皇室体面。

按照当时的规定，出了这种事情，大臣需要先向汉武帝请罪。于是，庄青翟与张汤相约一起找汉武帝谢罪。

当两个人来到汉武帝面前时，张汤突然使了个心眼，站在原地不动，只有庄青翟扑通一声跪在地下磕头请罪。

庄青翟磕了半天头，突然发现张汤竟然站在一旁看着自己呢。

庄青翟立马怒了，斥责张汤道："你怎么回事儿？我们刚才在外面不是约好了一起向陛下请罪吗？"

汉武帝看了一眼张汤，道："可有此事？"

张汤道："回陛下，确有此事，但是臣是被丞相胁迫的。臣没有罪。"

庄青翟刚要破口大骂："张汤，你个……"

汉武帝道："让张汤把话说完。"

张汤拱手道："平时只有丞相有权到皇陵祭拜，其他人根本没去过那里，如果出问题，那也是丞相一个人的责任，与其他人没有任何关系。退一步讲，臣是御史大夫，本就没有看护皇陵的职责，而丞相统抓国家行政事务，皇陵被盗，本就应该他负责。从这个角度来讲，按照法律，臣还有调查丞相的职责呢！"

张汤的话有理有据，汉武帝只好说道："好，你作为御史大夫理应好好调查此事。"

就这样，张汤直接整治了庄青翟一下，把主动权拿在自己手里，至于怎么调查以及调查的结果是什么，当然是张汤说了算。

庄青翟万万没有想到张汤竟然玩出这么一手，回去之后，越想越害怕，他知道，张汤一定会利用这次机会把自己整死，至少也会丢掉丞相的官职。

庄青翟连夜召集手下的三位长史朱买臣、王朝、边通开会，研究反击策略。

朱买臣和张汤是老冤家。当年，张汤还在基层当小吏的时候，朱买臣曾经去拜访张汤，张汤当时要朱买臣行跪拜礼，这让朱买臣非常不高兴。

若干年后，张汤负责审理淮南王谋反案件时，主张严办庄助，而庄助是朱买臣的好朋友，朱买臣为此更加忌恨张汤。

后来朱买臣犯了错，而此时张汤已经升任御史大夫，他对朱买臣所犯错误的定性起到关键作用。朱买臣去找张汤，希望可以疏通一下关系，让张汤给自己从轻结案。但朱买臣并没有被免罪，而是被降职。从此以后，朱买臣把张汤视作人生第一死敌，恨不得找机会杀了他。

王朝、边通都比张汤从政时间早，最早比张汤的官职高，后来张汤做到御史大夫，他俩还在庄青翟的丞相府里当长史，所以这两个人对张汤嫉妒得咬牙切齿。

庄青翟与三位手下商议了半天，最终决定从张汤的好朋友田信身上打开缺口。

田信是一位大富商，最近几年积累了巨额财富。

庄青翟向汉武帝举报张汤："张汤每次要搞什么新的改革前，都会把消息透露给田信，让田信提前布局，利用泄露情报让田信积累了巨额财富，请陛下明察。"

汉武帝将信将疑，决定单独找张汤谈谈。

汉武帝找来张汤，问道："田信和你很熟吗？"

张汤道："他是我的朋友。"

汉武帝道："听说他这几年积累了不少财富。"

张汤道："田信很有经商天赋，运气也不错，倒是发了不少财。"

汉武帝道："朕听说，每次国家要搞经济改革，他都能提前布局，然后赚得盆满钵满，可有此事？"

张汤道："这我就不知道了。可能他有什么渠道打听到内部消息吧。"

汉武帝听到这里，对张汤很是不满。

汉武帝特别希望听到张汤说实话，哪怕真的是他帮着田信发大财，跟不忠于自己比起来，这都是小事。

汉武帝从此对张汤有所猜忌。

有一个人始终躲在暗处密切观察所发生的一切，此人就是减宣。

减宣发现，庄青翟和张汤即将摊牌，自己有必要出手了。

减宣拿着张汤联合鲁谒居杀死李文的证据，向汉武帝做了秘密汇报，汉武帝听完，大发雷霆。

汉武帝找人带话给张汤，列举了几条他不忠于皇帝的罪行，问他是否认罪。

张汤一下子就明白了，这是庄青翟等人在背后整自己，当即全部否认，并表示自己是被冤枉的。

此时的汉武帝已经失去理性，被庄青翟的意见所左右，张汤的回话让他更加生气，便又找张汤最要好的老同事赵禹前去责备张汤。

赵禹见到张汤后，表明来意，然后语重心长地对张汤说："你这一路走来，被你审讯处死的人不知有多少，因此而得罪的人更是不计其数。现在庄青翟、减宣指控你的事情都是有证据的。陛下现在处于愤怒状态，并不一定要杀你，就是想让你认个错，你为什么要这么犟呢？"

张汤默默听着，一言不发。

送走赵禹，张汤提笔写了一封奏折呈给汉武帝。张汤在奏折里写道："我张汤从基层小吏起家，这一路走来，自认为没有为国家立下多么大的功劳，能得到陛下恩宠而官至三公，是我的荣幸。与此同时，臣可以负责任地说，臣也没有任何需要开脱罪责的地方！最后，希望陛下看清楚，这是有人在故意整我，凶手就是庄青翟和他的三位长史！"

奏折呈上去以后，张汤当即自杀以证清白。[①]张汤死后，汉武帝立马对他的家产展开盘查，发现张汤家的钱财总共不超过五百金，而且都是得自皇帝的赏赐，除此之外也没有其他产业。关于张汤勾结富商发大财的谣言不攻自破。

张汤的后代要厚葬张汤，可张汤的母亲却坚决反对。

张汤的母亲说道："张汤作为天子的大臣，被人诬陷而自杀，有什么可厚葬的！"

张汤的母亲故意用破烂的牛车装载张汤的尸体下葬，只有棺木而没有

[①]《汉书》："于是上使赵禹责汤。禹至，让汤曰：'君何不知分也！君所治，夷灭者几何人矣！今人言君皆有状，天子重致君狱，欲令君自为计，何多以对为？'汤乃为书谢曰：'汤无尺寸之功，起刀笔吏，陛下幸致位三公，无以塞责。然谋陷汤者，三长史也。'遂自杀。"

外椁。

汉武帝听说了张汤母亲的话，含着眼泪说道："只有这样的母亲才能生下这样的儿子！来人，把庄青翟手下的三位长史全宰了！"

庄青翟眼见着三位手下被杀，自知欺君之罪难逃，赶在汉武帝找他算账之前服毒自杀了。至此，汉武帝的第八任丞相庄青翟的生命画上了句号。

为弥补张汤，汉武帝提拔他的儿子张安世为尚书令。[1]

---

[1]《汉书》："汤死，家产直不过五百金，皆所得奉赐，无它赢。昆弟诸子欲厚葬汤，汤母曰：'汤为天子大臣，被恶言而死，何厚葬为！'载以牛车，有棺而无椁。上闻之，曰：'非此母不生此子。'乃尽按诛三长史。丞相青翟自杀。出田信。上惜汤，复稍进其子安世。"

054
短命丞相赵周

汉武帝的第九任丞相名叫赵周,是汉武帝的所有丞相里最没有存在感的一个人。

赵周的父亲名叫赵夷吾,曾经在汉景帝时期担任太傅。后来爆发七国之乱,楚王刘戊是七大反王之一。

赵夷吾得知刘戊要谋反,坚决反对,刘戊直接将其杀死。

七国之乱被平定之后,赵夷吾变成了誓死不屈的大英雄,汉景帝为树立忠君爱国的典型,直接把赵夷吾的儿子赵周封为高陵侯。

庄青翟自杀以后,汉武帝有一个突出的感受,认为能够当丞相的人能力可以稍微差一点,但是忠诚度必须是第一位的。

汉武帝思来想去,觉得还是赵夷吾这种人的后代用起来比较放心,于是,便破格提拔赵周为丞相。

汉武帝在攻打南越的时候,曾经对各位诸侯王发出倡议,希望大家出人出钱,为攻打南越贡献一份力量。结果却让汉武帝十分尴尬——倡议发出以后,数以百计的诸侯王没有一个回应的。

到了九月,按照惯例是国家举行祭祀祖庙活动的月份,汉武帝趁机命令天下列侯献黄金助祭祀,实际是用于军费。

少府负责检查列侯所献的黄金,竟然有重量不足的,还有掺假的。汉武帝很生气,以"不敬"之罪剥夺了一百零六人的爵位。当时负责下通知、收黄金的就是丞相赵周。

这些诸侯王所献的黄金重量不足,甚至掺假,赵周肯定知道,但不向汉武帝汇报，这令汉武帝很不爽。

站在汉武帝的角度，他代表朝廷，诸侯王代表地方，当朝廷和地方利益不一致的时候，赵周选择背弃皇帝，支持诸侯王。这让汉武帝猛然醒悟，赵周只是赵周，毕竟跟他父亲赵夷吾是两个不同的人。

汉武帝经历了那么多丞相的起起落落，对待人事任免不再拖泥带水，直接将赵周免职并关入大牢。

赵周吓得自杀身亡。

055
空头丞相石庆

赵周自杀后，接任其为新丞相的人名叫石庆。

石庆是石奋的儿子。

石奋十五岁时就跟着汉高祖刘邦，到了汉景帝时代，石奋已经是四朝元老，做到了九卿的高位，连同他的四个儿子，都是二千石俸禄的高官，汉景帝开玩笑，说石奋是"万石君"。

石庆年少时就以性格谨小慎微、忠厚老实而出名，后来做到太仆一职，负责为汉武帝驾驶马车。

汉武帝早就听说石庆谨慎，当石庆第一天上任时，汉武帝故意问石庆："今天你驾的车是由几匹马拉着呀？"

只见石庆拿起马鞭，站在马的身边，用鞭子指着马一匹一匹数，慢慢地数完，然后回到汉武帝面前，说道："禀告陛下，一共六匹马。"

汉武帝十分满意，而后上车。

还有一次，石庆在外面喝了很多酒回家，进入里门时没有下车。

按照当时的习俗，进里门必须下车步行，石庆的做法是欠妥的。

石庆的父亲石奋听到这件事情后不肯吃饭，以绝食的方式向石庆表达不满。

石庆听闻老爷子不吃饭了，赶紧裸露出上身找父亲请罪，但是石奋不接受他的道歉。

全家人一看，老爷子还是不消气，只好全家族的男人都来陪着石庆一起裸露出上身向父亲请罪。

这时候，石奋才开始指着石庆说话："你在皇帝身边工作，也算是尊贵的人，进入里门时，大家都急忙回避你，而你却安然坐在车中不知道下车，你这么不约束自己，实在不应该！"

石庆连连点头。

石奋骂道："你现在就给我滚，我不想再见到你！"

从此以后，石庆和其余几个弟兄进入里门前，都早早地下车步行回家。

公元前122年，汉武帝立刘据为太子并在群臣之中为太子选拔老师。石庆深得汉武帝信任，被调任太子太傅，一干就是七年。七年后，石庆升任御史大夫，时任丞相是赵周。

赵周自杀后，汉武帝任命石庆接任丞相一职，并封牧丘侯。石庆任内，朝廷四面征战。这时候刚好也是汉武帝最迷信鬼神的时候，正忙着巡游全国，修建神庙，祭祀名山，求神问仙。

战争加上汉武帝的巡游导致国库空虚，国家财政吃紧，汉武帝不得不起用以桑弘羊为代表的改革家进行财政改革。此时，国家大事多数不由担任丞相的石庆来决定，石庆成了被架空的丞相。

石庆生性谨慎，并没有像之前的丞相那样与这些改革家发生权力斗争，这也是他的聪明之处。

公元前107年，关东地区遭灾，出现了两百万流民，其中没有户籍在册的人就有四十万之众。

按照当时的规定，国家遭灾之后民众应该原地抗灾，不能四散逃窜，以免给社会治安带来巨大的不稳定因素。

石庆与公卿大臣们开会讨论如何处理这批流民，最后建议汉武帝把这些流民集中起来迁徙到边疆地区，以示惩戒。

汉武帝读完提案，十分愤怒，认为这是官员们懒政的表现，总不能一遇到灾民就把他们流放到边疆吧？要想办法安置他们，解决他们的生活难题，这才是这些官员们最应该考虑的事情。

汉武帝准备召集各位公卿大臣来开会，准备把他们狠狠地骂一顿。但是为了照顾石庆的面子，便单独下令让石庆回家休息，不要参加此会。

本来对于汉武帝而言，这是一种善意的举动，结果却刺激了石庆的自尊心。

石庆立马给汉武帝写了一份奏折，说道："臣有幸位居丞相一职，但才能低下，没有能力辅佐天子治理国家。臣任内国库空虚，百姓流离失所，臣罪过滔天，理应被处死，天子善良不忍心惩罚我。臣现在越来越帮不上天子的忙了，请求辞职，以便为贤能之人让出位置。"

汉武帝读完奏折，立马懂了，石庆这是埋怨自己冷落他，当即回信："你也知道现在国家粮仓空虚，贫苦百姓流离失所，你作为丞相却想把他们流放到边疆，这样不但不能解决问题，还会动摇民心。你先是提出这么一个祸国殃民的提案，然后又要辞官，你这是想要把国家的危难推给谁呢？"

石庆意识到自己确实不对，这一次汉武帝是真生气了，赶紧回到朝廷积极处理政事。

石庆任内几乎没有什么拿得出手的政绩，也没有什么影响后世的伟大言论，于公元前203年病逝于任上。

石庆担任丞相的时候，石家人官至二千石级别的就有十三人。石庆死后，这些人普遍因为犯法而遭到罢免，作为名门望族的石家逐渐衰落。

056

高开低走公孙贺

石庆去世后,公孙贺接任丞相一职,成为汉武帝执政期间的第十一位丞相。

公孙贺是北地郡义渠(今甘肃省庆阳市宁县)人。

公孙贺的父亲(一说祖父)公孙浑邪(一说公孙昆邪),曾于汉景帝时期担任陇西太守一职。

汉景帝时七国之乱爆发,公孙浑邪参与平叛,立下战功,被封为平曲侯,公孙家族自此开始受到器重。

年少时的公孙贺跟着父亲一起参与平叛七国之乱,表现出色,令人印象深刻。

汉武帝刘彻还是太子的时候,公孙贺被选为太子舍人,直接效力于刘彻门下,成为刘彻最早的铁杆死党。

汉景帝去世后,太子刘彻即位,是为汉武帝。

汉武帝与公孙贺形成了亦君亦友的关系,公开场合君臣相称,私下里则是好哥们儿。

汉武帝上位后,直接升公孙贺为九卿之位的太仆一职,享有俸禄二千石,职责是掌管天子出行的车舆马匹。[①]公孙贺担任太仆,可以说是直升飞机式的晋升,一时间羡煞旁人。

---

① 《汉书》:"贺少为骑士,从军数有功。自武帝为太子时,贺为舍人,及武帝即位,迁至太仆。"

后来，卫子夫得宠，汉武帝提拔小舅子卫青为建章监加侍中，赏赐给卫家的黄金在数日之间累积至千金之多，又亲自做媒，让公孙贺娶了卫子夫的姐姐卫君孺为妻。

公孙贺由此又和皇上成为"一担挑"，更加为汉武帝所器重。

公孙贺多次参加对匈奴作战，尽管被封为南奅（音pào）侯，但也没有表现出军事才能。在汉武帝为攻打南越筹备军费时，公孙贺又同很多诸侯王一样进献黄金时缺斤少两，被夺掉侯位。

汉武帝不但没有对公孙贺有什么看法，反而想着找机会把公孙贺的侯位再找补回来。

第二年（公元前111年），汉武帝封公孙贺为浮沮将军，命其率领一万五千名骑兵从五原郡（今内蒙古包头市西北）出击匈奴。

匈奴在之前的战争中元气大伤，将部众全部撤离到大漠以北，这导致公孙贺远走二千余里都没见到一个匈奴的人影。

这一回，公孙贺再次无功而返。

从此之后，公孙贺一直没有带兵打仗，而是以将军的身份被汉武帝养着。

这一歇就是八年。八年以后（公元前103年），丞相石庆病死在任上。

汉武帝思来想去，觉得还是让公孙贺来接任丞相比较放心。

此时的公孙贺和当年的公孙弘一样，面临同样的问题，那就是按照惯例，当丞相的人必须得是封侯的身份。

汉武帝顶着巨大的非议，强势封公孙贺为葛绎侯，而后宣布让公孙贺接任丞相一职。

这便是汉武帝执政时期的第十一位丞相。

汉武帝本以为公孙贺会欣然接受并谢主隆恩，岂料，公孙贺直接推辞，不想担当此重任。

公孙贺为什么拒绝当丞相呢？《汉书》给出的解释是：自公孙弘以

后，担任过丞相的李蔡、庄青翟、赵周三人都自杀而亡，不得善终，石庆虽然凭借谨慎的作风得以善终，但也多次受到汉武帝批评。这让公孙贺产生了恐惧心理，害怕丞相没当好反而招来灾祸，不肯接受丞相大印，哭着对汉武帝说："我本就是个穷地方出生的人，适合当个军人，确实不是当丞相的材料。"

《汉书》记载："上与左右见贺悲哀，感动下泣，曰：'扶起丞相。'贺不肯起，上乃起去，贺不得已拜。出，左右问其故，贺曰：'主上贤明，臣不足以称，恐负重责，从是殆矣。'"

汉武帝说道："把丞相扶起来。"

公孙贺就是不起来。

汉武帝不再说话，起身直接离场。公孙贺发现如果继续辞让，汉武帝就真生气了，只好接受。

汉武帝得知公孙贺同意接任丞相一职后，为了安抚他，提拔他的儿子公孙敬声为太仆，父子同居公卿职位。

公孙敬声偏偏不争气，仗着自己是丞相的儿子，升任太仆之后，不干正事也就罢了，还擅自挪用军费一千九百万！东窗事发后被关进监狱。

057
快起快落刘屈氂

公孙贺死后，汉武帝不再信任外姓人，决定起用刘姓家族的人担任丞相，此人就是汉武帝的侄子刘屈氂（音máo）。

刘屈氂的父亲是中山靖王刘胜，是汉武帝的哥哥。刘胜在历史上没有太大的作为，但是后代里出了一个厉害的人物，就是三国时的刘备。

公孙贺深深伤害了汉武帝的感情，汉武帝决定进行组织架构改革，将丞相一职改编为左丞相、右丞相两个职位，刘屈氂担任左丞相并同时封澎侯，右丞相暂时空缺，等到将来有了合适的人选再补缺。

汉武帝这么做，是为了制约丞相的权力，左右两个丞相可以互相制衡与监督。

刘屈氂刚刚上任就面临重大的历史考验。

当年秋天，爆发了江充污蔑太子刘据的"太子巫蛊案"。

这件事情的当事人毕竟是太子，是将来的皇帝，刘屈氂不敢得罪，选择冷处理，对外封锁消息，以免老百姓猜疑和传谣，对刘据则是暂时不予干涉。

此时汉武帝受到误导与蒙蔽，认定刘据要造反，将军队的指挥权和二千石以下官员的调配权全部交由刘屈氂，命令他向刘据开战。

最终刘屈氂将太子刘据的军队镇压，把跟随刘据的人全部以谋反罪诛杀，后来又找到刘据的藏身之处，刘据被迫上吊自杀。

刘屈氂在关键时刻平息叛乱，捍卫了汉武帝的皇权，立下了功劳。

至此，汉武帝对自己任命的第十二位丞相十分满意。

刘屈氂当上丞相以后，巴结他的人也多起来。这期间，刘屈氂与当时的贰师将军李广利结为亲家，让自己的儿子娶了李广利的女儿。李广利是汉武帝的大舅哥，他的妹妹是汉武帝的李夫人，一度非常得宠，生下一位皇子，被立为昌邑王。

这就意味着，皇子昌邑王如果能够成为皇位接班人，刘、李两家将成为未来的汉朝第一实权家族。

太子刘据自杀以后，汉武帝一直没有立新太子，刘屈氂作为丞相，又刚刚立下大功，此时的话语权是比较重的。

就在刘屈氂当上丞相后的第二年，李广利又要带兵北伐匈奴，刘屈氂专门为他设宴送行。

李广利把刘屈氂叫到一边儿，低声说道："亲家公，我不在的日子里，你要尽早建议皇上立昌邑王为太子。只要他能即位，以后你我两家还有什么可担忧的呢？"刘屈氂连连称是。

让李广利万万没想到的是，就在他征讨匈奴时，内者令郭穰给汉武帝上奏说："丞相刘屈氂的夫人搞巫术诅咒皇上，他的亲家贰师将军李广利也参与祈祷神灵！"

汉武帝："祈祷什么？"

郭穰："祈祷皇上立昌邑王为太子，祈祷皇上早死，让昌邑王早登基。"

汉武帝暴怒："彻查！"

结果，查来查去，竟然情况属实！

刘屈氂当即被免职，先被装在车上游街示众，然后被腰斩于东市，他的妻子也被斩首。

因为李广利还在前线打仗，所以汉武帝下令暂时将他的妻子儿女全部抓起来，但没有判死刑。

李广利听到这个消息后，担心被秋后算账，咬了咬牙投降了匈奴，而后汉武帝灭了他的全族。

058
神秘守墓人田千秋

刘屈氂死后，汉武帝任命田千秋（一作车千秋）为第十三任丞相。

田千秋的祖上是战国时的田姓家族，后来迁居到长陵（今陕西省咸阳市东北附近）。

田千秋的工作是高寝郎，负责给汉高祖刘邦看护坟墓。但他的志向绝对不是一辈子看坟，他一直都在等待机会可以干一件大事。

太子刘据自杀以后，过了很久，汉武帝渐渐冷静下来，但是当时没有一个官员敢告诉汉武帝：刘据其实是被冤枉的，你这次真的错了。

谁敢说话？万一赶上汉武帝不高兴，脑袋就搬家了。

田千秋这人有个特点，那就是胆子特别大，敢赌。

田千秋赌此时汉武帝已经清醒过来，便给汉武帝写了一封信。

汉武帝看到高寝郎给自己写信，很是惊讶，还以为高祖刘邦的皇陵出什么问题了，结果打开信之后，就两句话："我最近做了一个梦，有个白头发老人让我问问陛下：太子擅自动用父亲的军队，按照法律，最多是打板子，太子要是杀了犯罪的人（指诬陷人江充），这算什么罪过呢？"

田千秋其实是在暗示汉武帝，那个托梦的白胡子老人就是刘邦的灵魂，言外之意，刘邦都看不下去了，都觉得是汉武帝冤枉了太子。

汉武帝这段时间本来就在反思，之前确实是冤枉了刘据，正在犹豫着要不要公开承认自己的错误，田千秋的这封信给汉武帝吃了定心丸。

汉武帝决定亲自见一见这位神秘的高寝郎。

田千秋来到汉武帝面前，只见此人身长八尺，体格魁梧，相貌英俊，是一个气质绝伦、风度翩翩的大帅哥，汉武帝为这样出色的人才被自己发掘而感到高兴。①

汉武帝对田千秋说道："父子之间的事情，作为外人很难发表意见，现在满朝文武只有你正面告诉我太子不是谋反，这是刘氏祖宗的神灵派你来教导我的。让你看护皇陵太屈才，你应当成为我的辅佐。"

汉武帝当即封田千秋为大鸿胪，掌管国家礼宾事务。

几个月后，刘屈氂被灭族，汉武帝索性让田千秋接任丞相，同时封富平侯。

当汉朝的使者出使匈奴时，匈奴的单于还单独问使者："听说汉朝新封了一个丞相，过去是个看坟的，短短几个月就当上丞相了，这是为什么啊？"

使者就把田千秋上书的事情详细说了一遍。单于听完，一脸愕然，讽刺道："你们汉朝天子是这样治理朝政的啊，不是挑选贤人担任丞相，随随便便一个人写封信，玩点嘴皮子就能当丞相了？"

汉朝使者无言以对。

汉朝使者在返回的路上，觉得匈奴单于的话有道理，在回到长安以后，就向汉武帝转述了单于的话。

汉武帝听完，骂道："你当时为什么不反驳他？他这是在讽刺朕！"

没等使者为自己辩解，汉武帝便下令将他交给官吏审讯，过了很久才将其无罪释放。

田千秋做人既忠厚又聪明，把丞相的工作干得风生水起，样样得心应手，以绝对优势超越前面几任丞相。②

田千秋上任以后，汉武帝的精神状态大不如从前，变得心情抑郁，敏

---

① 《汉书》："召见千秋。至前，千秋长八尺余，体貌甚丽，武帝见而说之。"
② 《汉书》："然千秋为人敦厚有智，居位自称，逾于前后数公。"

感多疑。

恰逢汉武帝的生日，田千秋决定为汉武帝好好举办一次生日宴，让他换个心情。

在生日宴上，田千秋带头与其他二千石俸禄的官员一同为皇上举杯祝寿，歌颂皇上的美德，劝皇上施恩惠，放宽刑罚，平时多欣赏音乐，颐养情志，调和精神，不要那么紧张和抑郁。

汉武帝听完，说道："朕有美德吗？从刘屈氂、李广利阴谋叛乱，到太子巫蛊之祸，无数官员牵涉其中。朕要是有美德的话，这些官员为什么要这么对我？现在我每天只能吃得下一顿饭，哪有心思听音乐？现在还有大量的巫师没有缉拿归案，恐怕每天都在对朕使用巫术诅咒吧？各位有什么寿可以祝？大家放下酒杯，各自回府吧。"

这之后不久，汉武帝病重，立钩弋夫人所生的刘弗陵（汉昭帝）为接班人，拜大将军霍光、车骑将军金日䃅（音mì dī）、丞相田千秋以及御史大夫桑弘羊为托孤大臣，接受遗诏，辅佐少主。

汉武帝驾崩时，汉昭帝即位，年纪尚小，不能处理朝政，政事均由大将军霍光决定。田千秋在丞相职位上，并不与霍光争权，只是老老实实做好分内的工作。

霍光对田千秋的评价也很高。有一次，大家一起开会，霍光看着大伙儿都在场，对田千秋说："当初与您一同接受先帝遗诏，现在我治理内朝，您治理外朝，您应该对我多多督察指教才是，好让我不辜负天下人的期望啊！"

田千秋说道："只要将军留意朝政，这就是天下人的幸运。"

事后，田千秋继续干他的分内事，从不向霍光指手画脚提意见，霍光因此也更加尊重他，经常向汉昭帝申请褒奖赏赐丞相。

田千秋共担任丞相十二年，死于任上，善终，死后被赐谥号定侯。

田千秋去世前的几年里，年老多病，汉昭帝照顾他，允许他坐着小车被推着入宫上朝，这体现了皇上对田千秋的信任和尊重。因此，人们喜欢称田千秋为"车丞相"，因此一些史书也把田千秋叫作"车千秋"。

田千秋去世后，他的儿子继承了他的爵位，还当了太守，到了汉昭帝的儿子宣帝执政时，以将军的身份带兵讨伐匈奴。向朝廷虚报俘虏的数目，事情败露后畏罪自杀，封国因此被废除。

一代传奇名相田千秋积累的家业到了第二代就败了个精光。

尾记

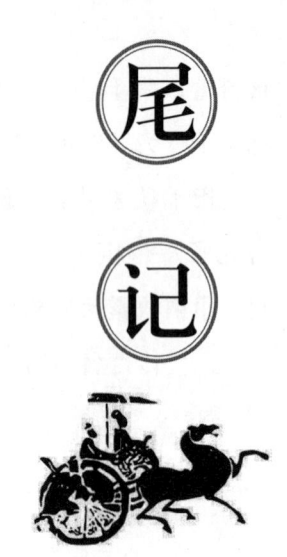

曾国藩曾言:"自古英哲非常之君,往往得人鼎盛。若汉之武帝,唐之文皇,宋之仁宗,元之世祖,明之孝宗。其时皆异材勃起,俊彦云屯,焜耀简编。"

在这里,曾国藩把汉武帝刘彻、唐太宗李世民、宋仁宗赵祯、元世祖忽必烈、明孝宗朱祐樘并称为"英哲非常之君"。

孙中山曾言:"秦皇汉武、元世祖、拿破仑,或数百年,数十年而斩,亦可谓有志之士矣。拿破仑兴法典,汉武帝纪赞,不言武功,又有千年之志者。"

孙中山把汉武帝视作同秦始皇嬴政、元世祖忽必烈、法国的拿破仑一个档次的人。

毛泽东这样评价汉武帝:"雄才大略,开拓刘邦的业绩,晚年自知奢侈、黩武、方士之弊,下了罪己诏,不失为鼎盛之世。"

两千多年前汉武帝开拓丝绸之路,丝路到了现在,依然在为中华儿女立身于世界挥发能量。

最后,回到本书开头,还是唐太宗那句话:"近代平一天下,拓定边方者,惟秦皇汉武。"千古英雄,还看今朝!